德鲁克管理学

张远凤◎著

On the Management of Peter F. Drucker

北京燕山出版社
BEIJING YANSHAN PRESS

图书在版编目（CIP）数据

德鲁克管理学 / 张远凤著. —北京: 北京燕山出版社, 2017.9

ISBN 978-7-5402-4649-5

Ⅰ. ①德… Ⅱ. ①张… Ⅲ. ①德鲁克（Drucker, Peter Ferdinand 1909-2005）- 管理学 Ⅳ. ①C93-097.12

中国版本图书馆CIP数据核字（2017）第226372号

书　　名: 德鲁克管理学
作　　者: 张远凤
责任编辑: 满　懿
出版发行: 北京燕山出版社
地　　址: 北京市西城区陶然亭路 53 号　　**邮编:** 100054
网　　址: http://www.bjyspress.com
电　　话: 总编室（010）65240430
电子信箱: bjyspress@126.com
印　　刷: 北京旭丰源印刷技术有限公司
经　　销: 新华书店
规　　格: 145 毫米 ×210 毫米　32 开本　12.5 印张　250 千字
版　　次: 2017 年 10 月第 1 版　2017 年 10 月第 1 次印刷
定　　价: 56.00 元

应张远凤博士的要求，让我为《德鲁克管理学》一书写序。作为她的老师，我十分了解她多年来写作这本书的艰辛与快乐。这是一件很不容易的工作，也是一件很有意义的工作，我为她终于完成了这项工作感到由衷的高兴。

本书选取德鲁克为研究对象，以德鲁克管理思想的发展为线索，从一个侧面展示了 20 世纪美国管理学乃至西方管理学的发展历程。德鲁克是管理思想史上具有特殊重要性的人物。他在 60 多年的学术生涯中，在各个时期都写出了代表性的作品，对管理实践和管理理论两个领域都极具影响力。德鲁克的影响是世界性的，他的思想不仅在美国，而且在日本和中国都得到了广泛的传播和应用。然而，系统研究德鲁克又是一件相当具有挑战性的任务。德鲁克一生勤于著述，著作数量丰富，其写作背景时空跨度很大。德鲁克博学多才，其论题涉及多个学科，理论体系十分庞杂。

我曾多次告诫我的学生，一个学习社会科学的人必须熟读自己研究领域的著名著作，要了解社会发展的历史，了解该学科发展的脉络。因为人类社会发展的历史进程就像奔腾万里的江河，而社会科学领域的杰出人物就像江河中突起的奇峰，他们在总结前人经验的同时，展望并指引社会未来的发展，在各自的学科领域做出了开创性的贡献。因此，若不能了解社会发展的历史，就不可能全面、系统地把握伟人、大家的思想，也就难以把握住学科发展的规律和方向。因为毕竟是伟人创造了历史，历史推出了伟人。同样，要真正把握德鲁克这位世纪伟人的思想精髓、发展的历程，也就必须将德鲁克放进美国，乃至世界的历史发展过程之中，放到管理学理论发展的坐标系之中。

张远凤博士的这本书正体现了这个特征。作者没有满足于只是在“管理的时尚”中游荡，满意于对只言片语的了解，而是选择了独特的视角对德鲁克的管理理论进行了全面而系统的研究。她的这本书在西方社会经济变迁的背景下描述德鲁克管理思想的发展历程，成功地全面介绍和评价了德鲁克的理论体系。正如她在书中所讲到的：“德鲁克管理思想的发展与西方社会经济的变迁紧密相关。”“西方国家在20世纪的经济和社会发展可以分为三个阶段：前工业社会向工业社会过渡的时期、工业社会时期和后工业社会时期。针对每一个特定时期的管理问题，德鲁克都提出了有影响力的思想和理论。”本书不但将德鲁克的思想置于社会经济的大背景下，而且将德鲁克与泰罗、斯隆、戴明和马斯洛等人的思想联系起来，对他们之间的思想交流与交锋进行了阐释。

尤其难能可贵的是，本书既体现了理论研究的深度，同时又具有简明优美的文字。这样的风格似乎受到了德鲁克的影响。这种风格必然会让读者体会到阅读的乐趣，让读者更容易读懂德鲁克，更能接受德鲁克。也只有这样，读者才不会感觉到德鲁克太陌生、距离我们太遥远，才会更深地感到德鲁克只是我们之中的一分子，尽管他是如此杰出的一分子。

《德鲁克管理学》一书出版了，这是一本以中国学者的视角来系统地研究德鲁克的书。希望这本书的出版对于中国的管理理论界和实业界都能够有所贡献，能够增进我们对西方管理思想的研究，也能够对理解和解决我国管理实践中的问题有所启发和借鉴。

我为本书的出版向作者表示祝贺，我也更希望她能在今后的治学过程中，取得更好的成绩。

武汉大学经济与管理学院

谭力文教授

2007年初夏于武汉大学珞珈山

彼得·德鲁克（以下简称为德鲁克）先生辞世已近12年。很高兴看到“德鲁克热潮”在中国持续多年以后变得更加理性、更有生命力。没有想到《管理者的德鲁克》一书在出版10年之后还能够有机会再版。近30年来，德鲁克管理思想的热爱者、追随者和研究者越来越多，但是直接宣称“德鲁克管理学”恐怕仍然是大胆之举，难免有人起疑。

在经济学领域，或许有凯恩斯经济学、熊彼特经济学之说。回顾现代管理思想史，有泰罗之科学管理、梅奥之人际关系学及戴明之质量管理等，然而并没有泰罗管理学、梅奥管理学或戴明管理学。因为科学管理之于泰罗、人际关系学之于梅奥、质量管理之于戴明，这些标签已经大致准确地显示了他们对于管理学的贡献。

可是，给德鲁克贴一个什么样的标签呢？目标管理的发明人？经验主义学派的创立者？民营化的提出者？知识社会的预言家？还是非营利组织管理的先驱？我们能否不做选择题，而是将这些标签浓缩简化成为一个呢？现如今，德鲁克已经被封为“现代管理宗师”，只是这个头衔不够专属，把它戴到泰罗头上恐怕也合适。那么，称之为“德鲁克管理思想”如何呢？这个说法看起来可以包含上述各种标签。然而，这个说法的准确程度似乎还是不够。管理思想必须更进一步，形成独立的思想体系，才能使“管理”成为一门学科。

德鲁克正是推动“管理思想”演变为“管理学”的那个关键之人。汤姆·彼德斯曾说：“在德鲁克之前并无管理学存在。”正是德鲁克建立了“管理”这门学科，并开启了战后持续30年的管理热潮。如果说泰罗揭开了“工作”的秘密，那么可以说德鲁克破解了“管理”的密码。德鲁克构建这套理论体系历时60余载，著述洋洋千万言。德鲁克认为管理是涉及人类和社会价值的一门学科和一种实践，管理学是一门人文艺术学科。德鲁克申明了其管理学的基本价值观和方法论，描述了社会秩序和组织制度的基本纲要。其研究对象涉及企业、政府和非营利组织等所有组织形态，讨论的话题涵盖从使命到绩效的整个管理流程。

进入现代社会以来，每一代人都以为自己正在经历的变革是前所未有的，只有创新才是唯一的生存之道。正如丹尼尔·雷恩在《管理思想的演变》一书中所说：“很多时候……我们认为昨日的解决方式对于明天的问题并无实际价值。”然而，所谓创新果真意味着抛弃前人智慧吗？德鲁克认为，自工业革命以来，科学技术一直在周期性地给人类社会带来巨大挑战。今天又正处一个历史性的变革时代，不过，我们正在经历的科技革命并不是第一次，也不会是最后一次。可以预料，这种“创造性的破坏”将一次比一次来得更加猛烈。

为了应付新一轮挑战，政府、市场和社会不仅需要自身做出变革，还需要前所未有的合作精神。这正是德鲁克能够继续教导我们的地方。比如，在政府和企业重组再造的过程中，非营利部门正在迅速崛起并被寄予厚望。德鲁克十分看重非营利组织对后资本主义社会的影响，但是他又认为非营利组织并不具有任何道德上的优越性，任何一项活动如果能够创造利润却采取非营利模式，那就是反社会的。

在科学技术呼风唤雨、人文精神式微、科学研究范式横扫一切社会科学领域的时刻，德鲁克的思想仍然是一缕清风、一剂良药。在人类文明的历史进程中，很多人的思想随风飘散，只有少数人的智慧历久弥新，继续伴随我们前行的每一步。在新一代管理者们遇到难题和挫折时，德鲁克管理学或许可以一直是他们可以回首遥望的一座灯塔。

非常感谢博瑞森图书公司选择再版这本书。非常感谢占小卫老师在编辑出版过程中提供的大力帮助。在我遗失本书原稿电子版的情况下，占小卫老师想办法很快重新录入和认真校对书稿，使得本书能够顺利再版。同时也感谢所有朋友与读者的支持和鼓励。

张远风

2017 年 7 月 16 日

一个人的思想历程与管理学的百年变迁

1992年9月的一天，我在图书馆里偶然读到了一本叫作《管理的前沿》的书，作者是彼得·F.德鲁克。读着这本书，我感到一种深深的震撼。这是一本讨论经济和管理问题的论文集。然而，它与我读过的任何经济学或管理学著作都大不相同。它谈论的话题在我们看来是如此复杂，但在作者眼中这些问题的实质是如此清晰，好像它们不过是显而易见的事实，这些事实是我以前未曾看到的，我从未想到用这样的视角来看待世界。它的语言是那么自信优雅，没有生僻的概念术语，甚至没有令人望而生畏的注释。同时，我心中又产生了巨大的疑惑。

这本书的开篇是记者里奇曼采访德鲁克之后写成的“访问记”，其中德鲁克说了这样一段话：“30年前，我出版了《管理的实践》，那本书使人们能够学会怎样进行管理。当时，人们认为管理是少数天才能做的事。我坐下来，使它成为一门学科。”当时，我刚刚大学毕业，学的是企业管理专业。然而，当时国内的《管理学》教科书几乎没有提到过《管理的实践》这本书，也没有一个教授谈到是德鲁克创立了管理学。无论如何，《管理的前沿》一书让我睁开了眼睛，我这才发现几乎在各种管理类书籍中都能找到德鲁克的名字。德鲁克的管理学的确与众不同，它不仅为实践者提供了管理知识，它还具有一种力量，一种触动人心灵的力量，这种力量能激发起人们的责任感和勇气去创造一个自由与繁荣的社会。我确信这才是管理学。

一

德鲁克20世纪初生于奥地利维也纳，1937年去往美国，到2005年辞世，他见证了将近一个世纪的沧桑，在管理学领域辛勤耕耘60余载，成为研究20世纪西方管理学演变的一个重要线索。

德鲁克管理思想的发展与西方社会经济的变迁紧密相关。在20世纪30年代初，德鲁克就预见到希特勒终将失败，西方国家将进入一个新的工业社会时期。1943年，在反法西斯联盟逐步扭转战争初期被动局面，战争处于转折关头的时期，德鲁克走进了美国通用汽车公司。18个月之后，《公司的概念》一书出版，这是一部从多个视角来研究大型工业企业的著作，也是德鲁克的研究从政治学领域转向管理学领域的标志。《公司的概念》一书提出的组织理论激发了西方大企业以分权化为标志的改组浪潮。20 世纪 50—70 年代，西方经济经历了战后持续增长的黄金时期，德鲁克管理思想也在这个时期逐渐发展成熟，《管理的实践》（1954 年）一书标志着德鲁克管理思想的形成，其倡导的目标管理思想在管理热潮中受到追捧。《管理：使命、责任、实务》（1973 年）一书则可以视为这个时期管理思想的总结。20 世纪 70 年代末以来，西方社会开始步入以知识经济为基础的新社会，这个时期德鲁克的研究重点转移到对创新和创业的研究以及对知识社会和非营利组织管理的研究。《创新和企业家精神》（1985 年）和《非营利组织管理》（1992 年）可称是这个时期的代表作。在经济增长模式发生变革之时，《创新和企业家精神》为创业时代的管理者提供了明确的指导，而《非营利组织管理》则将视野从企业管理扩展到了公共管理。如果将德鲁克思想比喻为一条大河，上面提到的这些著作只是这条河流的几个拐点，它还有水草丰美的源头，纵横交错的支流，并与管理学其他流派交汇融通，是了解西方现代管理学发展的一把钥匙。

二

福莱特曾经说过：我们不能将自己的思想分门别类……我们不会想到这是经济学原理而那是伦理学原理。在我们所有的思想背后，必然有一些根本的基础的东西，而那正是用来解决一切难题的。

那么，德鲁克管理思想最为根本的源头是什么？德鲁克在《管理的前沿》一书中曾经说过，“我对管理的兴趣，并非始于企业……是从我对现代社会的分析以及得出的结论开始的。”实际上，理解德鲁克的管理思想要从他的社会理论开始。在《工业人的未来》一文中，他构想的现代社会是一个功能社会，这可以视为理解德鲁克思想的一个核心概念。所谓功能社会，就是社会中的每一个成员都能找到自己明确的社会身份和社会功能的社会。德鲁克的管理理论是为其功能社会理想服务的。在德鲁克看来，社会与个人之间的功能关系的任何类型和形式，都取决于该社会对于人的本质和终极成就的基本概念。这些基本概念都是选择性定义的，不同的选择形成不同的基本价值观。人的本质可视为自由的或不自由的，平等的或不平等的，善的或恶的，完美的、可臻于完美的或是无法臻于完美的。终极成就可以视为是在现世或来世，是在于灵魂不朽或是灵魂最终寂灭，是在于和平或战争，是在于经济成功或子孙满堂。关于人的本质的信念决定着社会的意志；关于终极成就的信念，则决定着对实现这一意志的追求。在德鲁克看来，人在本质上是自由的、平等的，同时也是无法臻于完美的，这表明没有任何一个人或一个群体能够完全理解组织的复杂性并完全驾驭它。

人类的终极成就在于和平相处，而经济成功则是功能社会运转的基本条件。这些价值观是从美国社会传统的个人主义、自由主义和理性主义等基本信念衍生而来，是传统价值观在工业社会的新阐释。人在本质上的不完美是组织必须采取分权原则的根本依据，自由主义意味着个人必须做出选择并对选择导致的结果负起责任。德鲁克认为，通过改善管理，现代企业可以在遵循和发扬西方社会的基本价值观的前提下持续发展。管理者的使命就是要创造并实践与这些价值和信仰相协调的管理原则和管理技术。只有这样，西方国家的现代企业和现代社会才能有效运转下去。他一再强调，组织不是为了存在而存在，它的最终目的应该是超越自我。工商企业，最终的目的是经济；医院，最终的目的是治病救人；大学，最终的目的是教书育人并从事研究工作。为了达到这些目的，所谓的管理，这一独特的现代发明，把人类组织起来共同劳动，并建立起社会组织。德鲁克在《创新和企业家精神》一文中谈到自己为什么如此关注企业的创新活动时指出，创新的重要性不仅在于保持和提升企业的赢利能力，更重要的是创新促成了企业或其他社会组织的自我更新，社会组织只有通过鼓励创新精神和激励创业才能避免革命和流血，实现持久和平与繁荣。德鲁克在晚年之所以特别关注非营利组织和公共部门的管理，是因为他看到了知识社会具有与工业社会不同的性质和结构，社会功能的分化需要以新的组织形式为载体，只有政府、企业与非营利组织一起合作，才有可能减少冲突和动荡，实现西方国家向知识社会的成功转型。

由此可知，德鲁克研究管理学的出发点在于，通过组织和管理实现个人自由与社会和谐。

三

德鲁克的思想看似平易实则艰深。

德鲁克的著作行文优美似散文，尤其是管理类的著作和文章，行文妙语连珠，说理平易，多用例子和比喻。但是，要真正理解与接受这些思想和方法却实属不易。目标管理已经成为最为普遍使用的管理技术，尽管德鲁克强调目标管理重点不在目标而在管理，但是大多数管理者眼中仍然只有目标而不见管理。关于利润，德鲁克说它只不过是投资于未来的成本，然而，鼠目寸光、见利忘义者比比皆是。复杂的商业环境有其潜在的观念模式和行为体系，不仅普通人难以真正有勇气实践德鲁克的想法，即便是斯隆也对自己的管理哲学深信不疑，坚决反对德鲁克的“工厂社区”之说。如果不是日本人首先拜德鲁克为师，并且取得了令西方瞠目结舌的成功，将美国式管理学一统天下的局面改写为多元化格局，恐怕韦尔奇、盖茨以及戴尔都不会虚心就教于德鲁克，并且如此重视他的意见。

即使对于学界而言，德鲁克也并不像看起来那样容易理解。事实上，学界对德鲁克的认同主要是源于实践者对德鲁克的重视。对学科日益趋向细分化的学术界来说，德鲁克这种百科全书式的思想者本身就是异端。他每隔两三年就研究一个新领域，几十年如一日。因此，他精通哲学、政治学、经济学、社会学以及历史，熟悉医学、文学、教育学和日本艺术。他不遵从流行的学术规范，在追求客观定量分析的科学范式居于至尊地位的时候，他坚持管理是一门人文艺术学科，坚持管理真正重要的方面是不可能量化的。他试图了解每一种新事物的来龙去脉，直至找出它的本来面目。他在文中肆意地旁征博引，有意在文章中避免使用公式和图表，笔锋锐利，语气斩钉截铁。尽管他的思想所及超出了绝大多数读者的知识面，但他却赢得了最为广大的读者群。尽管任何学者都难以局限于某一个学科领域的知识对德鲁克做出全面的评价，但背景不同的读者都从德鲁克的论述中发现了有关本学科的真知灼见。

四

德鲁克之所以被认为是经验学派的代表，是由于他极大地发展了经验研究的方法。经验研究者往往要采用已有的概念和理论框架来处理经验形成理论。但德鲁克不同，他自己发明新的概念，提出新的理论，他既是经验主义者，又是预言家。他提出或重新阐释了工厂社区、目标管理、重新民营化、创新、企业家精神、团队工作、知识工作者和知识社会等概念，激起了一波又一波的管理改革浪潮。这些概念诞生之时，它们似乎与现实距离遥远，甚至具有理想主义的色彩。然而，这些概念却又是如此平实自然，竟然在不知不觉之中融入管理术语中，同时也悄悄融入日常语汇之中，好像它们本来就存在着，而并非得益于某人的创见。

也有一些研究者称德鲁克管理思想为“大师（guru）理论”，而没有沿袭孔茨将德鲁克归入经验学派的说法。英国学者胡克金斯基根据20世纪80年代以来出版的各种教科书的观点，按照市场接受性（著作销售量）、争议性（与传统思想的对立性）、独特性（可为管理者提供大量有趣的议题）和作者声望四个标准来确认哪些管理思想最受欢迎，并将这些最受欢迎的作者称为“大师”。按照这个排名，德鲁克排名第三，居于法约尔和麦格雷戈之后。大师是印度教中的精神和灵魂传教者；在美国，这个词指那些有“远见卓识的人”，它表明管理者准备按照他们喜爱的大师的建议和指导采取行动，有时甚至是不加批评地采取行动。

这两种观点从两个不同的角度来看待德鲁克。何谓学派？一般而言，如果一些理论之间存在着充分的相似性，它们或者持有相似的观点，或者采用类似的方法论，彼此之间相互影响，有继承有批判有发展，而又未脱离某种范式，研究者往往将它们视为一个流派。因此，孔茨的经验学派之说，将德鲁克与戴尔、纽曼等人放在一起，因为德鲁克和戴尔都曾仔细研究过通用汽车公司和杜邦公司等企业的经验，得出过类似的观点，戴尔还在《伟大的组织者》一书中对经验研究的意义和方法做了叙述。学派的说法，意义在于找出不同学者及其理论之间的联系，并说明这个学术群体的传承渊源与未来发展。显然，大师理论要简单得多，它并不理会这些复杂的关系，它只是强调这些大师不同凡响，本身代表一座高峰，如果放在流派之中，难免淹没了大师个人的卓越贡献，因此大师不适合集体照，称其为“经验主义的代表人物”不如直接称之为“彼得·德鲁克”。

五

本书根据我的博士论文改写而成，我尽力避免使用生僻的学术术语，避免因为过于学术化而使本书成为对读者来说面目可憎的概念迷宫。德鲁克钻研过那些最为晦涩的哲学著作，而他文风却丝毫没有受到影响。我想他也一定不会赞同研究者把他清楚明白的道理说得云里雾里冒充高深。

谨以此文纪念彼得·德鲁克先生！

张远凤

2007 年 6 月

第一章　辗转结缘管理学

第二章　功能社会乌托邦

第三章　通用汽车两人说

第四章 管理实践开先河

第五章 热潮之后论管理

第六章 知识社会新理论

第七章 经验研究树范式

第八章 贡献长短任评说

第九章　最佳弟子数日本

第十章　思想传播在中国

第一章
辗转结缘管理学

事后回顾，庶几如此；事前展望，并非如此。

——德鲁克

管理学是一门实践性很强的社会科学，管理学家的生活环境和经历往往对他们的理论具有十分重要的影响。泰罗（Fredrich Talor）17 岁时放弃上大学，来到里德维尔钢厂工作。在 6 年时间里，从工人一路升到总工程师，工作激发的灵感使他创立了科学管理思想。韦伯（Max Weber）提出科层制理论，与他在 19 世纪欧洲中部的生活环境有莫大关系。当时欧洲中部的城市居民不过数千，裙带关系泛滥、人情世故成风。韦伯对这些弊病深恶痛绝，于是提出了由科层制组织取而代之。法国管理学家法约尔（Henry Fayol）在科芒特—富香博公司度过了整个职业生涯，他的管理思想在很大程度上来源于工作经验。

因此，在介绍德鲁克（Peter F. Drucker，1909—2005）的管理思想之前，对他的生平做适当介绍是必要的。德鲁克出生于一个乱世之秋，中学毕业时放弃上大学，希望在游历和工作中寻找人生的意义。在寻觅途中，德鲁克一度与政治学和经济学结缘，但最终却发现管理学才是自己真正的归宿。

第一节　德鲁克生平

我们从德鲁克出生的那个时代谈起。

欧洲的 19 世纪是一个工业化的世纪，一个人口爆炸的世纪，还是一个革命和暴乱风起云涌的世纪。这使得 20 世纪注定是一个社会变革的世纪。从某种意义上来说，这个新世纪是从 1919 年 5 月 29 日开始的。这一天，天文观测取得的数据证实了阿尔伯特·爱因斯坦关于宇宙的新理论——相对论——是正确的。至此，主宰世界 200 多年的牛顿物理学被相对论所取代，绝对时间与绝对空间的观念被推翻，而光的运动可以是曲线的。英国历史学家保罗·约翰逊感叹道，相对论就像一把刀，无意之中割断了拴住社会之舟的锚缆，使西方社会漂离了犹太教—基督教文化信仰和道德观念的锚地[①]。从此以后，这个世界原有的生活方式和社会秩序将受到

① ［英］保罗·约翰逊著（李建波等译）:《现代——从 1919—2000 年的世界》，南京：江苏人民出版社 2002 年版，第 1 页。

前所未有的怀疑和挑战。不仅宇宙观被爱因斯坦颠覆了，而且个人与社会都不再是人们熟悉的样子。在心理学领域，弗洛伊德对人的精神世界进行了重新诠释。在社会学领域，马克思对人类社会的历史进程做出了崭新的预言。19 世纪发展到顶峰的个人责任的哲学观念以及犹太教—基督教的经典教义，都遭到了怀疑和抛弃，人类的前途和命运面临所未有的危机。

20 世纪一开始就是人类创造力集中展示的时期。自大西洋到太平洋横贯整个美国的铁路网络已经建成，福特汽车公司正在开足马力生产“T”形车，飞机、大炮、坦克、潜艇以及各种新式武器剑吟匣中，电子技术正在贝尔实验室、化学技术正在杜邦实验室里疯长，生产力的爆发式增长就像是一夜之间从地底下呼唤出来的一样。科学技术和思想领域的革命集聚起巨大的能量，引发了两次世界大战。工业文明在两次世界大战的血与火中挣扎着降临人世，一个崭新的现代社会诞生了。然而，它前途未卜，充满矛盾与困惑，民族主义与自由主义的政治思潮在冲突在激荡，“管理”这只有形之手将在建立工业社会新秩序的过程中扮演重要角色。

1909 年，第一次世界大战爆发前 5 年，彼得·F. 德鲁克诞生于奥匈帝国的首都维也纳[①]。德鲁克家族祖籍为荷兰，德鲁克这个姓氏在荷兰语中是“印刷者”的意思。他在第一次

① 1867 年，奥地利与匈牙利合并为二元帝国——奥匈帝国，奥地利皇帝弗兰茨·约瑟夫一世兼任匈牙利国王和第一位奥匈帝国皇帝。1918 年，奥地利结束君主制，建立共和国。

世界大战期间度过了童年时代，在第二次世界大战时期度过了青年时代，有幸目睹了一个新世纪的成长和变迁。

德鲁克从小受到良好的家庭教育。他父亲是经济学家和律师，在奥匈帝国政府经济部任高级公务员，母亲学过医学。在德鲁克的童年时期，家中经常高朋满座，不但有政治家、经济学家和律师，还有音乐家、文学家以及数学家。德鲁克的双亲与弗洛伊德（Sigmund Freud，1856—1939）有多年的交情，熊彼特（Joseph Alois Schumpeter，1883—1950）[①]是他父亲的朋友，凯恩斯（John Maynard Keynes，1883—1946）的课堂也向他敞开着。这种家庭环境使他受到极好的教育，养成了一种悠闲从容的气质，这种气质使他的作品具有一种独特的风格。德鲁克从年轻时起就一直遵循很有特色的学习计划：每隔三四年选择一个新课题，集中阅读该领域的著作。这些领域包括法律、政治、经济、哲学、技术发展史以至日本艺术等等，如此广泛的兴趣与其少年时代的家庭熏陶不无关系。

1919 年，德鲁克 10 岁，第一次世界大战结束了。战争的恐惧暂时散去，和平的饥饿却无处不在。时任美国商业部长的胡佛（Herbert Hoover）[②],曾在一战时期督导欧洲救援计

① 约瑟夫 · A. 熊彼特（1883—1950），奥地利人，经济学家，曾任奥地利政府财政部长，移居美国后任哈佛大学高级研究员。代表作有《动态经济学理论》《经济分析》等。

② 赫伯特 · 克拉克 · 胡佛（1874—1964），胡佛在担任 8 年美国商业部长之后，继卡尔文 · 柯立芝之后于 1928—1932 年担任美国第 31 任总统。

划。由于他领导的美国食品赈济组织的慷慨援助，使得上千万欧洲人包括数百万儿童免于饥饿。德鲁克就是其中之一。这一经历使得“组织”一词在他心中留下了美好的印象，对他最终选择研究组织管理产生了很大影响。

德鲁克少年时代得到两位修女老师——爱尔莎小姐和索菲小姐的悉心教导。爱尔莎小姐让德鲁克自己负责自己的学习，她给了他一个笔记本，要求他在每周开始时写下打算要学的东西，然后在这一周结束时对照检查。德鲁克在四年级时已经显示出写作方面的才能，爱尔莎小姐注意到了他的优点，每周给他布置两篇作文，训练他的写作能力。德鲁克后来将自己的学习方法加以总结，劝导管理者注重机会，而不是问题；应该扬长避短，而不是截长补短；要注重从成功中学习而不是从失败中学习[①]。

13 岁时，有一位循循善诱的宗教老师给德鲁克上了一堂具有启蒙意义的人生课，他问每个学生想靠什么让人们记住自己。当时学生们年纪太小，回答不上来。老师笑着说：“我也不指望你们回答得出。但是假如你们活到 50 岁还答不上来的话，那你将已经虚度此生了。”德鲁克记住了这段话，从此以后努力地按照这一存在主义的崇高准则而生活。“我一直拿这个问题来问自己，这是一个能够使你不断更新自己的问题——因为它促使你把自己看作一个不同的人，看作你能成

① Peter F. Drucker, Adventures of a Bystander. New Brunswick. U.S.A: TransactionPublishers, 1994.

为的那种人。”[①]

1926 年，德鲁克 17 岁，他中学毕业了。德鲁克家族多以医生和律师为业，他的父亲老德鲁克期望儿子上大学。但是，年轻的德鲁克却决定找一份工作。老德鲁克虽然觉得失望，但还是尊重儿子的选择，帮他在一个颇有声望的进出口公司找了一个见习职员的职位。此后 10 余年间，德鲁克一边旅行一边工作一边学习，行万里路，读万卷书。后来德鲁克以自身经历为例，对当今社会以学历取人的现象提出尖锐批评。不过，他也明白昔日一去不复返，在 20 世纪 50 年代德鲁克强迫自己的儿子上了大学。

德鲁克工作的进出口公司在德国汉堡，这正是他所期望的，这使他终于可以离开奥地利。德鲁克在工作之余进入汉堡大学法律系学习。那时的大学十分宽松，他一次课也没去听，只是周一到周五每个晚上都去图书馆读书。两年后，德鲁克到华尔街设在法兰克福的一家分公司做实习证券分析员，一直到这家公司在股灾中破产。其间，德鲁克转入法兰克福大学法学院学习。由于他不是德国公民，没有资格参加国家考试，也就不能取得法学博士学位。最终德鲁克通过考试获得了公共法与国际关系博士学位。

德鲁克在汉堡工作期间，一次偶然得到的教诲使他确立了追求事业的精神。他在汉堡歌剧院观看了威尔第的最后一

① [美]杰克·贝蒂著（李田树译）:《大师的轨迹》，北京：机械工业出版社 2006 年版，第 195 页。

部歌剧——《法斯塔夫》(Falstaff)，意外地得知这部激昂的作品竟然是音乐家在80岁高龄写成的。威尔第曾经说，在作为音乐家的一生中，他一直在为追求完美而奋斗。但是这个目标总是在躲避他，所以他真切地感到一种责任，觉得应该再努力一次。德鲁克被威尔第的故事深深感动，暗暗许愿如果自己得享高龄，一定像威尔第一样不懈地追求完美。事实上，他做到了，一直到90岁高龄仍然保有世界上最活跃的头脑。

年轻的德鲁克对于自己究竟要做什么并没有明确的目标。寻找的过程是漫长的，机遇不知在什么地方躲藏。其时正值两次世界大战的间隙，各种政治思潮风起云涌，欧洲局势动荡不安。德鲁克对正在发生的一切深感忧虑，第一次世界大战给他的童年带来的饥饿感记忆犹新，而第二次世界大战却又正在孕育之中。1929年10月，在经历了历史上最著名的大股灾之后，德鲁克失去了证券分析师的工作。他应聘到法兰克福最大的报纸《法兰克福大众报》任金融撰稿人，不久就被提升为高级编辑，此时他刚刚20岁出头。由于战争夺去了上一代人的生命，使得德鲁克年纪轻轻就有机会崭露才华。这份工作使他发现自己有敏锐的观察力，善于透过偶然事件探索现象背后的寓意。在当时，最令人迷惑不安的现象莫过于纷繁复杂的时局，德鲁克很自然地对社会和政治学科发生了兴趣。

20世纪30年代初期，墨索里尼和希特勒走上了欧洲政治舞台。墨索里尼在1922年就已在意大利建立独裁政权，他领导的法西斯党徒推翻了所有反对力量，开始进行大规模军事动员。希特勒领导的德国国家社会党（或称纳粹党）于1933年掌握德国政权，也积极准备侵略扩张。德鲁克对法西斯主义进行了深入研究，于1933年开始写作他的第一本德语著作《经济人的末日：论极权主义的根源》（The End of Economic Man：The Origins of Totalitarianism）。这本书在希特勒和法西斯主义如日中天的时候，预言了它们必将因屠杀犹太人而毁灭。该书直到1939年才得以出版，德鲁克的同乡——原籍奥地利的经济学家哈耶克（Friedrich A. von Hayek，1899—1992）对德鲁克的看法深表赞同，认为由于自由与平等的信念完全崩溃，德国走上了极权主义的、纯粹消极的、非经济的、不自由不平等的社会道路[①]。从这部著作表达的观点来看，德鲁克继承了19世纪欧洲反对极权的自由主义传统，这种思想后来一直贯穿在他的管理学研究之中。

1933年，德鲁克再次失业，回到维也纳短暂休息之后他再度来到伦敦。在伦敦流连之际，德鲁克每周到剑桥大学参加凯恩斯主持的经济学研讨会。德鲁克很快发现，自己与这些经济学家志趣不太相投。因为，凯恩斯和他的学生们只对商品和市场感兴趣，而他对人的行为更感兴趣。

在伦敦，德鲁克遇到了在法兰克福大学的同学——德

---

① ［英］弗里德里希·奥古斯特·哈耶克著（王明毅、冯兴元等译）：《通往奴役之路（The Road to Serfdom，1944）》，北京：中国社会科学出版社1997年版，第33页。

国女子多丽斯·施米兹，后者当时正在伦敦经济学院读书。1937 年元月，德鲁克与多丽斯结婚。几天后，他们离开了弥漫着怀旧气氛的欧洲，一同前往象征未来的美国，希望能够在美国找到理想和生活。德鲁克当初离开奥地利到其他欧洲国家寻找真正想要的生活，在寻找 10 余年之后还是带着失望离开了。美国是当时战火纷飞的世界上最后的阿卡迪亚——一个类似于幻想中乌托邦的避难所。德鲁克以作家身份来到美国，最初的工作是任几家英国报纸的驻美代表。

然而，美国并不是世外桃源。美国在第一次世界大战结束后经历了一次短暂的繁荣。可惜好景不长，紧接着等待他们的是 1929 年股市崩盘之后的大萧条。大萧条期间，银行系统崩溃，企业接连倒闭，劳资矛盾激化，美国企业界的领头羊——通用汽车公司也一直为罢工所困扰。大萧条期间，美国失业人数最多时曾经超过千万，几乎占美国劳动人口总数的 1/4[①]。虽然胡佛总统和继任的罗斯福总统都在各自任内通过了一系列的新法律，采取了一系列的挽救行动，但是真正使美国社会摆脱萧条的还是战争。

1939 年，德鲁克在美国找到第一份正式工作，在纽约布朗克斯威尔的萨拉·劳伦斯学院任经济学兼职教师。德鲁克在这里待了将近一年就离开了，因为他不赞成攻击布鲁克林

---

① 程国强:《美国史（1901—1985）》，台北：华欣文化事业中心 1985 年版，第 115 页。

大学的自由派校长而被学院开除。1940 年，德鲁克在佛蒙特州本宁顿学院（Bennington）找到新的教职，同时被美国政府聘为经济战争部的国际经济兼职顾问。直到 1949 年，德鲁克一直在该学院担任哲学和政治学教授。看起来，德鲁克正在步人哲学和政治学的领地，并且已经取得了一些成就，显示出作为学者的潜质。

20 世纪 30 年代末到 40 年代初这段时间，德鲁克以政治学家的身份写作。1941 年，德鲁克写作了他自认为很满意的文章“不时髦的克尔凯郭尔（Soren Aabye Kierkegaard, 1813—1855）”[①]，从哲学上分析了纳粹主义的思想根源，并断定纳粹主义绝非人类福音。在德国出版了《经济人的末日》一书之后不久，德鲁克在美国出版了《工业人的未来》（1942）一书。在《工业人的未来》一书中，德鲁克预言，一种新的制度已经出现，它夺取了市场的中心社会地位，这种新制度就是工业化大公司。一种新的社会生产形式也已经出现，即大批量流水线生产形式。但是，一个工业化的新社会还远未建立起来，这个新社会需要“新概念”和“新秩序”，这将是德鲁克后来大显身手的领域。

1943 年，德鲁克偶然得到了研究通用汽车公司的机会。此时，德鲁克已经是本宁顿大学的政治学教授，美国政治学协会也选举他进入了政治理论研究委员会。本宁顿大学校长

---

① Peter F. Drucker, the Unfashionable Kierkegaard, Sewanee Review, Oct. 1949.

善意地提醒德鲁克：研究通用汽车的内部结构与政治学可是两码事，你现在处于进入经济学还是政治学的十字路口，如果接受通用汽车的课题，你在这两门学科中都会失去别人的尊重[①]。对德鲁克自己来说，这个抉择并不困难，实际上可以说在很早以前他离开凯恩斯的研讨会时就已经做出了选择。1946年，德鲁克将研究成果写成《公司的概念》一书出版。

1950年，德鲁克离开本宁顿学院前往纽约大学商学院任管理学教授[②]。其间，德鲁克拒绝了哈佛大学商学院的邀请，因为当时哈佛大学商学院的学生清一色是大学应届毕业生，而他希望与有工作经验的学生打交道，他认为这样有助于师生互相学习，所以继续留在纽约大学。1971年起，德鲁克担任加州克莱尔蒙特研究生大学（Claremont Graduate University）的克拉克社会科学及管理学教授（Marie Rankin Clarke Professor）。自1987年起，该大学以他的名字命名成立了德鲁克研究生管理学研究中心（Drucker Graduate Management Center）。

德鲁克在青年时代放弃上大学而远游他乡去寻找理想中的生活，在这个过程中，经由一些有形或无形之手的引导选择了管理学，最终成为管理学领域的一代宗师。半个多世纪

① ［美］杰克·贝蒂著（李田树译）:《大师的轨迹》，北京：机械工业出版社2006年版，第62页。

② 王霆:《杜拉克管理思想全书》，北京：九州出版社2001年版，第3页。

里，德鲁克致力于管理教育和咨询工作，以写作和教书为乐，直到 2005 年 11 月 11 日去世。

第二节　欧洲学统的影响

20 世纪早期，管理教育在大学里刚刚起步，管理学还不成其为一门学科。是什么力量使得德鲁克放弃了在政治学领域隐约可见的前途而垂青于尚属幼稚的管理学呢？作家柳青曾说：一个人的一生虽然漫长，但紧要之处往往只有几步，尤其是在人年轻的时候。在游历求学的青年时代，德鲁克深切感到时事维艰、前途迷茫，每每扪心自问：我的归宿在哪里？多年以后回头望去，当初的选择却似乎不言而喻。正如德鲁克自己所说：事前展望，并非如此；事后回顾，庶几如此。可以说，德鲁克所处时代、所受教育和个人理想最终促使他选择了管理学，并创建了那样一种与科学管理迥然不同的管理学。其中，欧洲学术界的影响不可不提。

德鲁克在欧洲生活的时期，是一个“国家不幸诗家幸”的时代，学术领域群星荟萃，达到历史上的一个高峰。在哲学领域，存在主义方兴未艾，萨特（Jean-Paul Sartre，1905—1980）正在创作的鼎盛时期。在经济学领域，继微观经济学领域的边际革命之后，凯恩斯创立了宏观经济学，正与熊彼特一争短长。奥地利学派的哈耶克正在大声捍卫自由主义传统[①]。德鲁克的家里，母亲正在聆听弗洛伊德讲精神分析。而他的祖国——奥匈帝国此时正面临瓦解。身处欧洲这个学术中心，成长的年代正值欧洲历史上一个最为动荡的时期，严峻的现实迫使他思考各种问题。因此，德鲁克不仅精通政治学、经济学，他还教过宗教，熟悉哲学。他对政治时局的见解，他此时提出的社会理论，追根溯源要和欧洲学术传统相联系。

尽管德鲁克很少申明自己的哲学主张，但是他的人生观接近于存在主义。德鲁克屡屡提及的奥古斯丁[②]、克尔凯郭尔[③]等人开创了存在主义哲学（Existentialism）的源头。存在主义起源于德国，在法国发扬光大，是20世纪上半叶最具代表性的哲学思潮。存在主义的谱系十分芜杂，被归到这个旗帜下的思想家或文学家并没有一致的教条或信念，他们像是长相相似、血统却很可疑的家族。德鲁克在“不时髦的克尔凯郭尔”中，认为克尔凯郭尔只关心一个核心问题：个人存在何以能？（How is human existence possible？）克尔凯郭尔认为人只能存在于个体的精神生活与社会对公民的要求

① 奥地利学派被经济学史家称为历史最为悠久的经济学流派，始于门格尔。自二战之后，随着米塞斯、哈耶克等人迁居美国，奥地利学派成了一个地道的美国经济学流派。参见：韦森:《奥地利学派的方法论及其在当代经济科学中的意义及问题》,《学术月刊》2005年第4期。

② 奥古斯丁（Aurelius Augustine，354—430），基督教与希腊哲学的集大成者，著有《上帝之城（The City of God）》和《忏悔录（Confessions）》等。

③ 克尔凯郭尔（Soren Aabye Kierkegaard，1813—1855），生活于丹麦的黄金时代（Golden Age），他博学多才，在哲学、神学、心理学和文学等多个领域卓有建树，被认为是存在主义之父（father of existentialism）。

所产生的紧张之中，这种紧张状态最终使他近乎疯狂。然而，这个 19 世纪的核心问题到 20 世纪已经不时髦了。20 世纪关心的是：社会存在何以能？（How is society possible？）这个问题有人这样回答，也有人那样回答。无论如何回答，有一点不可否认，那就是个人不能离开社会而存在。但是，20 世纪初期的流行答案强调了社会存在，而忽视了个人存在。这种个人存在与社会存在的矛盾成为德鲁克关注的核心问题之一。

这个在哲学、经济学和政治学没有给出答案的领域，德鲁克将来要尝试通过管理学来解决。他寄望于在个人与社会之间借助组织管理的协调，减轻个人存在与社会存在之间的张力，从而抑制社会动荡产生的根源。这种哲学观使德鲁克在观察劳资冲突的时候，超越事情的表象——劳资矛盾或阶级矛盾——这是所有其他人看到的“现象”，而德鲁克认为矛盾的本质是个人与组织之间的矛盾，是那个老命题——个人存在与社会存在——这一对矛盾在工业社会的新表现。

存在主义哲学对德鲁克的个人生活态度也产生了深远的影响。存在主义哲学是一种无神论哲学，否认上帝是人类的主宰，强调个人自由与责任，所以萨特说存在主义是一种人文主义。然而，个人自由面临着新的危险。随着在 19 世纪末以来大企业这种工业组织的兴起，个人价值面临被否决的命运。从社会角度来看，企业中的冲突是工业社会冲突产生的根源。如果个人沦为机器延长的手臂，那么个人自由将被工业化大生产方式所吞噬。人们对大企业充满了怨恨，对资本家和管理层充满了憎恶，渴望有一种力量来解救自己。德鲁克认为，这正是法西斯主义这种极权主义所以大行其道的根本原因。而他所要做的，就是要证明或者要说服大企业，在将自己看作是经济组织的同时，认识到自己更是一个社会组织，在创造生产力的同时，还要赋予所有成员的个人存在以价值，使之获得一种有意义的身份。只有这样，工业文明才不至于毁坏西方传统的核心价值观，也只有这样，西方社会才能免于动荡，西方文明才能持久繁荣。

19 世纪末 20 世纪期初也是经济学的重建时期。杰文斯（1835—1882）、门格尔（1840—1921）和瓦尔拉斯（1801—1866）在 19 世纪 70 年代发起的“边际革命”，奠定了现代微观经济学的基础。凯恩斯则在 20 世纪初创立了现代宏观经济学。凯恩斯个人的声望随着 1936 年《就业、利息与货币通论》一书的再版达到顶峰，凯恩斯经济学成为一代显学[①]。在凯恩斯理论的指导下，西方国家建立了精密的国民收入核算体系，通过财政政策与货币政策的调控来影响物价与就业，以消除经济的周期性波动。与此同时，国家掌握了前所未有的权力，政府职能与政府机构日益膨胀，迅速侵蚀着私人领域的权力。

西方学统的一个特点是不同时期总有多种流派，这些流派的并存和交锋，给了西方学术发展以生生不息的动力。每

① ［美］亨利·威廉·斯皮格尔著（晏智杰等译）：《经济思想的成长》，北京：中国社会科学出版社 1999 年版，第 521 页。

一个时期，在主流之外总有持异议者在旁观。即使在火刑柱的威胁下，仍有不思悔改的异教徒。每当主流理论与现实相背离而遭遇跌落之时，持异议者的价值便显现出来。在与历史发展的复杂性和不确定性的博弈中，学界总是保持着提供多种思想武器储备的功能，避免了在主流理论遭遇失败时别无替代品的风险。

在凯恩斯理论如日中天之时，哈耶克与熊彼特等学者与他展开了激烈的论争。20 世纪 30 年代，哈耶克在伦敦时期的主要学术论战对象就是凯恩斯。哈耶克坚持奥地利学派的个人主义与自由主义传统，认为极权主义是“通往奴役之路”，坚持工业社会应该建立在自由市场经济秩序的基础之上。他不仅反对计划经济，也反对凯恩斯的国家干预主义；哈耶克不仅反对极权主义，也反对福利主义。哈耶克在《通往奴役之路》一书中写道，“通往地狱之路，常由善意铺设……如果人类放弃自由主义的精神，想凭着良好的意愿，自以为是地去计划、设计社会，必将把人类引向深渊。”

凯恩斯的另一个亦师亦友的论敌是熊彼特。熊彼特的核心思想是经济发展的原动力在于企业家和创新精神。熊彼特将法国经济学家萨伊[①]的企业家理论发扬光大，认为古典经济学追求理想的经济均衡状态，忽视了企业家的重要作用。

① 萨伊（Say，1767—1832），法国经济学家，将《国富论》翻译成法文，并毕生精力宣扬斯密的观点和经济政策。萨伊自己发展了独立于主流经济学之外的企业家概念和企业家精神理论。

熊彼特认为，在有企业家存在的经济中，不均衡才是经济的正常状态。熊彼特认为，企业家是均衡状态的“创造性的破坏者”，他们寻找变化、适应变化，并把变化看成发展的机会，正是企业家的这种创新精神带动了经济的不断发展。他强调企业家对于变化和增长、对于经济周期以及对于资本主义制度所具有的重要性。企业家行为中的战略性因素是“创新”，创新导致生产函数的变化，是经济增长的真正源泉。创新会打破静止经济的循环流，并且在较高的收入水平上的新均衡位置实现经济发展[①]。显然，在个人主义（以企业家精神为代表）这个基本价值观上，熊彼特是与奥地利学派是一脉相承的。

在这场论争中，德鲁克站在哈耶克与熊彼特这一边。前面已经谈到，德鲁克在《经济人的末日》中表达了与哈耶克类似的观点，得到哈耶克的赞同。德鲁克十分推崇熊彼特，称熊彼特与凯恩斯是“20 世纪两位最伟大的经济学家”。他对凯恩斯的评价是“精明”，而将更高的赞美——智慧——留给熊彼特[②]。

熊彼特对德鲁克选择从事管理咨询和管理教育产生了重要作用。德鲁克作为目标管理的发明者，时刻不忘给各种事物寻找合适的衡量标准，而他自己检验人生成功的标准是在熊彼特的启发下确立的。熊彼特是德鲁克父亲的学生，早年

---

① ［美］亨利·威廉·斯皮格尔著（晏智杰等译）:《经济思想的成长》，北京：中国社会科学出版社 1999 年版，第 467 页。

② Peter F. Drucker，Schumpeter and Keynes，Forbes，May 23，1983.

才华出众，自负而且虚荣，后来成为伟大的经济学家。1950年元旦，熊彼特临终之前，德鲁克父子去看望他。熊彼特赠言道，一个学者仅仅凭借自己的著作和理论而流芳百世是不够的，除非能改变人们的生活，否则就没有任何重大的意义。他自己最引以为自豪的就是将许多优秀学生教育成了一流的经济学家。这番肺腑之言对德鲁克的影响极为深远。1995年德鲁克与日本企业家中内切谈话时再次强调说，“我一直未曾忘记这段谈话。我学到了三件事：第一，人必须要问身后希望别人记得你什么？第二，人应该随着年龄而有所改变，不仅是个人的成熟程度要有所改变，同时也要随着世界的变化而改变。第三，能让别人的生命变得有所不同是件值得后人记住的事情。”①

不仅如此，熊彼特及奥地利学派学者的命运也折射到德鲁克身上。哈耶克由于反对的目标是如此之多，处处树敌，以至于被欧洲知识界视为异端，一些著名学府拒绝聘请他任教，他不得不离开欧洲前往美国。1974年，哈耶克与缪尔达尔一起获得诺贝尔经济学奖时，他居然建议取消诺贝尔经济学奖，以免经济学家由于获奖而变成权威，压制新的思想。凯恩斯与熊彼特同年出生，去世的时间也相去不过4年。1983年是两位经济学家诞辰100周年，形成鲜明对比的是，凯恩斯生极荣耀死亦哀荣，熊彼特却是身前身后两寂寞。德鲁克多次说《现

① ［美］杜拉克、［日］中内切著（邓嘉铃译）：《杜拉克看亚洲》，乌鲁木齐：新疆人民出版社2002年版，第152—153页。

代预言家：熊彼特还是凯恩斯?》是自己最得意的文章之一。这篇文章就是写于 1983 年，德鲁克有感于两位同辈经济学家身后凉热不均而作此文，也算是借两位先贤的不同际遇抒发自己的胸中块垒。“大量的著作、文章、会议和演讲祝贺凯恩斯诞辰 100 周年。如果最终有人提起熊彼特诞辰 100 周年的话，也一定是在一个小型的博士研讨会上。”[①]

德鲁克自己也品味过这种寂寞，也许正因为如此，他才自称为“旁观者”（Bystander）。这些思想领域的旁观者，其目光往往超越时代，看到了人所未见的未来景象，但是其观点却被斥为异端，往往遭受冷落甚至迫害。等到他们的思想成为常识，他们已经老去或被遗忘。在思想史中，一些旁观者往往被低估甚至难有一席之地。后学者即使再度发现了他们，最后可能只不过是在小圈子里欣赏。如果他们知道中国诗人李白在千年以前就高声吟唱“古来圣贤皆寂寞”，不知这些西方大贤是否会感到如遇知音。

一位英国的女性管理学家对德鲁克的影响也颇值得一提，她就是玛丽·帕克·福莱特（Mary Parker. Follett，1868—1933）[②]。玛丽·帕克·福莱特是管理思想史上少数几个杰出的女性管理学家之一，曾经被管理学界所遗忘。今天我们能

---

① ［美］P·F. 德鲁克:《现代预言家：熊彼特还是凯恩斯? 管理的前沿》，上海：上海译文出版社 1999 年版，第 85 页。

② ［英］葆琳·格雷厄姆主编（向祯译）:《玛丽·帕克·芙丽特——管理学的先知》，北京：经济日报出版社 1998 年版。德鲁克为这本书作序，题为“导言：管理学的先知”。

够在管理思想史中找到她的一席之地，一定程度上是由于德鲁克的努力。1951 年，经过英国管理学家厄威克的介绍，德鲁克阅读了福莱特的作品。此时，福莱特已经离世 18 年。德鲁克对福莱特推崇备至，毫不吝惜地称之为“管理学的先知”。如果说上述先哲提出了值得关注的核心问题，引导德鲁克确立了基本价值观和方法论，那么福莱特则提出了解决这些问题的基本管理原则，从德鲁克管理思想的许多方面都可以找到福莱特的影子。

在 20 世纪初期，几乎人人都认为企业不过是经济组织，管理不过是一个工具箱而已。对福莱特来说，显而易见的事实是，企业是社会性组织，管理是组织的一种功能。在那个由阶级斗争的狂热信仰主宰的年代，在劳资冲突的巅峰时期，在美国劳动法及工会章程都以劳资冲突不可调和为基本假设的时候，福莱特强调了矛盾建设性的一面，并试图从建设性的角度出发解决矛盾。福莱特提出“建设性矛盾”的概念，主张以“和谐统一”的原则通过“创新”来解决各种冲突，主张解决矛盾冲突的唯一途径既不是“胜利”，也不是“妥协”，而是双方利益的平衡统一。福莱特认为，社会过程的核心不是相似性，而是大家的分歧通过相互渗透而达到和谐统一。自然界热切地渴望对立，正是通过对立而不是通过相似才取得了完美的和谐统一。福莱特管理不仅限于企业，而是在所有组织中甚至政府机构中都可以发挥作用。福莱特认为，民主制度的精髓在于创造，民主制度的技巧在于集体的组织。我们只能通过组织找到真正的人。个体的潜能除非在集体生活中释放出来，否则就只能是潜能[①]。集体或组织通过民主管理与自我管理的形式实现和谐统一。对于民主管理，管理者应当给工人们一个机会，去培养自己的能力，或者培养自己的权力。管理者与被管理者应当作为合作者来工作。自我管理有助于个体以及个体所隶属的组织的发展，自我管理通过组织成员之间直接的相互作用以达到共同目的，个体在组织的发展过程中充分实现自己的价值。这一原则适用于任何集体，无论它是大是小，无论是工厂还是社区，是工会还是行业协会。福莱特的根本目的是要重新塑造公民。“我并不认为有什么心理的、伦理的以及经济的难题，我们有的只是人的问题，涉及心理、伦理以及经济各个方面，并且比你所愿意设想的还要多得多，还常常发生法律方面的问题。我们必须通过整体来研究整体，而不仅仅通过对其组成部分的分析来研究整体。整体不仅仅取决于它自身的组成部分，而且取决于各个组成部分之间的相互关系。”[②]

然而，福莱特所处的时代正是乱世之秋，强权国家正在企图通过制造矛盾和冲突以巩固自己的地位，人们的心灵被恐惧与仇恨所笼罩。在这种你死我活的斗争氛围之中，任何理解对方的尝试都无异于对战友的出卖。因此，福莱特的观点无法得到当时人们的理解更不用说赞同。德鲁克十分欣赏她的观点，在《公司的概念》中就可以明显地看到福莱特思

---

① M. P. Follett, The New State, New York: Longman Green and Co. , 1918, p6.

② M. P. Follett, The New State, New York: Longman Green and Co. , 1918, p149.

想的影子。德鲁克以问题为导向的研究路线，以及整体性的思维方式与福莱特的见解也是一致的。

正是由于继承了19世纪欧洲自由主义与个人主义的传统价值观，德鲁克在希特勒政权的鼎盛时期就预见到法西斯终将失败，未来的工业社会必将是一个围绕大公司形成的新社会。对这个新社会的领导性群体——大公司的关注，引导德鲁克最终进入了管理学领域，由于深受欧洲人文思想的熏陶，使德鲁克创立了具有人文精神的管理学。

第三节　德鲁克管理思想的脉络

德鲁克从20世纪40年代初开始从事管理学教学、研究和咨询工作，与管理学结缘达60余年。德鲁克致力于探索管理知识，并努力将这些知识运用于管理实践。他不仅希望将知识传授给学生，更希望将运用的方法教授给管理的实践者，真正改变人们的生活。然而，探索新知是一件困难的工作，知识的运用之妙更是难以传授。为了接近这个目标，德鲁克晚年还在尝试利用新技术改进教学效果，为《有效的管理者》拍摄了同名教学电影，并亲自在影片中担任讲解员。

理清德鲁克管理思想的发展脉络，描绘出清晰的轮廓是一个困难的任务。为完成此项任务，作者按照其著作所属的时代和内容属性对之进行了大致的分类（见表1—1），虽然这样做难免有一些武断。

表 1—1 德鲁克管理思想发展历程

时期	研究的主要问题	主要著作
探索转折时期（20 世纪 30—40 年代初） 理论形成时期（20 世纪 50—70 年代）	工业社会早期的矛盾与冲突；工商企业的角色和地位，工业社会的秩序。 工业社会的发展问题。主要是大企业的管理问题，包括：企业与社会的关系，企业目标，企业组织与战略，企业的管理，工人的管理，管理人员的管理，企业的社会责任、企业伦理等。	政治学著作： 《经济人的末日》（1939） 《工业人的未来》（1942） 管理学著作： 《公司的概念》（1946） 《管理的实践》（1954） 《管理：使命、责任、实务》（1973） 《成果管理》（1964） 《卓有成效的管理者》（1966） 政治学、社会学著作： 《新社会》（1950） 《美国未来 20 年》（1954） 《未来里程碑》（1959） 《不连续时代》（1969） 《看不见的革命——养老金资本主义来到美国》（1976） 传记:《旁观者的风险》（1978）

续表

时期	研究的主要问题	主要著作
理论扩展时期（20 世纪 80 年代—2005 年）	工业社会向知识社会转变时期的主要管理问题，包括：创新和企业家精神；创新型企业的管理；知识型企业的管理；非营利组织管理等	管理学著作： 《动荡时代的管理》（1980） 《变动中的管理界》（1982） 《管理前沿》（1986） 《创新和企业家精神》（1985） 《非营利组织管理》（1990） 《九十年代的管理》（1992） 《巨变时代的管理》（1995） 《21 世纪的管理挑战》（1999） 社会学著作： 《新现实》（1989） 《后资本主义社会》（1993） 《生态学视角》（1993） 《养老金革命》（1996）

从各个时期占据主导地位的组织形态来看，西方国家在 20 世纪的经济和社会发展可以分为三个阶段：前工业社会向工业社会过渡的时期——工业社会时期——后工业社会时期。针对每一个特定时期的管理问题，德鲁克都提出了有影响力的概念和理论。我们将结合西方社会的发展阶段将德鲁克管理思想划分为三个阶段。当然，这三个阶段并不是截然分开的，而是有相当多的覆盖重叠。

第一个阶段，从 20 世纪 30 年代到 40 年代中期（《公司的概念》出版之前)。德鲁克这个时期的作品基本上是政治学著作。1946 年出版的《公司的概念》一书是一个转折点，以管理学、政治学和社会学的多重视角来研究现代公司，在方法论上继承了其一贯的宏观思维方法，但研究对象是公司。从此以后，德鲁克真正开始管理学研究和教育生涯。

第二个阶段，从 20 世纪 50 年代初期到 70 年代，基本跨越“管理热潮”时期，是工业社会逐步走向成熟的时期。1954 年出版的《管理的实践》一书被认为是现代管理学发展早期里程碑式的作品。在 20 世纪 50—60 年代，德鲁克著作主要有《卓有成效的管理者》《成果管理》《管理：使命、责任、实务》《未来里程碑》及《不连续的时代》等。其中，《管理：使命、责任、实务》是标志着德鲁克管理思想体系形成的代表作，在这部著作中德鲁克对盛行于西方国家管理热潮进行了总结，并指出了管理理论与实践的发展方向。《成果管理》则被认为是战略管理领域的重要文献。

第三个阶段，从 20 世纪 70 年代末至今，是美国又一轮创业经济发展的高潮时期，也是西方社会向知识社会迈进的关键时期。这一时期，德鲁克著作主要集中在创新和知识经济两个领域。德鲁克早在 1959 年在《未来里程碑》一书中就预见到美国社会将由工业社会向知识社会变迁，并一直关注着这一进程，提出了“知识工人”这样的重要概念。《不连续的时代》中提出了重新私有化(re-privatize)的主张，预见了西方国家 20 世纪 70 年代以来的私有化浪潮。1985 年，德鲁克出版了《创新与企业家精神》一书，这是一部有关创新、创业理论和企业家理论的经典著作。在这一时期德鲁克还出版了著名的系列论文集。进入 20 世纪 90 年代，德鲁克著作主要集中于对后资本主义社会（或知识社会）问题的研究，代表性著作是《后资本主义社会》和《非营利组织的管理》等。

如果要用一条线索来描述德鲁克管理思想的发展脉络，那么《公司的概念》——《管理的实践》——《管理：使命、责任、实务》——《创新和企业家精神》——《非营利组织的管理》，堪称是这条发展路线上标志各个阶段的里程碑。

第二章
功能社会乌托邦

在西方历史上，每隔几百年，社会就会出现急剧转变。短短几十年里，社会重建它的世界观、价值观、社会政治结构以及人文学科的主要体系，50 年后是一个全新的世界。

——德鲁克

从经济发展的角度来看，20 世纪是一个工业化的世纪。如果从社会变迁的角度来看，20 世纪也是一个组织化的世纪。工业化使西方社会脱离了传统上分散的生产组织方式，进入到由各种大型组织主导的现代社会。而知识经济的兴起，进一步推动西方社会进入到知识社会。每一个新时代的来临都充满了矛盾与困惑，德鲁克窥见每个新时代到来的端倪，在功能社会理论基础上提出了工业社会理论和知识社会理论。

第一节 功能社会理论

功能社会理论是可以看作是德鲁克对克尔凯郭尔式的个人存在与社会存在的关系问题的回答。

一、什么是功能社会

如果将一个社会比作一个人，社会中各种组织就好比其器官，个人则好比千千万万承担不同功能的细胞。当具有不同功能的各种细胞和器官各司其职，一个人才能保持健康状态。同样，只有一个社会的各种组织和个人都具有明确的功能，并且能够尽职尽责地履行功能，一个社会才能正常运转。个人作为社会细胞不仅应被赋予一定的功能与职责，而且还要感受到个人存在与社会整体存在的关系，这种关系必须是对个人来说有价值和意义的关系。如果这种价值和意义与社会的基本信仰相一致，才能使得个人存在与社会存在联系起来，一个社会才可称之为功能社会。

德鲁克以一种存在主义的观点来解释个人与社会之间的关系。他认为，任何一个社会都必须是功能性的，也就是说在个人生活和群体生活之间必须有一种明确的功能关系。社会必须依据合法的权力赋予个人以身份和功能，从而赋予个人的生存以意义[①]。对于个人而言,没有社会身份和社会功能,社会也就不存在。个人的社会身份和社会功能,乃是团体与个体成员之间的关系方程式,它象征着个人融入团体和团体融合个人。一个社会的意志、目标、观念和理想只有在个人的意志、目标、观念和理想有意义可言时才有意义。社会地位和职责是关系、归属、认同和融洽等等。对于地位的需要,实际上表达了人与人之间的相互需要,这种需要只能在组织中实现。职责表示了个人的愿望、志向和工作,与组织和群体的权力、目的联系在一起。地位突出了个人的价值,既是个人的客观体现,又是社会对个人的承认。因此,个人的社会地位反映了他所属社会的结构,社会秩序典范放大反映了这个特定社会持有的关于人的本质的基本信念[②]。

二、功能社会的基础

如此说来,功能社会的性质乃是基于一个社会关于人之本质的信仰和自我实现的看法。德鲁克认为,在任何社会中,社会与个人之间的功能关系的类型和形式,都取决于社会对于人的本质和终极成就的基本观念。人的本质可以视作自由的或不自由的,平等的或不平等的,善的或恶的,完美的、可臻于完美的或无法臻于完美的;终极成就可以视为存在于

① [美]P·F.德鲁克著(黄志强译):《工业人的未来》,上海:上海人民出版社2002年版,第1页。

② [美]P·F.德鲁克著(慕凤丽译):《公司的概念》,北京:机械工业出版社2006年版,第217页。

现世或是在来世，是在于灵魂不朽或灵魂寂灭，是在于战争或和平，是在于个人经济成功或子孙满堂。关于人的本质的信念，决定了社会的意志；关于终极成就的信念则属于追求实现这一意志的形式[①]。

在这一系列关于基本价值的抉择中，德鲁克认为人是自由的、平等的、善的，然而又是不完美的。人在本质上是不完美的而且是无法臻于完美的。这是基督教关于人类天性的概念：人是不完美的、软弱的，是罪人、是注定要归于尘土的尘土；不过，人是上帝的化身，而且得为自己的行动负责。没有某个人或某一部分人比其他人更接近于完美，因此，任何人都没有理由将自身的意志强加于他人。人的不完美是自由之所以存在的根本原因。由于人是不完美的，因此，个人拥有自由选择的权力。自由是德鲁克最为强调的价值观。德鲁克指出，自由不是放任，自由与幸福是不同的，与安全感或和平进步也是不同的。它也不是什么干净的好政府或最大多数人的最大福利。自由的真意别有所在，自由与其说是一种权利，毋宁说是一种责任，没有抉择和责任就没有自由。没有哪一个人，没有哪一群人居然拥有绝对知识、把握绝对真理或绝对权利，只有在将人看作即使不完美也非永恒，也得为自己的决定和行为从根本上负起不可逃避的责任时，自由才不仅是需要的，而且也是可能的。全体人类中，只要有某一个人被看成是完美无缺或比其他

---

① ［美］P·F. 德鲁克著（黄志强译）:《工业人的未来》，上海：上海人民出版社 2002 年版，第 21 页。

同类更接近于完美无缺时，自由立即就成为不可能。完美无缺的人拥有绝对真理，在绝对真理面前不可能有自由，在绝对公平面前不可能有反抗。

德鲁克认为，美国社会的信仰建立在基督教所倡导的尊重个人自由这个基础之上。这一信仰可以概括为两点：第一，允诺社会公正，即机会平等；第二，允诺个人满足，即允诺社会成员作为个人的地位与作用。一个人无论其职位多么卑微，都是社会有地位、有作用、有尊严的一员，都应该有在社会生活中获得个人满足的机会。在工业社会，这一信仰体现为获得所谓的工业公民权（Industrial Citizenship）[①]。

西方社会迄今所享有的自由则要归功于1776年美国独立时那一代伟大的政治思想家所提出的分权制衡原则。德鲁克认为，19世纪以来西方世界的自由，不是来源于欧洲的革命，而是源于美国，是建立在1776年美国保守党人的反对法国大革命的观念、原则和制度之上的[②]。1776年那一代人建立起来的具体社会在很大程度上已经崩溃了，今天我们必须发展出一个新的工业社会，但那一代人确立的原则和方法依然有效。开国元勋们确立了政府与社会的分治，这是美国自由社会的基础，两个领域的基础都是公民的负责任的抉择和负责任的参与。不过，每一个领域里自由的来源又是不同的。

---

① ［美］P·F. 德鲁克著（慕凤丽译）:《公司的概念》，北京：机械工业出版社2006年版，第126页。

② ［美］P·F. 德鲁克著（徐大建译）:《社会的管理》，上海：上海财经大学出版社2003年版，第158页。

在政治领域，多数人的赞同使得政府具有合法性；而在社会和经济领域，私人财产权则是自由的基础[①]。

自由并不是一个社会要达到的目标，而是社会生活的一种组织原则，自由与责任密不可分，这是德鲁克探求自由企业制度的基本出发点。这也是他将其代表作命名为《管理：使命、责任与实务》的原因，在这本书中，德鲁克开篇就指出，管理的第一层含义就是“责任”。

第二节 工业社会理论

20 世纪初期，人们普遍对大企业拥有的巨大力量和带来的矛盾冲突感到不安。知识界更是担心它可能毁坏西方社会崇尚个人自由和独立精神的传统，从而将个人变成组织的奴隶。德鲁克却并不悲观，他认为新社会必将是一个工业社会，是一个自由的功能社会[②]。然而，工业社会并不会自动成为一个功能社会，它在诞生之初就面临着极大的风险，它可能保持自由市场制度，但更可能走向集权主义。

---

① ［美］P · F. 德鲁克著（黄志强译）:《工业人的未来》，上海：上海人民出版社 2002 年版，第 139 页。

② ［美］P · F. 德鲁克著（黄志强译）:《工业人的未来》，上海：上海人民出版社 2002 年版，第 205 页。

一、工业社会的危机及出路

第一次世界大战之前，美国的大型工商企业从总体上来看已经完成了管理革命，股东从公司的权力舞台上退隐，职业经理人逐渐掌握大企业的控制权，现代公司制开始在各个行业蔓延开来[①]。在欧洲，尽管现代公司制没有一如美国那样流行，但大型企业的实力及其影响仍然与日俱增。然而，管理革命在其进行之时，人们不仅惊叹于它爆发出来的巨大生产力，而且深深地为它所带来的矛盾和冲突所困扰。应该说，管理革命本身并未能解决工业革命早期的劳资矛盾，反而增加了管理层与工人的冲突。这些矛盾使得西方社会对自由企业制度的信念及这一信念支持下的市场经济制度产生了怀疑，对 19 世纪欧洲传统的自由主义价值观产生了怀疑。逢此之时，法西斯主义应运而生，法西斯主义者企图通过国家极权统治代替市场机制来彻底解决工业社会的问题。

德鲁克认为，工业社会危机的根源在于个人的身份危机。前工业社会没有出现此种危机，那是因为那时的人们没有普遍的个人身份危机。在工业社会以前的时代，一个人的出身就决定了他的身份。只是到了工业社会，个人身份危机才凸现出来，并对社会秩序构成威胁。在工业社会，企业取代家庭和个人成为基本生产单位，颠覆了人们传统的工作和生活方式，摧毁了传统职业的技巧和声誉，消除了个人通过传统

---

① ［美］艾尔弗雷德·钱得勒著:《看得见的手——美国企业的管理革命》，北京：商务印书馆 1977 年版，第 79 页。

劳动获得的满足感，导致了传统价值的贬值和传统行为的消失[①]。既然是组织而不是个人在从事生产，那么个人的社会地位、社会声誉和社会权力也不再可能与个人的劳动联系在一起，而只能依附于个人在组织中的职位，个人在组织内部的成员身份。

在工业社会里，公司作为代表性社会机构，管理者成为决定性的社会力量，大规模生产成为代表性的生产方式。在这个新社会中，资本家与管理层作为公司的所有者与经营者获得了明确的身份与地位。前者凭借着神圣不可侵犯的私有财产权，后者通过接受前者的委托，获得了财产权的衍生权利——经营权，掌握了对公司的实际控制权。这两个群体通过委托—代理的关系紧密结合在一起，在新的工业社会中确立了自己的位置。

然而，现代企业不是仅由所有者和管理层组成的。工业社会中最大的群体——工人，没有在公司里找到身份和功能。工人在离开了原来有明确社会地位的职业（手工艺者或农民）之后，在工业社会里没有得到同等的机会，没有明确的社会地位和功能，当然也就没有获得尊严和责任感。他们成了高效率、自动化和标准化的机器，而失业者更是被放逐的人。他们缺少经济保障，更缺少社会融合，没有社会功能和

① ［美］P·F. 德鲁克著（罗汉、焦艳等译）：《公司的概念》，上海：上海人民出版社 2002 年版，第 8 页。

身份[①]。一句话，工人没有获得工业社会的公民权，这显然违背了西方社会的基本信仰和价值观。所有者、经理层与工人之间矛盾丛生冲突不断，究其根源正是工人的身份危机。如果不能找到有效的解决办法，这个新生的工业社会将岌岌可危。事实上，这种危机乃是导致两次世界大战的根本原因。

在当时来看，西方社会解决这一危机有两条出路：一条是法西斯主义所主张的国家集权方式，即由国家接管企业；另一条对自由企业制度的改良。在德鲁克看来，两次世界大战就是这两条道路之间的较量，战争的胜负将决定工业社会的命运由谁来主宰。德鲁克认为，法西斯主义是一个试图解决西方文明普遍问题的错误出路[②]。改变企业的所有制性质并不能解决问题，只有通过提高生产率和改善企业管理才能解决这些问题。因此，他在《经济人的末日》中断言法西斯主义必将失败。

20 世纪 30 年代末，欧洲上空战云密布，德鲁克将目光转向大洋彼岸的美国。在对美国革命和美国精神进行分析之后，德鲁克看到了在美国建立一个自由的功能性的工业社会的希望，“如果要使自由的工业社会以自由的、非革命的、非极权主义的方式得到发展，那么当今之时能够做得到的只

① ［美］P·F. 德鲁克著（罗汉、焦艳等译）:《公司的概念》，上海：上海人民出版社 2002 年版，第 77 页。

② ［美］P·F. 德鲁克著（黄志强译）:《工业人的未来》，上海：上海人民出版社 2002 年版，第 1—15 页。

有美国”[1]。德鲁克在《公司的概念》一书开篇就提出：除非发生重大灾难，否则没有任何事物能使绝大多数美国人放弃他们对以自由企业为基础的经济体制（A Free-enterprise Economic System）的信念，他通过通用汽车公司的考察证明这个假设是有效的。德鲁克仍然担心，如果大公司不能协调好企业与工人的关系，就有可能被政府接管即被国有化，从而导致自由企业制度彻底失败。

二、现代企业的危机

1929 年 10 月 28 日，纽约证券交易所股价从历史最高点急遽下跌。连续几年，股价持续下跌，整个美国陷入了前所未有的经济大萧条。1931 年中期，经济一路下滑，数以百万计的人失去工作。那些失业者痛苦到了极点，因为他们大多数人利用积蓄付了购房的首期款，依靠每个月的收入支付抵押贷款。一旦失业，他们付不出贷款，银行便收走了用于抵押的房产，他们因此流离失所。人们的美国梦破灭了，不再相信国家和企业，甚至对自己和孩子的未来也不抱希望。质量管理大师朱兰（Joseph M. Juran）亲身经历了这场灾难，尽管他此时已是霍桑工厂的中层管理人员，他也时时感到失业的恐惧。他在 1932—1936 年攻读了法学博士学位，获得律师从业资格，以便自己万一失业之后可以另谋生路。“在经

---

① ［美］P · F. 德鲁克著（黄志强译）:《工业人的未来》，上海：上海人民出版社 2002 年版，第 198 页。

济大萧条的开始阶段，工龄较长的员工是较为安全的，到最后阶段，工龄超过20年的员工也面临下岗。霍桑工厂拥有4万名员工，到1933年经济开始恢复时只剩下7000人。”① 由于经济危机带来的失业恐惧，以及企业对于劳工关系的忽视，20世纪初期是西方国家劳工关系最恶劣的时期，也是工会运动迅速发展的时期。其中，汽车业的劳工关系最糟糕，除了采煤及橡胶等几个行业之外，其他行业望尘莫及。

工人阶层在工业体系中地位日益边缘化，这主要体现在两个方面，一是工人缺乏就业保障或者说缺乏职业安全感；二是缺少晋升机会。在工业社会中，公民身份获得的前提条件是必须成为一个企业的一员，即雇员，才能赢得社会地位。因此，充分就业成为现代社会前所未有的新问题和大难题。尽管一般认为充分就业主要是政府的职责，但是德鲁克认为，企业可以主动采取一些措施来缓解工人对失业的恐惧感。至于均等的晋升机会则是更加难以实现的目标。20世纪20年代中期，朱兰在霍桑工厂工作时，对工厂的晋升机会做了这样的评价。“根据小道消息，有两种途径能升职。只有大学毕业生才能迅速升职……所有其他员工能够较慢地升职。而升职与资历密切相关，晋升的职位也往往受到限制。要想在霍桑工厂不断升职，就必须是WASP——即盎格鲁·撒克逊白种清教徒的后裔，拥有大学学历，而且还不能

① ［美］约瑟夫·M. 朱兰著（上海朱兰质量研究院译）:《朱兰自传》，北京：中国财政经济出版社2004年版，第130页。

是女性。”[①]

20年后，当德鲁克进入通用汽车时，几乎可以说，除非拥有大学学历，否则很难跻身于管理层，整个管理班子全部由大学毕业生组成[②]。对于工人来说，工头（foreman）就是其职业生涯的顶点。工头在通用汽车公司这样的大公司里，其地位可说是“兵头”，却无法成为“将尾”。各种工会组织的领导层中集聚了许多有才华的年轻人，这些无法登上晋升阶梯的工会领导人，在工会里获得了施展才能的机会。工会领导人一度成为美国社会最有权力的群体，有时甚至连总统都不得不买账。从某种程度上来说，工会领导人所拥有的地位——这种地位使一条专为工人们开放的通向社会显要的途径——成为激发工人开展工会运动的一大动力。如果公司能够为所有人提供机会，那么劳工关系不至于如此紧张。但是，这一提议在大型企业里几乎不具有操作性，因为大型组织的管理人员几乎无法接触到一线工人，无从发现有潜质的年轻人。

而工业化社会的新秩序能否成功建立起来，取决于这些大型工商企业在完成经济使命的同时，能否成功地担当起社会的领导者这个新角色，能否将员工视为社会的一员，给予每个成员以社会地位和社会功能。除非给予每个成员以社会

---

① ［美］约瑟夫·M.朱兰著（上海朱兰质量研究院译）：《朱兰自传》，北京：中国财政经济出版社2004年版，第156页。

② ［美］P·F.德鲁克著（罗汉、焦艳等译）：《公司的概念》，上海：上海人民出版社2002年版，第113页。

地位和功能，除非这种决定作用的社会力量是合法的，否则，没有一个社会能够建立起秩序。这要求现代企业不仅能够完成经济职能，而且能够有助于实现社会和谐。否则，自由企业和市场制度将失去其存在的理由，失去合法性的基础。

德鲁克试图通过改善企业管理，以使工业社会在坚持自由企业制度的基础上实现新的和谐。德鲁克对困扰工业社会的矛盾给予了崭新的定义：这种矛盾的性质不再是劳资之间的阶级矛盾，也不是管理层与工人之间的矛盾，而是组织与个人之间的矛盾或者说社会与个人之间的矛盾。这一矛盾体现为管理层的角色与工人所处角色之间的冲突：管理层关心提高生产率，工人担心生产率的提高可能带来失业因而抵制提高生产率；管理层希望降低成本包括劳动力成本，而管理者眼中的劳动力成本却是工人的收入，工人要改善生活水平当然要求提高工资；由于管理层尤其是高级经理们的报酬远远超过普通工人，工人难免对此产生不满和怨恨。德鲁克认为，无论在社会主义国家还是在资本主义国家，管理层与工人的关系在性质上是相同的，工业社会的生产方式决定了这一矛盾存在的普遍性。所以，这是一个与大型组织的管理相伴生的问题，即使将企业国有化不仅不能解决这个问题，而且会将问题引向错误的方向。德鲁克认为，在解决这个问题的过程中，大公司是否能够赋予工人以身份和地位是工业社会能否成功运转的关键。

三、工厂社区与工业公民权

德鲁克在《新社会》中详细分析了工业社会的冲突类型及其原因，得出的结论是，工会并不能解决这个问题，只有企业管理层才是解决问题的决定性因素。

工业公民的地位与功能必须通过其从事的工作体现出来，所以造就工业公民的任务主要地落在公司身上。如果能够对工人的工作赋予意义，公司就能让工人成为工业社会的公民。这个问题既不是家长式（Paternalism）的福利社会制度能够解决的，也不是工联主义（Unionism）的抗争行动能够解决的。家长式的解决方式将工人视为孩子，告诉他们工作的意义，给他们更多的福利，给他们安全感，像照顾孩子一样照顾他们，却没有给他们成人的责任感和尊严。工联主义者为工会成员谋利益，将工会成员的利益看得高于公司的整体利益，将工会的利益看得高于社会的整体利益，这也不符合美国社会的基本价值观。

那么，在企业里，工人如何成为工业公民呢？不是被某个“家长”赋予，不是靠社会来拯救，而只能通过自我实现来获得，即个人通过发挥潜能，对组织目标做出贡献获得成就，而体验到自身的价值及其在组织中的地位。德鲁克在《管理的实践》和《管理：使命、责任和实务》中曾经提出通过建立工厂社区（Plant Community）来融合各种不同的群体，调和工业社会的矛盾。

德鲁克对工业社会的这些看法使他处于一种奇怪的境地，

西方学者以及企业界将其视为危险的社会主义者，而社会主义国家的学者却又认为他是一个固执的资本主义者，“出于西方资产阶级学者的偏见，往往对马克思主义经典作家的一些命题妄加非议”[①]。他在对工业社会基本问题的定性方面惹恼了资本主义者，而在解决问题的出路方面又激怒了社会主义者。

在对工业社会的关键问题的认识上，德鲁克赞同马克思的分析。德鲁克认为马克思看到了工业社会“真正的问题”，他认为劳资矛盾是工业社会的最严峻最重要的问题，如果不解决这个问题将危及工业社会的前途。但是，另一方面德鲁克又认为美国在完成了经理革命之后，劳资矛盾已经转变为工人与管理层的矛盾，他们之间的矛盾其实质并非阶级矛盾，而是工人与企业之间的矛盾或者说工人与组织之间的矛盾。

在如何解决这个矛盾方面，德鲁克显然更同意泰罗的观点。他认为所有权革命不能解决工业公民权的问题，即使改变一个社会的所有权形式，只要以大生产大流通为特征工业化生产方式不可避免地存在，现代企业这样的大型组织就仍然存在，相应的管理问题也仍然不能得到解决。无论所有权属于谁，这个社会都必须解决类似的管理问题。将劳工关系问题定性为所有权问题只会掩盖真正的问题，使之更加复杂化，甚至有可能引发社会动荡，使得问题更加难以解决。和

① ［美］P·F. 德鲁克著（张星岩译）:《后资本主义社会》，上海：上海译文出版社 1998 年版，中译本序。

泰罗一样，德鲁克认为只有依靠生产率革命，极大地提高生产力，极大地增加社会财富，才能最终解决问题。德鲁克希望通过生产率的提高和管理的改进，来避免冲突和分裂，实现社会的持久繁荣。

第三节　知识社会理论

在经历了战后近 30 年的经济增长之后，发达国家渡过了工业社会的盛年期，进入了所谓的后资本主义时期。德鲁克发现，没有一个后时期是持久的，后资本主义社会也只是一个过渡时期。在西方历史上，每隔几百年，社会就会出现急剧转变，短短几十年里，社会重建它的世界观、基本价值观、社会政治结构以及人文学科的主要体系，50 年后是一个全新的世界[①]。目前，西方社会在这样的转变中，那个全新的社会就是知识社会。在德鲁克看来，知识社会仍将是一个多元社会，西方知识社会的构建仍将以个人主义为基本原则，知识社会的秩序将建立在个人责任的基础上。20 世纪 80 年代东欧的解体和英法等国重新私有化，都意味着西方社会对自由主义传统价值观的回归，它重新强调个体、强调人，它甚至

---

① ［美］P · F. 德鲁克著（张星岩译）:《后资本主义社会》，上海：上海译文出版社 1998 年版，第 17 页。

可能导致个人责任的恢复[①]。除了政府和企业之外，非营利组织将成为知识社会中个人承担责任的又一个重要载体。

一、知识社会的难题

知识社会结构变化的新趋势是，这个社会的主要群体将划分为知识工作者和服务工作者，而不是资本家和无产者，也不是经理和工人。知识工作者和服务工作者不是传统意义上的“阶级”，两者之间相互渗透，在同一个家庭里，有可能既有服务工作者又有受过高等教育的知识工作者[②]。然而，由于知识工作的流动性，知识社会面临着许多新的难题（参见第 6 章）。德鲁克曾经提出建立工厂社区来解决工业社会的矛盾，但是，工厂社区在过去并未充分发挥作用，现在更难以依靠它来解决知识社会的难题。

德鲁克曾经提出通过建立工厂社区来调和工业社会的矛盾，融合不同的群体。然而，这个设想在实践中遇到不少困难，几乎从来没有完全实现过。一些成功采取了这一理念的企业到 20 世纪 80 年代末也陷入困境。IBM 公司就是德鲁克工厂社区理想的实践者。几十年来，IBM 公司一直实行稳定就业和保障收入的制度。到 20 世纪 80 年代末它陷入危机，到 20 世纪 90 年代初达到了亏损的极限。1993 年新上任的

---

① ［美］P · F. 德鲁克著（张星岩译）:《后资本主义社会》，上海：上海译文出版社 1998 年版，第 11—12 页。

② ［美］P · F. 德鲁克著（张星岩译）:《后资本主义社会》，上海：上海译文出版社 1998 年版，第 119 页。

CEO 郭士纳（Louis Gerstner）迫不得已放弃了对员工的就业保障承诺，一举裁员上万名。IBM 的经历表明，德鲁克在 20 世纪 40 年代提出的工厂社区理想 20 年后已经完成了历史使命。德鲁克一向认为日本企业是自己最好的学生，然而日本企业在 20 世纪末也陷入了困境。2004 年，支撑到最后的松下公司也不得不宣布放弃终生雇佣制度。

德鲁克晚年对“工厂社区”理论进行了反思。“40 年前，我想工厂社区将在工作场所中出现，1942 年的《工业人的未来》，1949《新社会》和 1954《管理的实践》中，我称之为赋予个人地位、作用和自治责任的地方。这正是日本曾经在相当程度上实现的事情。但即使在日本，工厂社区也不会在今后很长时间里发挥作用。至少对知识工作者来说是如此，日本工厂社区与其说是建立于归属感之上，不如说是建立于害怕被工厂社区抛弃的恐惧之上。工厂社区在西方则从未扎根。我仍然坚持认为，雇员必须拥有最低限度的责任和自治。个人尤其是知识工作者，需要富有意义的社会生活。”[①]1995 年德鲁克在与日本学者中内切谈话时说道：“我大约在 1940 年开始对管理产生兴趣，因为我观察到大企业将成为一种新的整合社会的单位。这也是为什么我提倡雇佣制度的稳定性、年薪保障，以及在工厂中组成自治社团，将员工社会层面的生活和工作也纳入管理考虑的对象。这些概念在西方未

① ［美］P・F. 德鲁克著（张星岩译）：《后资本主义社会》，上海：上海译文出版社 1998 年版，第 170—180 页。

曾得到很大的回响，然而，日本却朝着我所指出的方向大步迈进……然而即便如此，今天的企业组织显然也无法做到我50年前所寄望的。因为对于知识工作者而言，企业组织并不能取代家庭和社区的地位。”[①]

产生这种局面的根本原因在于，工厂社区不能适应创业型经济的要求。在稳定的企业社区中难以培养人们的创新精神，在一个新老产业地位迅速变化的时代，企业为了生存必须进行大的调整。抛弃老的产品和老的生产线，意味着为老产品和老生产服务的工作岗位不再需要，这些岗位上的人也只能离开。显然，战略转型中的企业再也没有能力保障每一个现有员工的工作和薪水。

可见，工厂社区理想与事业理论一样有其特定的产生条件和适用范围。在经历两次世界大战的长期动荡之后，大型制造业企业成为社会的主导机构，蓝领工人成为主要就业群体，经济保持持续稳定增长，产业结构处于相对稳定时期。在这种情况下，德鲁克提出工厂社区概念是有其合理性的。到20世纪80年代，这些基本条件都已经发生了变化：制造业和蓝领工人在经济中的主导地位已经由服务业和信息业以及知识工作者取而代之；经济增长的模式发生转变，产业升级加速，企业的平均寿命缩短，员工与企业的关系更加不稳定；同时，各种非营利组织大量涌现。这样一来，工厂社区

① ［美］P·F. 德鲁克、［日］中内切著（邓嘉铃译）：《杜拉克看亚洲》，乌鲁木齐：新疆人民出版社2002年版，第208页。

理论的假设条件就不复存在了。

如同德鲁克一贯坚持的那样，是主动抛弃昨天的时候了。这一时期，随着信息技术与网络技术的飞速发展，电子商务与电子政务成为一股席卷全球的潮流，各类组织从战略到组织开始了全面的改革。20 世纪 90 年代初期，哈梅尔和普拉哈拉德等学者提出了公司再造理论，克林顿上台以后提出政府再造战略。德鲁克走得更远，他认为仅仅企业再造是不够的，必须以个人再造为起点，实现企业再造、社会再造和政府再造，即整个社会的全面再造。再造的目标很明确：个人再造主要是指知识工作者必须学会人对自己的职业生涯负责，并承担起社会责任。德鲁克指出，工业化国家的管理者有责任向员工灌输这种个人再造的观念，将他们转变成社会的贡献者，企业必须通过再造克服持续成功的障碍，政府通过再造建立小而强的政府。社会通过再造依靠非营利组织重建社区。在知识社会，个人将凭借社会部门取得公民身份。社会需要在两个领域得以发展，它们将在传统上被认为是慈善事业的领域里发展，它们还将在改变社区和改变人的服务方面发展。促使社会部门的自治社区组织的发展，是使政府转向并使之重新发挥作用的重要一步[①]。这样，“自治社区”取代“工厂社区”成为德鲁克社会理论的新的核心概念。

---

① ［美］P·F. 德鲁克著（张星岩译）:《后资本主义社会》，上海：上海译文出版社 1998 年版，第 169 页。

二、非营利组织的功能

德鲁克看到，知识社会将是一个比工业社会更为多元化的社会，社会部门将在其中扮演前所未有的主要角色。工厂社区未能做到的，社会部门将能够做到，人们将凭借社会部门而不是企业中的工厂社区取得公民身份。不同社会和国家肯定会以完全不同的方式组建其社会部门，非营利组织在不同国家的兴起和发展证明了这一点。

自治社区将依托非营利组织来实现其整合社会的任务。在知识社会中，社会服务的供给将不会主要依靠市场机制。商品的需求与供给通过市场来实现，但是，现在我们讨论的不是商品的需求而是精神的安全感，市场在这个方面显示出显而易见的局限性。因此，它的给予与需求将不是通过市场，而是通过非营利组织，这个部门的运作规则也将与市场机制大不相同（参见第 6 章）。

尽管非营利组织是一个十分宽泛的概念，这个共同名称之下集合各种各样规模结构使命各不相同的组织，但这些机构有一个共同之处，他们的目标是改变人。在美国，这些非营利组织中的志愿者正在成为劳动大军中的最大部分，其具有的独特的精神气质，独特的价值观念及其独特的社会奉献，正在塑造着积极进取与卓有成效的个人品德[①]。

在德鲁克看来，美国第三部门机构正在迅速成为社会的

---

① ［美］P · F. 德鲁克著（刘清华等译）:《新现实》，北京：中国经济出版社 1993 年版，第 152 页。

新纽带，成为知识工作者和其他人群之间的桥梁。社会是一个复杂的有机体，各类组织是它的不同器官，只有这些器官有效地完成各自的功能，一个社会才能健康运转。知识社会需要培育非营利组织这样一个新型器官，并且必须以不同于政府和企业的方式承担起社会功能。政府制定并执行规则，作为一个行政机构为社会大众提供公共服务；企业为消费者提供产品和服务，并期望获得回报；非营利组织作为一个社会部门，它的宗旨在于改造人，在于为社会培养合格的公民。非营利组织关心个人的精神需要，特别是知识工作者的精神需要，并帮助其成员获得精神力量面对种种新问题带来的压力[①]。由于政府的规模与复杂性，使得人们直接参与政治几乎是不可能的事情，越来越多的商业部门经理，特别是中层管理人员，在非营利组织中作为管理者发挥决策作用。他们成了主动的公民，这可能是第三部门的最大贡献[②]。

正如德鲁克所说，管理只有几个基本问题，这些问题在不同时期不同环境条件下以不同面貌出现，但问题的性质并未改变。在知识社会里，组织仍然是社会的器官，管理的根本目的仍然是确保这些器官发挥功能，以维护社会信仰保持社会和谐。在工业社会发展初期的混沌中，德鲁克希望通过

---

① ［美］P·F. 德鲁克（东方编译所译）:《强化非营利组织对我们有利》，载《大变革时代的管理》，上海：上海译文出版社 1999 年版，第 190—193 页。

② ［美］P·F. 德鲁克著（刘清华、郭序等译）:《新现实》，北京：中国经济出版社 1993 年版，第 165—166 页。

改善大型企业组织的管理使它们成为社会稳定和经济发展的中坚力量。这一观点如此深入人心，以至于萨缪尔逊在其主编的著名《经济学》教科书中宣称：美国的事业是企业。在这个新时期，德鲁克在继续对关注企业的生产力，同时将目光投向非营利组织，认为非营利组织将承担起他原来寄希望于大型企业而未能实现的理想，充当社会和谐的黏合剂。

在 60 多年的管理学生涯中，德鲁克的思想是不断发展变化的。然而，德鲁克的管理思想除了变化之外，同时也具有某种一致性。正如邓正来对于哈耶克的评价，哈耶克的终身问题是对“一种整体社会秩序究竟是如何形成的”这一问题的追问和考察。哈耶克的这种连续性或终身问题意味着，尽管他的思想经历了诸多变化或转换，但在这些变化或转换的深处，哈耶克同时也具有某种基本的一以贯之的问题意识——只不过在其思想发展的不同时期，他对这个一以贯之的基本问题所诉诸的解决方式或途径不同而已[①]。如果说哈耶克的终身问题是求解一种整体社会秩序的形成，那么，德鲁克则试图通过组织和管理来实现它。德鲁克在《公司的概念》一书中明确指出，他所设想的以通用汽车为典型并对其加以改良的现代企业内部秩序是一种“社会秩序的纲要”，尽管后来德鲁克对这个纲要进行了多次的修改和调整，但通过组织与个人的融合来创造一个功能社会的理想始终是他研究管理

① 邓正来:《自由主义社会理论》，济南：山东人民出版社 2003 年版，第 31 页。

学的原动力。

从其功能社会的理想可以看出，德鲁克是一个和平主义者，他希望和平地建立并维护和谐的工业社会新秩序。尽管时代变迁，社会在变化，德鲁克的研究领域和理论成果也不断发展，但是他对社会和组织的基本信念却未曾改变。可以说，德鲁克管理思想是为其功能社会理想服务的。

第三章
通用汽车两人说

所谓经典著作就是人人都知道却很少人会有兴趣去读的著作,《公司的概念》的再版证明这本著作还没有沦为经典。

——德鲁克《公司的概念》1997 年再版序言

艾尔弗雷德·钱得勒在《看得见的手——美国企业的管理革命》中谈到，与世界其他地方相比，现代企业制度在美国蔓延最为广阔，影响最为深远。钱得勒所说的美国现代企业制度是由少数大公司首先创立的，斯隆（Alfred P. Sloan，1875—1966）领导的通用汽车公司是其中最卓越的代表之一。

1943—1945 年，德鲁克在通用汽车进行了为期 18 个月的研究，根据研究成果写成了《公司的概念》一书（1946 年）。在一定程度上，由于这本著作的影响，在战后几十年的时间里，通用汽车的组织和管理制度成为现代工业企业的样板。不过，尽管德鲁克对斯隆赞赏有加，斯隆却坚决不同意德鲁克的观点。在沉默了将近 20 年后，斯隆写作了《我在通用汽车的岁月》一书（1964 年），申明了自己的管理哲学和经营政策。在此后的岁月里，这两本著作一版再版，成为管理学领域的经典文献，它们的观点也一直交锋到今天。

第一节　通用汽车与《公司的概念》

尽管德鲁克在《工业人的未来》中认为新社会的希望在美国，不过这种观点在当时还只是一种假设或一种信念，因为此时他还不清楚这个新社会的具体运作细节。德鲁克相信，如果能够找到一个典型的现代企业，进入其中进行详细的调查研究，也许可以找到确凿的证据。德鲁克曾尝试与多家大企业联系，却都遭到了拒绝。这是因为，《工业人的未来》一书所主张的功能社会理论使得他处于一个尴尬的境地。一方面，由于坚持自由企业和市场经济制度，德鲁克被社会主义者视为一个顽固的资产阶级学者；另一方面，又由于德鲁克关心工人在工业社会的处境，被一些企业家视为危险的社会主义者。幸好并非所有人都这么认为。就在德鲁克灰心失望之时，1943 年，德鲁克终于得到了通用汽车公司（General Motors，以下简称通用汽车）的副董事长唐纳森・布朗的邀请。

通用汽车堪称 20 世纪早期美国工业企业的典范，它是现代企业中首先采用大批量生产技术的先驱之一。在二战之前，它雇佣的人数已经达到 25 万人，在二战生产高峰时期雇佣人数一度达到 50 万人，是当时美国乃至世界上最大的工业企业。布朗对德鲁克的理论很感兴趣，他邀请德鲁克以通用汽车为研究对象，探讨公司管理问题以及公司在工业化社会中的作用问题。

得到通用汽车的邀请，简直是天赐良机。在德鲁克看来，通用汽车是再理想不过的研究对象。尽管以通用汽车为代表的大型公司在数量上只是少数，然而它们却是现代社会的领导性组织，它们的劳动关系成为全国标准，它们的工资水平、工作环境和工作时间都成为全国标准。因此，大公司代表并决定了一国的社会经济结构。在过去的半个世纪里出现的其他社会机构如工会和新的政府部门等，都是对大公司现象的回应。可以说，通用汽车的成功代表了工业化势不可挡的力量，通用汽车的问题也代表了工业社会的普遍问题。通用汽车 20 多年里的成功和失败、困难与问题，管理政策及确立政策的基本价值观对所有美国企业而言具有普遍意义[①]。

德鲁克将通用汽车作为大公司的代表来研究，目的并不是为了介绍通用汽车的管理模式，虽然在事实上它还是激发了人们对该公司组织管理模式的兴趣。《公司的概念》并没有详细描述通用汽车的历史，它既不关心通用汽车的产品

---

① P·F. Drucker, Concept of the Corporation. New York: New American Library, 1983, p11 – 12.

线，也不宣传这个公司的经营之道。德鲁克的目的是想借通用汽车来阐释现代企业在工业社会的根本使命及其面临的共同问题。

《公司的概念》正好代表了德鲁克学术生涯的转折点。《公司的概念》是一本以企业为研究对象的书，但它不仅仅是一本介绍通用汽车公司管理经验的书。虽然它是在研究大公司的基础上写成的，但是它所关注的问题与所采用的研究方法都还没有脱离德鲁克早期研究的模式。在这本书中，德鲁克将组织看成是满足经济需要和社会需要的社会单元，将管理视为组织特有的任务和责任。它提出了应该将组织及其管理作为一个独立的学科来研究。德鲁克在《公司的概念》的前半部分描述了通用汽车的组织模式，后半部分讨论了工人、企业与社会之间的关系以及经济政策问题。《公司的概念》为德鲁克赢得的声誉主要归功于这前半部分对通用汽车“联邦分权制”的阐释，而后半部分内容为他赢得了“商业文明的道德学家”这个半含讥讽的称号。斯隆与德鲁克的分歧焦点也正是在后半部分。

第二节　现代组织的样板：联邦分权制

一、工业社会的企业制度

德鲁克坚信，新的工业社会秩序必须以自由企业制度为基础。德鲁克所谓的自由企业制度并不是一个严密的概念，其基本含义是：生产资源私人占有，企业主不由政府任命，企业除了对法律负责以外不对任何政治机构负责。利润是商业活动的动机和主宰，顾客决定购买，供求决定价格，产品在竞争性市场销售。当然，这一概念并不排斥政府对企业的规范和限制，不过政府的职责应该仅限于为企业运行设置一个制度框架，而不是直接运作企业。这一概念也不排除政府管理或拥有对某些企业的所有权，但无论如何都应以不损害上述基本原则为底线[①]。关于政府与企业的关系，柯立芝总统曾经做过最为简明扼要的陈述。他认为，政府和商业应该保持独立、互相分开，政府由华盛顿来指导，商业由纽约来指导，政府与商业的严格区分可以有效地防止贪婪而愚蠢的人从两者互相侵害中谋取利益。商业的独立有利于培养良好的商业道德，从更广义上说，商业道德是民族道德和精神进步最大的贡献力量之一[②]。

德鲁克试图以通用汽车为例来证明自由企业制度可以在工业社会成功运转。他的理由是，除了大灾难时期比如全面战争或大萧条时期之外，大多数美国人一贯坚持自由企业经济制度的信仰。虽然这并不意味着历史必将证明美国人是正确的，也不意味着要在其他地方推行这种信仰，但是，美国

---

① P·F. Drucker，Concept of the Corporation. New York：New American Library，1983，第 1 章，“Capitalism in One Country”。

② ［英］保罗·约翰逊著（李建波等译）：《现代——从 1919—2000 年的世界》，南京：江苏人民出版社 2002 年版，第 124 页。

必须在竞争中证明自由企业经济制度能够带来社会稳定与经济繁荣，并以此为它国做出表率。

德鲁克将通用作为工业社会领导机构的代表，着重分析了它的组织结构与领导政策问题。德鲁克确定的分析框架包括三个层面[①]：

第一个层面着眼于公司的组织整体结构，德鲁克认为管理者必须将公司视为一个自治机构（AutonomousInstitution），遵循其自身结构所具有的规律。这一层面包括三个主要问题，即政策问题、领导问题和标准问题。政策问题阐释一个自治机构为什么必须有长期规划和行动准则。领导问题的主要论点是一个组织必须通过有效途径培养年轻人的领导能力，保证供给足够数量的合格领导人。标准问题是确立客观准确的标准以衡量政策的有效性和领导能力的培养效率。就标准问题而言，德鲁克认为，企业同时接受成本和市场价格的检验对于保证自由企业制度的运作效率是至关重要的。由于计划经济制度排斥市场竞争，失去了市场价格这个至关重要的客观标准，使得企业不能获得真实的利润和成本数据，既无法全面衡量自身的运作效率，也不受盈利压力的约束，因而不可避免地导致不自觉状态下的低效率运行，这是计划经济失败的一个重要原因。

德鲁克在这里提出了其组织原则的核心概念——“自治

① P·F. Drucker, Concept of the Corporation. New York: New American Library, 1983,p13.

机构（Autonomous Institution）”和“自治单位（Autonomous Unit）”，这是其分权化理论（Decentralization）的基础概念。自治单位理论是德鲁克管理思想的核心之一。可以说，分权化理论所依据的是一种类似于原子竞争的思想，即公司中每一项自身足以独立的活动都被允许在自由企业体制的总框架内自主经营。这些自主经营单位就是自治单位。一个自治机构就是由若干自治单位和非自治单位构成的组织整体，这个机构相对于其他权力机构而言也是自主经营的。各个自治单位的经理应对本单位的制造、销售、财务和工程人员享有控制权，自治单位经理对本单位业务的权力就如同总经理对整个公司的权力一样。值得注意的是，一个多单位的自治机构也可能包括非自治单位（即决策高度集中的部门）。一般来说这样的混合结构是合适的，自治单位的主要功能是培养锻炼未来的领导者，而集权单位则是效率和利润的贡献者。

自由企业制度的思想，与宇宙自然的规律也是相符合的。在物质世界里，大到各种天体，小到各种基本粒子，它们各有各的运行轨道，各有各的生命周期，它们按照自身的运动规律永不停息地运行着。在生物世界里，所有物种彼此之间相互影响构成生机勃勃的生态系统，但是每一种生命形态都遵循自己的生存方式。从某种意义上来说，每一种物质、每一种生物都是一个自治单位，它们的运动和存在服从其自身内在的规律。尽管每种个体都有自身的运动规律和生存法则，然而整个自然界却井然有序。工业社会是一个机能复杂的系统，它的正常运转依赖于各种功能的协调发展，而这些功能分别由形态各异的社会机构承担，这些机构的运作也必须服从自身内在的基本规律。只有这样，一个社会才能建立起统一的秩序。

第二个层面是组织内部的各种关系。公司内部的各种关系背后体现的是某种价值观，这些价值观并非无源之水，而是社会的基本信仰和承诺在公司中的投影。因此，德鲁克认为，公司在处理组织内部各种关系时必须遵守社会共有的信仰与承诺，否则公司行为必定与社会期望之间发生矛盾和冲突。按照基督教基本精神的要求，公司在处理各种关系时应该保证给予每个人机会的均等，并按能力与努力付给报酬。在当时的情况下。人们理解劳工关系时往往习惯性地采取“资方——劳方”和“管理方——工人”的视角，这样的视角突出强调了社会群体之间的矛盾和对立状态。在《公司概念》中，德鲁克提出从“组织——个人”的角度来考虑问题，从每个工人及其工作，从个人与组织之间的关系这样的角度来考虑问题。相对于“管理方——工人”的视角而言，“组织——个人”是一种的以趋向和谐为目标的新视角。

第三个层面是公司与社会之间的关系。公司与社会之间的基本问题是利润最大化和产量最大化之间的矛盾。企业以利润最大化为目标，而社会要求企业以产量最大化为目标，最大限度满足社会需求。

德鲁克认为，处理这三个层面的问题必须坚持一个基本原则，即和谐原则。和谐不是自由放任（Laissez-faire），也不是自然存在的，只有在组织中通过实施良好的管理才有可能建立起来。只有在组织内部各种群体相处和谐的前提下，才有可能实现社会的和谐。换言之，社会和谐是通过组织并且在组织之内实现的。公司内外的各种群体之间，包括公司内部管理层与工头（Foreman）之间、管理层与工人之间、公司与经销商之间、公司与社会之间，相互都必须理解对方的问题，才能化冲突为和谐[①]。公司决策者不仅要考虑各个层面本身的和谐，而且要考虑不同层面之间的和谐。如果某个层面问题的解决方案损害其他层面的和谐，组织内部的和谐就不能实现，这个社会也不能建立起工业社会的新秩序。

二、联邦分权制

大公司本身及公司内部的各个单位如何在实现自治的同时又以和谐治疗冲突呢？德鲁克对通用汽车的做法进行了深入分析之后，得出的结论是——分权化。分权化在培养领导人才方面是卓有成效的，在结构和政策方面是可以行得通的，并且能够通过双重标准——成本和利润——来检验其有效性。通用汽车最终选择分权组织制度，是因为斯隆等人看到了福特汽车公司以及通用汽车公司的早期管理体制的弊端。

20世纪初是美国汽车工业发展的窗口期，一些有远见的企业家抓住了汽车工业发展的重大机遇，谱写了美国工业史诗的重要篇章。亨利·福特（Henry Ford，1863—1947）和

① P·F. Drucker, Concept of the Corporation. New York: New American Library, 1983,p109.

威廉·杜兰特（William C. Durant，1861—1947）就是其中的佼佼者。他们抓住了历史性的重大机遇，又分别经历了历史性的重大危机。两个人都属于天生的冒险家和创业者，而且都热爱汽车，在前后几年内相继建立了各自的汽车公司。两个人为汽车倾尽心血，却先后目睹公司在自己的手中陷入危机而不得不放弃对公司的控制权。最后，两人在同一年去世。

然而，他们两人管理企业的理念却如此不同。福特是一个极端的极权主义者，而杜兰特则是一个极端的分权主义者。1903 年，亨利·福特创立了福特汽车公司。福特一开始就谋求对公司的控制权，于 1916 年以总计 1.05 亿美元购买了其他合伙人手中的股份，成为福特汽车唯一所有者，获得对福特汽车公司的完全控制，这是任何其他美国工业家不曾获得的权力①。而杜兰特从未做过如此尝试，恰好相反，他为通用汽车打下了分权的基础。1908 年，威廉·杜兰特以别克汽车公司为基础组建了通用汽车公司。在 1908—1910 年间，通过以股票交易为主的多种手段，通用汽车公司共吸纳了 25 家公司②。与美国早期邦联制度下各自为政的各个州一样，被通用汽车吸纳进来的这些公司保留了它们原来的法人资格和独立运作实体，通用汽车成为一个松散的控股公司。杜兰特善

① ［美］彼得·科利尔、大卫·霍罗维兹著（李必龙等译）：《美国楷模——福特史诗》，北京：华夏出版社 1999 年版，第 89 页。

② ［美］艾尔弗雷德·P. 斯隆著（刘听译）：《我在通用汽车的岁月》，北京：华夏出版社 2004 年版，第 10 页。

于创业，却疏于管理，正如斯隆所说，杜兰特先生是一个有着伟大缺点的伟大的人。由于20世纪20年代初期经济萧条对汽车市场的冲击，通用汽车公司的经营状况逐渐恶化，杜兰特本人也陷入财务危机。通用汽车终于出现了管理失控的局面。1920年。杜兰特被迫辞去总经理职务。

幸好，杜兰特的软肋正是斯隆的强项，这场危机无论对于通用汽车还是对于斯隆个人而言都意味着重大机遇。杜兰特辞职以后，皮埃尔·S. 杜邦接任通用汽车公司总裁，委任斯隆为营运副总裁。1923年，杜邦辞职以后，斯隆继任通用汽车公司总裁。此后一直到20世纪50年代，斯隆历任总裁、CEO和董事会主席，把毕生心血都耗费在改善通用汽车的组织管理制度上。斯隆认识到，从短期来看企业之间的竞争是产品与市场的竞争，从长远来看更重要的是管理制度之间的竞争。斯隆看到福特汽车公司以T型车包打天下的这种产品战略的危机，更清楚地认识到造成这种局面的根本原因在于老福特对企业的独裁，这从反面提供了对分权制度有力支持。斯隆在1919年就针对通用汽车的管理问题提出了一个全面的改组方案，在此后的几十年里，斯隆以这个方案为最初蓝本开始终于将通用汽车建成现代大企业的样板。斯隆提出的组织原则开创了通用汽车的一个新时代，到1937年，斯隆构想中的管理框架终于建设完成了，从此通用汽车幸福地处于绝对分权和绝对集权两种极端之间。

仅仅依靠组织结构自然无法保证有效的管理，负责组织管理的权力分配比组织结构本身更为重要，从精神到实际行动上都奉行分权管理，这是通用汽车长寿的根本原因[①]。无论是从哪个维度来看，通用汽车公司都是一个运动的、发展的、多样化的人文组织，而不是一个静止的计划模式。就如同美国各州享有自治权一样，公司内不存在所谓的"通用氛围"，恰恰相反，公司各个分部风格各异，各个分部经理性格背景也千差万别。对此核心管理层不仅没有反对，反而大加赞赏。因为他们认为一个人只有按照自己的方式才能将工作做到最好。所以，核心管理层只为分部布置任务，而不规定实际操作方法[②]。斯隆被认为是个推崇委员会的人，但是他很清楚，委员会可以通过集体方式制定政策，但是推行政策却只能靠个人。

分权的实质是参与。在分权模式运转过程中，斯隆领导核心的管理层在制定政策过程中采取多种形式使各级经理人员和技术人员参与进来，在执行决策的过程中始终采取"推销"方式，而很少采取强制作风。"我总是试图以调和的方式来经营通用汽车，而不是采取高压的方式；当大多数人反对我的想法，使我通常都会决定放弃原来的想法。因为，通用汽车的高管人员都是天赋很高、信念极强的人，我应该尊重他们的判断。"[③]

① ［美］艾尔弗雷德 · P. 斯隆著（刘昕译）:《我在通用汽车的岁月》，北京：华夏出版社 2004 年，序言。

② ［美］P · F. 德鲁克著（罗汉、焦艳等译）:《公司的概念》，上海：上海人民出版社 2002 年版，第 60 页。

③ ［美］艾尔弗雷德 · P. 斯隆著（刘昕译）:《我在通用汽车的岁月》，北京：华夏出版社 2004 年版，第 335 页。

任何管理原则都必须考虑例外情形，联邦分权制度并不排斥在必要情况下采取集权管理的方式。通用汽车公司在其中一些分部不惮使用集权管理，费希尔车身分部是通用汽车最大的分部之一，这个分部就采取了集中管理方式，实现了很高的生产率。此外，在战争时期开足马力生产军用物资的情况下，通用汽车公司的集权程度比正常时期要高得多。但是尽管公司没有彻底地贯彻分权规则，却始终遵循分权的模式，形成了一个真正的联邦体制，根据职能而非职位来分配权力，根据客观标准而不是根据权力进行决策。

分权原则不仅应用于指导核心管理层与分部经理层之间的关系，亦应用于处理公司与劳工的关系、公司（作为生产商）与经销商的关系。由于汽车是资本与技术密集型产业，是一种典型的寡头垄断产业结构，汽车生产集中在少数几家制造商，而经销商则是千千万万个分散的小企业。这使得经销商在汽车产业价值链中处于十分脆弱的地位，制造商很容易损害它们的利益。但是另一方面，经销商处于汽车销售终端，与制造商又是利益共同体。通用汽车公司内设立两个机构负责协调经销商和制造商之间的潜在利益冲突，它们是经销商委员会和汽车维持分部，这两个在公司管理层中代表经销商及其利益。经销商委员会的成员都是公司内部人员，并不是经销商选出的代表。经销商委员会是一个内部咨询机构，40 个左右成员分为 3~4 个专门小组，成员任期 2 年，他们各自代表一个地区或一个经销商群体。他们把自己当作经销商代表，他们在经销商与公司核心层之间扮演着沟通桥梁的角色。他们召集经销商会议，向所负责区域内的经销商述职，听取经销商的批评、建议和观点。他们向核心管理层汇报经销商的意见、问题和抱怨。汽车维持分部则是美国最早的类似投资银行的机构，它为那些有意向即将退休或已故的经销商购买企业的人提供资本，贷款给那些有干劲、有能力但是缺乏资金的年轻人，贷款额最高可达资本总额的 75%[①]。

显然，分权原则在制造商与经销商关系上的运用，与其最初在公司总部和分部关系上的运用有截然不同的特点。分权原则的初衷是赋予公司内部不同部门以自主权，而用到这里，其目的则是为了把各个独立的经销企业统一起来。分权原则的运用不仅可以在一个组织内部，甚至也可以突破组织的边界，将企业与上下游环节，与相关利益群体的利益联系起来。

分权原则显示了一种管理悖论。分权原则所运用的手段是分享权力，其目的却是为了实现不同利益主体之间的整合与和谐。这也体现了分权原则在不同领域运用的灵活性和有效性。分权的概念通常被理解为劳动分工，但是在通用汽车公司的应用中，分权的含义远不止于此。它不单是一种管理技术，而且还是一种社会秩序的纲要（Outline of a Social Order）。分权原则不仅适用于处理中层管理部门和高级管理部门的关系，而且适用于所有管理层次；不仅适用于处理公

---

① ［美］P·F. 德鲁克著（罗汉、焦艳等译）:《公司的概念》，上海：上海人民出版社 2002 年版，第 87 页。

司内部的关系，而且适用于处理公司与业务伙伴如汽车经销商的关系；不仅可以运用于处理公司与社会的关系，而且甚至可以运用于处理现代社会的绝大多数难题[①]。斯隆在20多年的实践中把分权概念发展成为一种工业管理的哲学，发展成为局部自我管理的体系，而且将其磨炼成为配合默契、运作高效而且摩擦很少的精密制度。

德鲁克在《公司的概念》中赋予通用汽车的分权组织模式一个新概念——“联邦分权制”（A Federal Union）[②]。这个概念的核心思想就是：权力和功能由各个组织单元独立行使，而组织作为一个整体负责保持各个单元的行动协调一致。戴尔后来做了类似概括：活动分权，考核与控制集中[③]。

《公司的概念》一书出版以后，引起了一场以通用汽车公司的联邦分权制为模板的组织制度变革的热潮。后来斯隆的《我在通用汽车的岁月》、钱得勒的《战略与结构》以及戴尔的《伟大的组织者》等著作的问世，更加推动了这股热潮的扩散，以至于这种分权的事业部制结构成为西方现代多单位大公司的组织样板。直到20世纪80年代，知识社会伴随着

① P·F. Drucker, Concept of the Corporation. New York: New American Library, 1983, P46.

② P·F. Drucker, Concept of the Corporation. New York: New American Library, 1983, p59.

③ 戴尔对斯隆管理思想进行了深入剖析，他总结道：斯隆及其管理集团提出了一种所谓的“经营管理意识”，它实质上是一种对经营管理过程进行思考的方法。其基本思想是经营管理过程应该分权化，而考核和控制则应该集权化。参见[美]欧内斯特·戴尔著（孙耀君等译）：《伟大的组织者》，北京：中国社会科学出版社1991年版，第69—104页。

新一轮创业潮兴起的时候，这种组织模式渐渐变得过时了。

三、分权传统与自治精神

通用汽车公司组织体制的形成过程与美国联邦政府的形成过程具有某种相似性。如果说联邦制度的形成是宪法制定者们的伟大创举，那么以联邦分权制为基础的自由企业制度则是斯隆等管理先驱一手创造。通用汽车公司的组织哲学与美国联邦政府的组织原则体现了同样的精神，共同支持了西方社会的传统信仰和基本价值观，使得美国的社会秩序建立在一个统一的伦理价值基础之上，从而使得德鲁克相信可以建立起和谐的工业社会秩序。

美国社会长期以来有着一种自我管理的传统。在美国，政府功能的相当一部分，都是由地方上自发、自治和自愿的社团来行使的。这种自我管理的地方自治模式乃是在1776年美国独立时已建立起来的原则所产生和发展起来的[①]。教会、商会、扶轮社、家长教师联合组织等等社会机构自发参与了社区管理，分担了相当一部分在其他国家里由政府承担的功能。

美国式联邦政体所体现的自治精神，与其这个移民国家的创建过程有密切联系。事实上，自治理念并非美国人所独创，在某种程度上可以说是欧洲移民带来的遗产。17世纪

① ［美］P·F. 德鲁克著（黄志强译）:《工业人的未来》，上海：上海人民出版社2002年版，第177页。

初，大量欧洲移民纷纷涌向北美。在300余年的悠悠岁月中，从最初只有几百人的英国殖民者逐渐汇集成千百万移民的洪流。17世纪来到北美的大多数都是英国人，后来，荷兰人、瑞典人、德国人、法国人、西班牙人、意大利人以及葡萄牙人纷纷来到这里建立了殖民地[①]。这些欧洲移民大多是为了逃避政治压迫、寻求宗教自由或者寻找本国无法得到的机遇而来到美国，他们非常珍视个人自由，对任何可能剥夺个人自由的权力特别是政府权力保持着相当的警惕。因此，美洲殖民地在当时英国的统治下就有一些自治措施。到独立宣言宣布很久以前，各个殖民地已经有了基本的自治机构行使政府职能。美国政府金字塔由各级政府包括州和地方政府组成，塔的顶端是宪法和联邦政府。到宪法通过时，美国人民在自治这门艺术上已经积累了相当的经验。宪法的作用在于通过设立联邦制度将各民族、各州团结起来，由此设计政府各个机关分权以相互制衡。美国宪法在制定时只是为了治理大西洋沿岸迥然不同的13个州的400万人口而提供了一个框架，将各自为政的州统一起来，并赋予它更大的权力来规范各个州之间的关系。宪法没有授予联邦政府的权力或没有禁止各州拥有的权力分别留给各州或人民[②]。在美国的行政制度下，各级政府都享有相当程度的自治权，并保留与之相适

① 美国新闻署编（杨俊峰等译）:《美国历史概况》，沈阳：辽宁教育出版社2003年版，第53—54页。

② 美国宪法第十修正案，1789年。

应的特定权力[1]。这些宪政的先驱者们可能也未曾料想到，这些原则还将指导后世子孙建立一个工业社会。

通用汽车公司的分权制度本身并非事先深思熟虑的结果，它的具体机构、政策和决定都是在处理具体实践应付具体人员的过程中逐渐形成的，它不是成文法，而是类似于判例法，具有很好的灵活性。其力量来源于能够运用原则和理念指导人们处理计划制订者无法预知和事先规划的具体情况。美国宪法以同一方式成功地奠定了未来政治组织的基础。自此1787年美国宪法生效以来，已经通过了27条修正案。灵活性被证明是美国宪法的最大优点之一，如果没有灵活性，难以想象200多年前为治理400百万人口13个州而起草的宪法，今天能够有效地满足2.6亿人口和多级美国政府治理的需要[2]。

从这里不难看到，美国的企业制度与政治制度在分权原则上的同构现象，这二者都受到科学思想的影响。把科学思想落实到技术上，推动了工业化的发展；把科学的知识观和伦理观落实到政治生活中间，促进了民主管理的发展[3]。当然，工业化和民主政治都需要以某种组织机构作为载体，工业化的载体就是现代大公司，民主政治的核心机构则是联邦

---

① 美国国务院国际信息局编（杨俊峰等译）:《美国政府概况》，沈阳：辽宁教育出版社2003年版，第17页。

② 美国国务院国际信息局编（杨俊峰等译）:《美国政府概况》，沈阳：辽宁教育出版社2003年版，第17页。

③ 汪丁丁:《教育是最最难的一件事》,《南方周末》2005年8月4日。

制政府，它们在组织原则这个层面，都坚持了分权理念。从某种意义上说，公司制度就是民主制在企业中的应用。股东就是选民，董事会就是企业中的议会，CEO 对应于行政首长，监事会则是司法机构的缩影。企业民主制和政府民主制的同构说明，公司制度的产生分享了有关民主制传统的知识积累①。

第三节 “工厂社区”起争议

因为分权原则在解决企业核心管理层与分部的关系以及公司与经销商的关系方面都取得了巨大的成功，德鲁克希望能够将这个原则运用到解决公司与工人的关系中去。为解决这个问题，德鲁克提出了自治工厂社区（Self-governing Plant Community）和责任心工人（Responsible Workers）两个概念。德鲁克主张通过为工人提供培训，让工人有能力对自己的工作承担自我指导和自我控制的责任，成为所谓的责任心工人。由工人自我管理的工作场所就是工厂社区。德鲁克认为只有让工人对自己的工作负起责任，他们才能体会到工作的意义，这样做不仅可以消除工人与管理层的对立和矛盾，而且能激发起工人对工作的热情，感受到自己的价值和

---

① ［美］艾尔弗雷德·德勒著（孟昕译）:《战略与结构》，昆明：云南人民出版社 2003 年版，引自该书序言“理解公司制度”。

尊严。

因为管理层与工人之间的分歧是由企业制度决定的，解决这个问题必定触及企业的治理结构。德鲁克建议，形成一种能够代表员工利益的抗衡力量，同时使这股力量成为企业治理结构的一部分。

工会就是这种机构。1936年，罗斯福新政时期颁布了《瓦格纳劳工关系法案》①，消除了组织工会的法律障碍，并且确立了集体谈判的合法性。然而，管理层和工会自己对工会的性质都没有一个清楚的认识，他们都需要时间来理解对方，学会彼此如何相处。工会领导层和企业管理层双方都认为对方是不可理喻、反复无常、不可信赖，而且是不诚实的②。德鲁克认为，一方面，工会组织产生的原因与工会组织的驱动力和职能不完全受管理政策支配，他们是因为管理层无法控制的因素形成的，只要管理层存在并履行其职能，这种因素就起作用。另一方面，工会是作为管理层的否定面而存在的，企业可以没有工会而存在，却不能没有管理层而存在。事实上，在工会出现之前很久管理层就掌握了公司控制权。就像月光只是一种反射的光一样，工会的职能是从管理层的职能

① 在纽约州联邦参议员罗伯特·瓦格纳的领导下，美国国会在1936年通过了国家劳动关系法，即瓦格纳法。这是美国劳资关系史上第一个重要的立法，被称为劳工宪章（the Magna Carta of Labor：）。该法确立了工会的合法性，明确规定工会有权代表工人和雇主展开集体谈判。这项法案还提供保证，让工人无记名投票选举工会领袖，保护工会成员不受雇主的威胁利诱。

② ［美］P·F. 德鲁克著（石小军译）:《新社会》，北京：机械工业出版社2006年版，第169页。

中派生出来的，它的目的是为了维护雇员的利益而不是企业的利益。总之，工会拥有的权力是一种否定性的权力，其基础建立在罢工权上[①]。

德鲁克认为解决问题的主动权在企业管理层一方，自治的工厂社区也许是一条出路。工厂社区实行自治必须有自己的管理机构及其领导者。自治机构必须贴近员工，自治机构必须足够小，便于每一个员工都能够积极参与，并且是一个名副其实的基层治理机构。每个工厂——在很大的工厂中则是每个部门——都必须是自治单位。工厂社区自治机构由员工组成，但应该与管理层密切合作。企业管理层应该与工厂社区治理机构一起制订明确的业绩标准，而不是监督和干扰工厂社区自治机构的工作。工厂社区必须服从一条基本自治原则——从属并受限于企业对经济业绩的需要，但在其限制条件以内实行自治[②]。简言之，就是员工自己想做能做的事情管理层就放手让他们自己做，或者让他们参与其中。

工厂社区治理的基础在于劳资协议，这一协议应具有法律约束力。严格地说，工厂社区的职能应该因具体情况而异，因工厂不同而异。一般说来，可以包括六种职能：就业保障和健康；收入预测计划、利润分享基金及其他福利计

---

① [美] P·F. 德鲁克著（石小军译）:《新社会》，北京：机械工业出版社 2006 年版，第 136 页。

② [美] P·F. 德鲁克著（罗汉、焦艳等译）:《公司的概念》，上海：上海人民出版社 2002 年版，第 361 页。

划；职位安排、工作分配、培训、出勤率等；晋升、工资等级的确定、职位说明、劳动定额研究等；技术革新的沟通；提高生产率的计划等。显然，这六个方面几乎涉及企业人力资源管理的所有方面，这也正是斯隆拒绝接受它的根本原因。

至于工厂社区与工会之间的关系，德鲁克建议管理层千万不能以工厂社区对抗工会，而应鼓励工会全面参与工厂社区自治，工厂社区并不能消除那些促使工会存在的因素，但是能够缓解矛盾，减少其破坏性。

工厂社区的设想固然不错，但能否正常运转取决于一系列的先决条件：其一，要求员工具有管理者态度；其二，员工必须理解企业的经济理性，并接受赢利性和生产率这些经济目标的合理性；其三，工厂社区能够获得越来越多受过培训和经过检验的员工。

这三条看似平淡无奇，实际上它对工人的素质提出了难以达到的高要求。德鲁克设想所有企业的成员，下至清洁工和推小车的工人，都必须对本职工作和企业持有“管理者态度”，他们必须把企业看作自己的企业，把自己看作“公民”而不是“臣民”①。德鲁克在这个问题上阐述有前后矛盾之处。他在其他地方又提到，管理者态度主要针对的是重要群体，包括现场管理人员，技术人员和中层管理人员。不论管理者

① ［美］P·F. 德鲁克著（罗汉、焦艳等译）:《公司的概念》，上海：上海人民出版社 2002 年版，第 58 页。

态度是什么，最困难的是如何培养工人获得这种态度。德鲁克认为，它只能来自管理经验，而教化、宣传、培训课或书籍决不能提供管理经验，工人只能在工厂社区中积累管理经验。根据第二条要求，工厂社区与工会的关系将难以理清，而且员工很难通过工厂社区理解企业的理性。这一点工会领导人的体会最为深刻。当他们自己还是普通的工会会员时，他们所想所言所行尚能与广大工会会员的愿望与需求保持一致。一旦拥有了权力，每一个工会领导人就必将被迫改变自己的基本信念，不得不思考管理层所考虑的各种问题。这样，工会的行为和政策再也不能建立在普通会员所"希望"的基础上，而只能建立在"能够"得到的基础上，或者说只能建立在"企业"可能允许的基础上，他再也不能以工会会员为中心，而将以企业为中心。如果抛开各自立场，仅从组织管理的角度来看，工会的管理与公司的管理遵循同样的逻辑。比如说，作为工会会员，可以要求大幅提高工资；但是作为工会领导人，他们必须考虑增加工资对成本的影响，进而考虑成本上升对价格的影响，如果价格上升影响到产品的市场销售，那么增加工资的希望就可能落空。而后面这一连串的问题，工会会员一般是不去考虑的。如果他们的要求未能实现，他们只需责怪工会领导人无能或靠不住。正如工会只是为工会领导人提供了管理经验，并理解了管理层的立场一样，自治社区恐怕也只能使其领导者获得一些管理经验。

在工厂社区方案之外，德鲁克还开出了其他处方：如提建议计划、参与管理以及工资保障计划等。其中，"提建议计划”得到了广泛的采纳，成了日常管理的一个重要内容[①]，参与管理则逐渐成为人本管理的一个基本理念。

第四节　斯隆的管理哲学

《公司的概念》对美国的商界、公共服务部门和政府机构都产生了深远的影响。此后 20 年，通用汽车公司成为组织管理的典范，引发了一场浩大的“组织革命”。老福特的孙子亨利·福特二世甚至将《公司的概念》视为拯救福特汽车的蓝本。而通用汽车公司的总裁斯隆根本不认同德鲁克的观点，他禁止员工在公司里阅读此书。不过，斯隆并没有公开指责这本书。直到 1964 年，斯隆才在《我在通用汽车公司的岁月》中对自己进入通用汽车 45 年来的历程进行了回顾与总结，也算是对《公司的概念》的回应。两年之后，斯隆就去世了。

《我在通用汽车的岁月》比《公司的概念》更像一本有关企业管理的著作。斯隆在书中回顾了通用汽车公司的历史，详述了公司在 20 世纪 20 年代改组的过程，对分权制度的各个方面做了解释，不仅介绍了公司的总体战略与组织机构，还阐述了公司的产品、技术、财务等方面的政策以及政策形成过程。两者的主要区别在于，德鲁克将通用汽车公司的分

① 日本企业在这个方面比美国企业做得还要好，日本企业为每条合理化建议付出的成本是 35 美元，而美国企业却付出了约 90 美元。参见 Stephen Robbins，Organizational Behavior，Prentice Hall，1998，p156。

权制度与其社会理论联系起来，而斯隆则根据自己的管理哲学阐释了通用汽车公司的组织制度和决策方法，两者很适合对照起来阅读。

斯隆描述了通用汽车公司在组织、财务和产品等领域的基本管理理念的起源和发展，并叙述了设计、分销、海外业务、战时生产、激励以及公司的部门结构等方面的内容。斯隆将自己的管理哲学总结为：政策上统一，管理上分权[①]。通用汽车的协调与分权始于公司最高层，最高管理层（也称核心层）是个“五人团”，包括董事会主席、副主席、总裁及两名副总裁。核心层采取委员会制[②]，其权力集中在制定资源分配政策、绩效评价政策、奖酬政策、价格政策和产品政策等方面。斯隆认为保持政策制定和行政管理之间的界限非常必要，如果没有这种界限，一个分权管理的组织就会在什么应该分权，什么不应该分权上陷入混乱。分权原则首先在处理总部与部门之间权力分配关系中运转良好，进而在解决公司与经销商的关系问题中也得到有效运用。

通过自治和分权原则建立秩序比通过独裁和集权统治维持秩序要困难得多。通用汽车面临所有联邦制和委员会制度的危险：各种自治单位可能无法协调，派系、阴谋和权力斗争都有可能导致组织解体。斯隆穷其毕生精力与智慧在通用汽车公司

① ［美］艾尔弗雷德·P. 斯隆著（刘昕译）：《我在通用汽车的岁月》，北京：华夏出版社 2004 年版，第 4 页。

② ［美］艾尔弗雷德·P. 斯隆著（刘昕译）：《我在通用汽车的岁月》，北京：华夏出版社 2004 年版，第 108 页。

建立起联邦分权制，这套制度帮助通用汽车公司获得了极大成功，斯隆本人也赢得了极高声誉。不过，这套制度并不是依靠斯隆的人格魅力而运转的，它依靠的是客观规则。

分权与控制是一对矛盾，没有控制就无所谓分权。分权不是仅凭决策层的主观愿望，通用汽车公司通过严密的控制体系为分权确立了科学客观的标准。斯隆在上任最初几年就完成了这个公司的控制系统建设的基础工作，在财务控制、库存控制和生产控制方面建立了一整套制度。借助于卓越的会计体系[①]、及时准确的预测及信息处理系统和有效的交流沟通体系，通用汽车公司的核心管理层对各个分部的运行情况了如指掌。作为一家制造企业，产品和价格政策居于战略核心地位，这一政策的成功取决于通用汽车的市场调研与预测系统的有效性，斯隆引进了统计和信息方面最出色的人才建立了这个部门，这个部门的工作卓有成效，不仅正常时期市场需求量的预测误差控制在10%以内。尤其难能可贵的是，在由平时与战时的转换时期，它也保持了很高的准确率，它相当准确地预测到二战时期公司将在劳动力和运输能力方面面临的短缺状况，使公司及早着手准备，确保无虞。二战期间，通用汽车公司在11万员工参军的情况下，没有因为劳动力短缺而降低生产能力。斯隆在外部环境动荡不安的形势下，保证了制造企业最难以实现的生产稳定性和连续性。公司的

---

① 根据《我在通用汽车的岁月》中的描述，通用汽车公司是最早开发使用成本会计体系的公司之一，甚至要先于杜邦公司。

成本会计系统则保证了绩效评价的客观性，使得公平公正原则得以实现，不仅使公司运作一切尽在管理层的控制之中，而且极大地激励了通用汽车的员工。斯隆引进了一批统计专家，对各种影响因素与经营业绩之间的关系进行了科学的分析，对各个分部管理人员的业绩能够做出客观的评价，为人员配置与工作分工提供了无可争议的数据支持，将公司内部的政治与权术斗争减少到最低限度。

斯隆在其著作的后面部分回顾了公司的劳工关系历史，“战后早期我们和工人的关系似乎有段距离。更糟糕的是，似乎在每次大型危机中，汽车工人都能争取到政府的支持。1937 年，在工人静坐抗议过程中，在总统和劳工部长以及密歇根州州长的压力下，通用汽车公司才被迫答应与工会谈判。1945—1946 年长达 117 天的大罢工中，工会要求公司根据支付能力来决定工资的增长幅度，而公司认为这是不合理的提议。杜鲁门总统再次正式支持工会的要求。1945 年底，公司大部分生产厂因美国汽车工人大罢工而关闭。到 1946 年 3 月 13 日罢工平息之后，通用汽车部分工厂的劳工问题还持续了 60 天。罢工使得公司的现金和流动资本大大降低，股票价格受到打击，同时，由于其他行业罢工又使得公司面临原材料短缺”[①]。斯隆认为总统的支持强化了工会的公众地位，从而延长了罢工时间。这次罢工结束的时候，汽车工人联合

① ［美］P・F. 德鲁克著（罗汉、焦艳等译）:《公司的概念》，上海：上海人民出版社 2002 年版，第 215 页。

会已经成为当时美国最大的工人组织之一，拥有会员近万人，该组织的很多代表都对私有企业抱有敌意。1946 年通货膨胀的压力也对劳工问题产生了影响。直到 1947 年又一次罢工结束之后，通用汽车公司与工人的关系才开始显著好转，工会内部也逐渐开始稳定起来。

尽管罢工带来巨大的损失以及极大的压力，但斯隆不肯妥协。他认为，通用汽车取得的绩效依赖于现行的管理制度，这套制度的每个方面每个环节都经过多年艰苦努力才能够配合默契运转良好。当然，这套制度体系里面并没有包括工人的管理权。如果采纳德鲁克关于工厂社区的建议，让员工参与到管理过程中的话，通用汽车公司的分权管理体制将无法继续有效运作。斯隆始终认为工会的要求是对管理权的挑战，是对他耗尽毕生心血探索出来的分权管理体系的挑战，而这正是通用汽车公司 20 多年来运转良好的基础，如果动摇这个基础，不可想象公司将走向何处。

工人和管理层争斗的焦点在于工资政策。工人要求将工资与劳动生产率挂钩，而管理层认为这是无理的要求。主要理由有两条：一方面是因为通用汽车的产品处于不断变化之中，每年都要推出新的年度车型，不同车型之间生产率的可比性难以确定，因此，生产率难以精确衡量。另一方面，即使找到这样的测量方法，也不能将每小时工资的年增长率与每年生产率的提高程度直接挂钩。首先，工资率的影响因素十分复杂，不仅与通用汽车自身生产率有关，而且与劳动力市场的工资率水平有关。如果在汽车这种高技术行业采取这种工资制度，那么必将使这些行业与其他技术发展有限的行业——如服务业之间在工资水平方面引发不可调和的矛盾。其次，造成通用汽车生产率改善的因素是多方面的，虽然并没有可靠的方法区分各种原因对生产率的贡献。工人劳动效率的提高只是生产率改善的次要原因。生产率提高的主要原因在于管理的改善和设备的投资。工会代表将生产率的提高完全归功于工人劳动生产率的提高，并以此为依据要求将工资率与生产率的改善挂钩是站不住脚的。这就是通用汽车对待工资问题的基本态度，也是斯隆始终坚持制定工资政策属于管理职权范畴的根本依据。

从 1948 年开始，工资谈判由公开谈判改为保密谈判，减少了新闻界制造的舆论对谈判双方的压力，双方在工资问题上初步达成了一致认识，“员工生活标准的持续改善依赖于技术进步，依赖于更好的工具、方法、工艺和设备，依赖以合作的态度对待生产运作的参与各方……提高劳动生产率也就是以同样的人工制造更多的产品是非常正确的经济和社会目标……[①]”但是，通用汽车却始终没能采取有效的办法，取得工人的理解与合作。

斯隆本人在这段时期承受了各方面的压力。多年以后，他对这段痛苦的经历仍然不能释怀，“我没有任何兴趣去回顾与劳工组织早期接触的痛苦经历。之所以提到这些事情，也

---

① ［美］艾尔弗雷德·P. 斯隆著（刘昕译）:《我在通用汽车的岁月》，北京：华夏出版社 2004 年版，第 407 页。

只是为了解释为什么我们起初会对劳工组织持有负面情绪而已。早年间最令我们感到前途黯淡的事情就是工会不停地试图进犯管理权力。最终，我们成功地击退了这些对管理权的挑战。现在，工资制定属于管理的范围而不是工会的职能，这一理念终于深入人心。"①

斯隆一直对自己坚持不妥协的立场感到欣慰，"在我写这本书的时候，通用汽车的大规模罢工已经是 17 年以前的事情了。我们已经在没有牺牲任何基本管理职责的前提下走过了这段岁月。1963 年年初，通用汽车在全世界有 63.5 万名员工，其中约 16 万名员工是蓝领工人，他们中只有极少数人是劳工组织的成员。我们工厂的娱乐设施、对员工建议的报酬、对员工的培训、对残疾人雇佣的规定以及一流的医疗服务、精致的自助餐厅等都已经超出了合同的范畴。"②

总之，斯隆认为通用汽车公司已经很好地履行了它应该履行的社会责任，"我们的工作既值得股东的信任，又没有疏忽对员工、客户、经销商、供应商和社会的责任。二战结束后，通用汽车公司增长强劲，公司给股东的回报非常优厚。"③通用汽车对国防也做出了重要贡献。"通用汽车 1942—1945 年的平均收益比 1936—1939 年经济萧条时期还低。通

---

① ［美］艾尔弗雷德·P. 斯隆著（刘昕译）:《我在通用汽车的岁月》，北京：华夏出版社 2004 年版，第 413 页。

② ［美］艾尔弗雷德·P. 斯隆著（刘昕译）:《我在通用汽车的岁月》，北京：华夏出版社 2004 年版，第 400 页。

③ ［美］艾尔弗雷德·P. 斯隆著（刘昕译）:《我在通用汽车的岁月》，北京：华夏出版社 2004 年版，第 215 页。

用汽车二战时期生产的战争物资总额达到120亿美元，占美国政府战时采购总额的8%，这是由于我们的平均价格比其他军工产品承包商要低的缘故。"[①]只不过，这些都是管理层一手策划实施的，尽管员工享受到了这些良好的福利，但是重要的是他们没能参与到决策与管理的过程之中。

第五节　分歧的原因

斯隆对德鲁克在《公司的概念》中对联邦分权制的描述没有什么异议，他主要是不赞同德鲁克有关劳工关系的论断和工厂社区的构想，分歧的焦点在于德鲁克提出的大公司的社会责任观与斯隆管理哲学不一致[②]。

从根本上看，德鲁克与斯隆的分歧在于对"企业责任"的理解完全不同。德鲁克认为企业承担社会责任首先是对员工的责任，他主张通过工厂社区来使工人获得工业社会的身份与地位，这是企业对工业社会秩序建设负有的责任。德鲁克坚持认为大公司的行为影响到公共利益，因此应该承担社会责任，建议通用汽车应考虑改变其有关雇员和顾客关系的政策。

---

① [美]艾尔弗雷德·P.斯隆著（刘昕译）:《我在通用汽车的岁月》,北京：华夏出版社2004年版。第393页。

② Peter F. Drucker, Concept of The Corporation, New Jersey: Transaction Publishers,1993, P291 – 320.

斯隆则坚持认为没有所谓“责任”，而只有“权力和责任”。根据权责对等原则，社会责任是政府权力管辖的范畴，只有政府才有权力和能力负起这个责任。通用汽车是一个私有企业，社会责任超出了它的合法权力的范围，因此公司不应该承担德鲁克所说的社会责任。如果要求通用汽车勉强承担自己没有能力承担的责任，那才是真正的不负责任。斯隆对于自己认定为通用汽车分内的每一件事如质量、安全等，都力争做到尽善尽美。以交通安全为例，由于斯隆的不懈努力，通用汽车不仅保持了全美最好的安全记录，而且通过提高公路安全标准和加强安全教育，使美国在 20 世纪 30 年代保持了汽车交通事故世界最低水平。

斯隆对企业社会责任的观点建立在这样一个假设前提的基础之上：企业与政府之间存在着清晰严格的责任与权力分界线，各自只需做好分内的事，如果企业行为越过界线，对企业和社会都没有好处。如果企业涉足社会责任就是僭越，就会侵犯到政府的职权范围，就可能引起社会秩序的混乱。

而德鲁克看到却是另一番现实，他看到斯隆坚信不移的权力界线正在日益变得模糊不清。在当时那样一个变革的年代里，尤其是在经历了漫长的战争和严重的萧条之后，社会日益向多元化发展，社会权力结构正处在变迁之中，没有人知道谁应该对什么负责，唯一知道的就是社会有许多新的问题和需要，而传统的政治机构——政府对这些责任却感到力不从心。德鲁克甚至认为，通用汽车坚持自己的教条不过是一种托词，是不愿承认现实的一个借口。事实上，斯隆本人的活动也并不仅限于公司内部，他在政治、教育、汽车安全协会等广泛的领域投入了大量时间和精力，但是他不愿承认这个现实。通用汽车公司在20世纪50—60年代停滞不前，直到1979年才开始改变其员工政策，提高“工作生活的质量”，并成立质量圈。

其实，斯隆的看法代表了美国企业界一种相当普遍的观点。对通用汽车公司的绝大多数主管人员来说，任何类似于工作改进计划或质量小组的措施，都意味着放弃管理职责，把本应属于管理人员的工作交给工人。此外，斯隆对德鲁克的态度除了其个人主观原因外还与当时的局势有关。德鲁克在通用汽车的那18个月正处于战争时期，通用汽车主要生产军用物资，如坦克、飞机和机枪等等。而且由于是战时，工人们士气高昂，这使得通用汽车的生产车间里低生产率的管理问题并不明显。因此，德鲁克关于通用汽车公司在战后工业社会的领导责任的观点，不是建立在现实的基础上，也难以被斯隆接受[①]。

令人想不通的是，社会责任和工厂社区不止是遭到通用汽车管理层的拒绝，就连一贯和管理层唱对台戏的工会也坚决反对德鲁克的工厂社区概念。这两个概念都是和谐为基础，而在这个时期管理层和工人都对和谐不感兴趣。管理层不需要和谐，他们认为这种思想是社会主义者的幻想。工会

① ［英］罗伯特·海勒著（崔权醴等译）：《彼得·德鲁克》，北京：中国社会科学出版社2002年版，第26页。

也不需要和谐，因为工会是作为与管理层相抗衡的力量而存在的，如果工人和管理层合作了，那么工会就将失去存在的基础。

尽管斯隆和绝大多数管理层不赞同，但还是有少数人同意德鲁克的观点。通用汽车的首席执行官威尔逊（Charles Wilson）就十分赞赏德鲁克的理论，任命德鲁克为公司的雇员关系顾问。在威尔逊的支持下，通用汽车公司发起了一项“我的工作以及我为什么喜欢它”的征文竞赛活动，这个活动收到了令人吃惊的30万篇来稿。这更加坚定了德鲁克对其理论的信心，威尔逊也希望将这一活动深入开展下去，他们接着推出了“质量圈”（Quality Circle）活动。然而由于种种原因，这个活动计划后来没能获得更大进展。阻力并非来自董事长斯隆或公司管理层，他们的计划遭到全美汽车工会的抵制。工会威胁说如果通用汽车继续实施这个方案，他们就罢工。就连美国劳工领袖沃特·鲁瑟（Walter Reuther，1907—1970）也认为，要求工人承担起本属管理者工作范围内的那些职责，等于是给工人强加了一副难以承受的负担，他主张“让经理来管理,让工人去工作”[①]。由于管理层和工会两个方面的反对，威尔逊和德鲁克的活动计划最终不了了之。

通用汽车的劳工关系是美国劳工关系的一个缩影，德鲁克与斯隆的看法代表了美国劳工关系理论的两个方向。自

---

① ［美］P·F. 德鲁克著（罗汉、焦艳等译）:《公司的概念》，上海：上海人民出版社2002年版，第250—251页。

从1936年瓦格纳法通过以后，人们逐渐意识到，在劳资冲突中，政府的干预、立法和司法给各方留下的活动空间，对冲突的结果起着举足轻重的作用。相互妥协、争取双赢不仅是可能的，也是唯一对所有人都有利的结果。如果采取一方赢、一方输的策略，从长远来看将没有胜利者。1947年，塔夫特—哈特利法案对瓦格纳法做出了修正。1959年，兰德伦·格列芬法案对此又做出了修正。至今，这些法案仍旧制约和协调着美国工人运动和劳资关系。从此以后，罢工不再是美国工人和企业主对话的唯一手段，甚至不再是主要的手段，劳资对话开始从罢工示威现场转向谈判桌。政府特别是联邦政府劳动部，有时候甚至是总统本人，成为劳资谈判桌上的对话媒介和协调人。美国工会把工作重点转移到教育工人方面，教育他们理解工人的利益所在，鼓励工人登记选举，积极参与各级政府官员的选举。

20世纪60年代的民权运动中，联邦政府通过了一系列有关劳工的法律。1963年，联邦立法规定男女同工同酬，禁止性别歧视。1967年，《反年龄歧视法案》通过，有效阻止了雇主解雇和歧视40岁以上的工人。最重要的是1964年通过的《民权法案》。约翰逊总统在该法案的签字仪式上特地提到，这是个历史性的法案，如果没有工人和工会的长期努力，它的通过是不可想象的。此后，美国完善了一系列保障劳工利益的法律，如《最低工资法》。联邦政府建立了公平就业机会办公室负责监督和实施《公平就业法》。至此，美国的工会走上了和平斗争、谈判妥协这样寻求双赢的道路，在发生劳资利益冲突的时候，各方都意识到必须和政府合作，在法律的制约下寻找出路。每年劳联产联的大会，总统出席讲话已经成为一个传统。

德鲁克还在 1951 年提出了通过预测收入和就业政策对收入和就业进行管理的反周期性萧条的经济政策。他认为企业应该与政府一起承担起反萧条和促进就业的责任，强调“反萧条的真正攻坚战必将在企业内部进行，只有在企业内部，才能够对资本支出进行计划，最终向工人个人提供就业保障”。这一政策的出发点就是收入与就业预测①。工会在 1954—1955 年提出由雇佣方为失业工人提供资助。继福特之后，通用汽车采纳了这一条款，最后整个汽车工业都接受了这一条款。事实上，在 1934 年美国国家失业保险法正式颁布以前，通用汽车就建立了针对公司员工的保险计划。1935 年《社会保障法》的推行，鼓励雇主采取类似的做法。尽管这项计划在实施过程中，由于覆盖面广，很多工人只能拿到很少的一点钱，但是这些计划还是大大减少了工人对失业的恐惧。

从历史的角度来看，《公司的概念》只是提出了“责任心工人”和“自治工厂社区”这些基本概念，指出了这种管理理念不同于放任式管理（Permissiveness），但是对于如何将这些概念运用于管理实践在当时还知之甚少。德鲁克和威尔

---

① ［美］P·F. 德鲁克著:《新社会》，上海：上海人民出版社 2002 年版，第 326—327 页。

逊很清楚地认识到，可能要花费上 10 年的探索才能解决这个问题。10 年之后，德鲁克在 1954 年提出了目标管理思想。

值得一提的是，尽管两人意见不同，斯隆给德鲁克的研究提供了极大的便利，并要求他独立思考，不要受自己或他人的影响。若干年之后，德鲁克仍然对斯隆赞美有加，“每当谈到完美的管理之时，我就会想起斯隆先生和他的助听器。”[①] 斯隆确立了现代企业管理的样板，而德鲁克将促使其走上进步管理的方向（参见第 7 章）。当通用选中斯隆，当德鲁克走进通用，现代管理学的序曲奏响了。

---

① ［美］P · F. 德鲁克著（廖月娟译）：《旁观者：管理大师德鲁克回忆录》，北京：机械工业出版社 2005 年版，第 312 页。

第四章
管理实践开先河

由于企业的目的是创造顾客，任何企业都有两个基本功能，而且也只有两个基本功能：营销和创新。

——德鲁克《管理的实践》

《公司的概念》给德鲁克打开了开展管理咨询事业的方便之门。自《公司的概念》出版之后，一些赫赫有名的大公司，如西尔斯百货公司、罗巴克公司、切萨皮克—俄亥俄铁路公司以及通用电气公司等企业都邀请德鲁克担任管理顾问，使德鲁克有机会更加深入地了解各种企业的具体运作过程。在为各类企业提供管理咨询的工作中，德鲁克发现这些企业的管理人员对管理的内容、功能和挑战方面的认识存在严重不足，而管理学界在这些方面的成果几乎是一片空白。德鲁克的注意力逐渐被吸引到大企业的实际管理工作上来，开始着手为企业经理们写一本书，目的是帮助他们胜任当前的工作，并为适应将来更加重要的管理职位做准备。

1945 年 8 月 15 日，日本宣布无条件投降，第二次世界大战结束了，随之而来的是长达 40 多年的冷战。冷战将世界各国分裂为两个相互对立的集团，两个集团之间的军备竞赛使几个军事大国背上了沉重的国防开支负担，也迫使这些国家不断地发展经济以承受如此重担。在这种情势下，美国成为战后西方经济发展的火车头，马歇尔计划[①]的实施使欧洲经济很快得到恢复。借助朝鲜战争带来的大批军需订单，日本的生产力得以快速恢复，进入了经济起飞时期。随着西方国家新产业、新企业的大量涌现和快速成长，迫切需要一大批管理人才，迫切需要新的管理知识来指导这些管理者。尽管战后工商管理教育发展很快，但管理人才仍然供不应求，甚至教育界本身也存在管理知识脱离实际以及合格的管理学教授严重匮乏的局面。因此，管理成为各国经济发展中普遍稀缺的生产要素。

德鲁克要在“管理”这个领域做一件泰罗曾经对“工作”所做过的事：把管理的奥秘破译出来，让它和体力工作一样，每个受过一定教育的普通人只要通过适当的学习就能掌握。在这种背景之下，《公司的概念》出版 8 年之后，《管理的实践》（Practice of Management）在 1954 年 11 月问世了。

① 马歇尔计划，即《欧洲复兴方案》，第二次世界大战后美国援助欧洲复兴的计划。1947 年 6 月 5 日，时任美国国务卿的马歇尔在哈佛大学演讲中提出该计划。

德鲁克在《管理的实践》中第一次提出了理解现代企业管理的理论框架，提出了科学管理思想诞生以来最有价值的新思想——目标管理。这是德鲁克从企业管理的视角研究企业管理问题的第一部著作，是德鲁克管理思想诞生的标志，也是战后以来现代管理学的开创性著作之一，它宣告了20世纪50—60年代席卷全球的“管理热潮”（Management Boom）的到来，标志着德鲁克从政治学的背景中脱胎出来真正成为一个管理学者。

第一节　管理的三个基本问题

在《管理的实践》中，德鲁克从高层管理的角度出发，讨论了管理的三个基本问题，构建了德鲁克管理思想的一个基础框架。该书中提出的“目标管理”和“事业理论”使这本书在声名远播的同时，也引来一些批评与争议。

每个学科都有它的核心问题。社会学问两个基本问题：个人存在何以能？社会存在何以能？经济学是从三个基本问题开始的：生产什么？如何生产？为谁生产？德鲁克站在企业高层管理者的角度，提出了管理者必须面对的三个基本问题：第一个问题，如何对企业进行管理；第二个问题，如何对管理人员进行管理；第三个问题，如何管理工人和工作。针对这几个基本问题，德鲁克发展了《公司的概念》中提出的利润理论、组织结构理论和社会责任理论，创立了两个新理论——事业理论和目标管理理论，并由事业理论衍生出营销理论和创新理论[①]。

管理的首要任务是企业的管理。

管理首先要解决的问题是：什么是企业？一般的看法是，企业是以利润最大化为目的的经济组织。但在德鲁克看来这种说法毫无意义，他认为利润最大化不能很好地解释企业的功能、目的及其管理工作。这并不是说利润和盈利能力不重要。事实上，盈利能力至关重要，它是企业最重要的制约因素，最有效的检验和评价标准。但是，追求利润不是企业及其经营活动的目的，不是管理决策的原因，而是对决策有效性的检验。因此，德鲁克极力反对利润最大化这一提法。他认为这个概念不仅无关宏旨，而且引起人们对利润性质的误解，造成人们对利润根深蒂固的敌视。这种错误和敌视都是由于对企业的性质、功能与目的缺乏了解所导致的。

那么，企业的正确定义是什么呢？对这个问题不应从企业自身寻找答案，而必须到企业外部去寻找，从企业组织与社会的关系来寻找。企业是社会有机体的一个器官，它的目的只有一个：创造顾客。德鲁克认为，社会把能够生成财富的资源委托给企业的目的，是为了满足顾客的需要。顾客是企业存在的基础，是顾客创造了就业机会。为了满足顾客的需要，任何企业必须具备两种基本职能，即营销和创新。或者换句话说，企业同时是一个营销机构和创新机构，除此之

① ［美］P·F. 德鲁克著（齐若兰译）:《管理的实践》，北京：机械工业出版社 2006 年版。

外别无什么企业。这意味着，在静止停滞的经济中不存在所谓的“企业”，企业只能存在于一个不断发展的经济中，企业是增长、发展和变革的特定机构。

德鲁克进一步提出，管理者的职责是管理企业。首先，这表明企业管理的技巧和经验不能被照搬到其他机构[①]。其次，尽管管理工作具有明显的专业特性，有其科学的一面，但管理决不能成为一种精确的科学。实际上，管理人员并不以追求管理知识的科学性为目标，他们关心的是管理工作的有效性。最终检验管理有效性的不是管理人员在管理知识方面的成就，而是企业的业绩。因此，经济绩效是管理的首要职能。企业作为一种经济机制，管理所涉及的每一项活动，每一项决策，每一种考虑都以经济尺度作为它的首要尺度。总之，对管理人员来说，管理应该被视为一种实践而不是一种科学或一门专业。如果规定人们没有管理专业的学历就不得从事管理工作，那将给社会经济造成极大的破坏。德鲁克甚至认为，任何热衷于将管理科学化或专业化的努力都将消除经济自由及其成长能力。不过，也有一些学者认为，这个观点完全否定了管理学以科学为目标的发展方向，难免有些偏激。

既然管理的职责是管理企业，那么管理人员作为管理职责的具体承担者，首要的任务就是必须对企业的绩效和成果

① 关于这个问题，德鲁克的观点后来有所变化。事实上，企业管理中许多行之有效的经验后来被其他组织成功借鉴，比如政府和非营利组织的管理中就采用了许多企业组织的管理方法。

负责，而不是对老板或股东负责，也不是对或员工其他什么利益相关群体负责。这一原则看起来是显而易见的，实际上却经常被违背，有时是管理人员屈服于老板的淫威，有时是管理人员为了自己的私欲。在 20 世纪 40 年代，亨利·福特试图让管理层惟其马首是瞻，结果险些葬送福特汽车公司。20 世纪 80 年代末期，许多管理人员由于贪婪而违背了职业道德。到 20 世纪 80 年代，由于养老金计划的推广和普及，养老金持有的股权总额已经占到了美国大公司普通股总数的 40%[①]。养老金机构的管理层以股权价值最大化为借口，配合华尔街的投机家掀起了恶意收购浪潮，极大地损害了企业的利益，并引起了经济的动荡。德鲁克再度站出来，强调机构投资者要以企业的长远利益为目标，那些被恶意收购者瞄准的企业的管理人员不要为短期投机利得所迷惑，要对企业的管理负起责任。

管理的第二项任务是对管理人员的管理。

作为企业的主管，对下级管理人员的管理是其工作的核心内容之一。对管理人员的管理是一件十分重要而又复杂的工作，必须明确规定最高管理层和中间管理层的功能，并通过合理的组织结构行使其功能。德鲁克在《管理的实践》中提出了一种组织理论，促进了对企业组织问题的研究。

德鲁克在更为详细地剖析了联邦分权制度这一适用于大

---

① P·F. Drucker, Reckoning with the Pension Fund Revolution, Harvard BusinessReview, Mar. – Apr. 1991, p106—115.

企业的组织制度之外，又讨论了职能分权结构这种基本组织形式。一般而言，联邦分权制只适用于多单位的大型企业，而职能分权制可以普遍应用于各种企业。一个企业可以按照联邦分权制或职能分权制的模式设计组织结构，也可以将这两种形式结合起来运用。由于深受通用汽车公司的影响，德鲁克极力推崇联邦分权制，认为只要条件具备就应该采用这种分权制度。

德鲁克还进一步总结了组织结构设计的基本步骤和基本原则。传统组织理论认为企业组织由一系列职能构成[①]。德鲁克批评说，这些典型的职能只是些空瓶子，而并没有明确指出里面装的是些什么。德鲁克针对传统组织理论的不足，提出通过活动分析、决策分析和关系分析三个步骤来设计一个企业的组织结构。

德鲁克还考察了一个新的变量——组织规模——对企业组织结构的影响。德鲁克指出，虽然规模变化并不改变企业管理的原则，也不影响对管理人员、对工作和工人的管理方法，但是规模的变化极大地影响到管理层的结构。在规模的划分上，不仅要考虑雇员人数或销售额这样一些数量标准，更要考虑组织的复杂程度。德鲁克建议用管理机构尤其是最

① 传统组织理论以法约尔为代表，法约尔在《工业管理和一般管理》（1916）中将企业的各项活动分为六类：技术、商业、财务、安全、会计和管理活动，并进一步将管理活动分为五大职能：计划、组织、指挥、协调和控制。20 世纪 30 年代，厄威克和古利克在此基础上对管理职能做了进一步细分为计划、组织、人事、指挥、协调、报告和预算，并依次取这七项职能的首字母组成一个单词 POSDCORB。

高管理机构的复杂程度来划分规模。按照这一标准，德鲁克将企业规模划分为四个层次：小企业，即在最高领导人和工人之间只有一个管理层的企业；相当规模的企业，区别于小企业的特点是它有一个总裁班子；大企业，其特点是总裁的每一项工作都需要一个小组的辅助，大企业往往采用联邦分权制；最后一个层次是特大型企业，总裁工作比大企业更复杂，只能采用联邦分权式组织。德鲁克强调指出，成长中的企业尤其要重视规模的变化给企业的组织结构带来的影响。对快速成长的企业而言，管理结构的变化要求管理者不断提高自身素质，具备改变基本态度和行为的能力。如果企业的主管不能培养这种能力，企业的成长必将受到极大的限制。

组织理论是现代管理学领域发展变化最快的一个领域。一些重要问题比如战略、技术、环境等变量与组织的关系问题尚未进入德鲁克的视野。后来在《成果管理》中，德鲁克讨论了组织战略对结构的影响问题。在组织管理方面，德鲁克受到了巴纳德等人的影响，但是又比他们前进了一步。巴纳德在处理组织目标问题方面，确实把组织目标作为中心，但并没有注意到在一个变动的社会之中组织目标的选择问题，也没有注意到为组织确定目标的过程[①]。

管理的第三项任务是管理工人和工作。

德鲁克着重讨论了对工人的管理，因为对工作的管理是

---

① ［美］巴纳德·切斯特著（孙耀君译）:《经理人员的职能》，北京：中国社会科学出版社 1997 年版，参见安德鲁斯为此书所做的序。

科学管理所擅长的领域，自泰罗以来，对工作的管理已经取得了很大进展。德鲁克从企业对工人的要求及工人对企业的要求两个方面对企业与工人的关系做了描述，再次论述了责任心工人和工业公民两个概念。德鲁克认为：首先，企业必须找出最有效使用工人这一重要人力资源的方法。企业必须要求工人自愿地为实现企业的目标而做出努力，必须要求工人不只是被动地接受某项具体的工作任务，而是主动地为企业绩效承担责任。其次，管理者必须要让工人明白变革是不可避免的，并帮助工人接受变革。德鲁克认为，阻碍工人接受变革的主要障碍有两个，一是人的学习能力与忘记能力不成正比；二是心理上普遍存在对变革的抵制。首先，人们虽然能够以惊人的速度学习，但是却不能以同样的速度抛弃已经过时的知识和经验。系统地抛弃旧知识本身成为需要学习的内容。其次，变革不仅是一种思维过程，而且是一种心理过程。除非变革能够清楚地、明显地加强人的心理安全感，否则变革将会遇到阻力。因此，企业必须采取主动的行动使工人有可能进行变革。显然，德鲁克在这里已经尝试着运用工业心理学知识来分析和理解对工人的管理问题。

工人除了向企业要求经济回报之外，他还要求得到其他回报。形象化的说法是，企业不能只雇佣工人的手，它必须雇佣完整的人。然而，德鲁克警告说，企业虽然雇佣一个完整的人，但是企业无权将这个完整的人归其所有。因为，企业仅能满足个人的部分需要，它绝不可能满足个人的所有需要。因此，企业决不能试图将个人生活的所有方面都包括在管理范畴之内。如果企业试图成为一个全能企业的话，它将成为一个福利机构，失去创造顾客的功能，从而失去存在的基础。企业必须将自己界定为社会有机体的一个机构，它首先必须履行自己的外部功能，它既不能许诺对工人承担无限的责任，也无权要求工人绝对地效忠。

在《公司的概念》中，德鲁克已经讨论过企业与工人的冲突问题。在《管理的实践》中，他对这种冲突的性质做了进一步的剖析。企业与工人之间围绕工资产生的冲突是不可避免的，对企业而言，工资是成本；对工人而言，工资是收入。作为成本的工资和作为收入的工资之间天然存在着矛盾。这种矛盾和冲突产生的根本原因在于：企业同时生存于两个经济体系——外部经济体系和内部经济体系之中。外部经济体系是由市场规律或者说价格机制指挥运转的，而企业内部经济体系并不服从市场规律，企业内部的分配规则是由企业规定或计划的。企业能够用于内部经济的总量（包括各类人员的薪酬）取决于它从外部经济体系中获得的收入。企业为适应外部经济体系的波动，希望工资作为成本的一部分是灵活的可以控制的。而工人从自身的生存需要和经济安全考虑，自然希望收入在保持稳定的基础上有所增长。这种潜在的矛盾在经济繁荣，企业处于增长之时，往往还有调和的余地。当经济萧条或企业经营遇到困难试图以削减成本来渡过难关之时，矛盾就激化了。工人往往将这种矛盾冲突归罪于企业对利润的追求，从而产生对利润的仇恨。

除了上述三大职能以外，管理还有一个重要的限制因素，那就是——时间。管理人员必须既考虑当前，又考虑长远。在三项工作中，管理人员都会遇到短期和长期之间如何协调兼顾的问题。管理人员不仅应将三项管理任务综合在一起加以考虑，并且要始终把现在与未来结合在一起筹划。

第二节　目标管理思想

目标管理是德鲁克发明的诸多概念中最为深入人心的一个，几乎成为德鲁克管理思想的标签。但时至今日，许多人对目标管理仍抱有许多迷信或偏见。迷信者将其奉为灵丹妙药，偏见者贬斥其为遗毒祸害。

那么，目标管理究竟是什么？在德鲁克看来，目标管理首先是一种管理思想而不是一种管理技术。目标管理思想与德鲁克对工业社会的设想是一脉相承的。在《公司的概念》里，德鲁克已经阐明了自己近乎乌托邦的理想：通过尊重个人，为每个人提供平等的机会，构建一个和谐的工业社会。这个美好的社会如何实现呢？德鲁克设想通过工业民主来实现，也就是通过参与管理，使人们在工作中分享权力、分担责任来实现。德鲁克认为，承担责任不是负担而是每个公民对社会的内在要求，每个人首先必须是这个社会所需要的人，每个人必须通过承担责任才能获得尊严和地位。这一原则应用于现代企业，要求管理人员必须学会自我控制，工人必须成为责任心工人，使得每一个自我管理的组织单元成为自治单位，从而使得现代企业成为功能健全的自治机构。唯其如此，自由企业制度和市场经济体系才能正常运转。那么，如何使得自治与分权不会成为放任自流的代名词呢？显然某种形成秩序的力量必须足够强大，否则组织难免分崩离析。这个力量就是——目标管理。目标管理强调以重视成果为基础，以一定时间里每个人所应完成的工作成果为目标，每个人盯着这个目标，自觉地进行工作，而管理人员以目标为中心进行管理。任何一个对企业的生存和发展有着直接而重要影响的领域都需要有目标，管理企业就是平衡各种各样的要求和目标。

目标管理其次才是一种管理技术，它要求变革传统的管理思维，采用新的管理手段。为了控制绩效，管理人员不仅必须知道自己的目标，还必须能够根据目标衡量业绩和成就。虽然不同企业的业务千差万别，但无论什么企业，无论企业的规模及所处的发展阶段如何，需要设定目标的领域是相同的。德鲁克提出，有八个领域需要制定业绩和成果目标：市场地位、创新、生产率、实物和金融资源、利润、管理人员的表现和培养、工人的表现和态度及社会责任①。一般地说，企业对前五个领域都没有什么异议，但对后三个领域的态度却不完全一致。经济学家和会计师会觉得这些领域不切实际，因为这些领域不是与他们所熟悉的货币和金钱打交道，而是

---

①［美］P·F. 德鲁克著（齐若兰译）：《管理的实践》，北京：机械工业出版社 2006 年版，第 52—73 页。

与价值和原则打交道。显然，价值与原则是难以确认和计量的，这与经济学家和会计师对量化和精确度量的追求有很大差异。然而，德鲁克指出，正因为如此，这些领域才成为企业管理的核心领域。如果这些因素是无形的，那么管理人员的任务就是采取行动使它们变得明晰可见，使这些领域像货币和金钱一样，成为有形的、实际的，并且确实是可以衡量的。

在这三个领域中，管理人员的管理是目标管理的关键控制点。管理人员不但是企业的基本资源，并且是最稀有、最昂贵的资源。对管理人员的管理决定了企业的目标能否实现，并且在很大程度上决定着企业对工人和工作的管理。因此，对管理人员的有效管理是实现企业目标的根本保证。德鲁克后来在《成果管理》一书中对如何以成果为中心实施目标管理作了更深入的分析。

对管理人员的管理要解决两个基本问题，即董事会职能的履行与管理人员的培养。其中，董事会与总经理的关系（也就是今天所说的公司治理结构）是核心问题。由于所有权的分散，作为大公司合法管理机构的董事会其职能已经被严重削弱，经理层在实际上掌握了公司的管理权力。德鲁克并不为经理革命的成功而单纯地感到高兴，他看到在这种权力配置变化背后潜藏的深刻危机：从产权角度讲，经营权只是所有权的衍生权力，私人财产所有权是企业控制权合法性的基础。但是，在股东将控制权“委托”给经理层之后，随着股东逐渐淡出企业决策中心，经理层的权力失去所有权的支持之时，其权力合法性的基础动摇了。为解决这个问题，德鲁克主张董事会应该重新定位，不再以管理和执行为目标（因为它事实上已经做不到了），而应该自觉地转变为一个监督机构，负责审查管理层的工作，对他们的工作作出评价并处理管理层的申诉，只有在管理层变更的危机关头才暂时执掌管理大权，一旦确立新的管理层就重新回到监督者的角色。

培养管理人员不仅是最高管理层对企业自身负有的责任，也是对社会和个人负有的责任。一方面，培养管理人员是对企业负责。由于未来是不确定的，管理层不可能做出永久有效的决策，唯一能够保证企业未来生存发展的措施就是培养未来的管理人员。另一方面培养管理人员也是对社会和个人负责。工业社会是一个组织化的社会，个人的发展只能在组织中获得。因此，管理人员的培养不是培养挑选出的少数管理人员，而是必须培养整个管理群体。尽管管理人员的培养必须在组织内完成，但发展总是个人的事，发展只能是自我发展和自我完善，企业的努力不能够取代个人自我发展的努力，发展的责任在于个人的能力和努力。组织应该鼓励、指导管理人员的发展，为所有管理人员提供系统的平等的发展机会。

目标管理当然也离不开激励机制，在评价和激励管理人员方面，德鲁克特别谈到了晋升问题。他的原则是不应过分强调晋升，因为即使在迅速成长的企业中，也只有少数管理人员会得到提拔，过分强调晋升会使大多数管理人员感到失望。每一个管理职位本身应该是一种奖励，并且是令人满意的，不应诱导管理人员将目前的职位仅仅看成是向上爬的一级阶梯。为此，薪酬体系应该对每个表现出色的管理人员予以充分的奖励。不过，即使不过分强调，晋升也是管理人员特别向往和追求的奖励，因此企业需要一个合理的晋升制度。

目标管理思想在对工人和工作的管理中又如何运用呢？德鲁克强调要以实现目标为出发点，让企业的每个成员都能用管理人员的眼光来看待问题，要让企业里的每位工人都有承担责任的决心和做出决定的权力，充分发挥自己的潜能，实现自身的价值。

可是，何谓发挥潜能呢？假设一个人的工作任务是每天重复某种操作 1000 次，在目前技术条件下人的极限水平是 2000 次，那么将这个人的任务提高到每天 2000 次，是不是充分发挥了这个人的潜能呢？显然不是。因为从事某项操作仅仅是人的能力的极其微小的一部分，而人的价值取决于他作为一个整体的人的全面心智能力的发挥。正如，通用电气的一个员工所说，我在这个公司工作了 20 年，他们只是雇用了我的手，其实，他们还可以免费雇佣我的头脑。

如何发挥员工的全面心智呢？德鲁克认为，通过员工对自己所做工作的自我控制和自我管理，他才有机会更多地运用他的头脑，这意味着原本属于管理人员的权力要与员工分享。德鲁克强调目标管理的核心重点不在目标而在管理就是这个意思。然而，权力重心的下移对整个组织管理提出了挑战，管理人员和员工可能都对这种新的工作方式不知所措。从目标管理提出之后，人们一直在对这个难题进行探索和尝试，从参与式管理的普及，到团队工作方式的训练与学习型组织的建立都可以看成是对这种分权组织工作模式的适应。

目标管理还隐含了新的激励模式，目标管理通过改变激励模式而起作用。激励是管理领域最有挑战性的问题之一。除了良好的工作设计和工作组织以外，工人的积极性在很大程度上受到激励制度的影响。目标管理与当时流行的科学管理和人际关系学派所主张的激励方式迥然不同。

在 20 世纪 50 年代，人们讨论对工人和工作的管理时，流行的理论是人际关系和科学管理。第一次世界大战期间，由于招聘、训练、激励大量从事战时生产的新工人，产生了人际关系和人事管理思想。人际关系和人事管理的基本方法在企业里得到了广泛运用，后来进一步发展为人力资源管理。当时，管理人员对这些新思想在管理中的应用普遍感到困惑，德鲁克对于人际关系的贡献持怀疑甚至批评的态度。德鲁克明确告诉他们，管理人员不必成为心理学家，人际关系学家利用心理学知识来控制工人与运用命令来控制工人没有什么区别。

科学管理的激励政策常常被形象地比作“胡萝卜加大棒”。胡萝卜和大棒是主人驱使驴子拼命干活的办法，主人觉得驴子干得好就赏给它一串胡萝卜，主人认为驴子偷懒就拿大棒子揍它。这种激励政策本身带有一种傲慢的优越感，认为工人的需求层次低于管理者，把工人的需求等同于驴子，干得好就加奖金（胡萝卜），干不好就炒鱿鱼（大棒）。这种方式与其说是激励，不如说是一种恐惧管理。在如何最充分地调动工人的积极性这个问题上，人际关系学派的看法是让雇员满意。正是因为“胡萝卜加大棒”政策已经行不通了，企业界才转而求助于满意感。

德鲁克不赞同这种看法，他认为满意感不一定使工人更加积极地工作，满意感并不必然带来更好的工作业绩。人可能因为完成了任务而对工作感到满意，也可能因为马马虎虎过得去而对工作表示满意；人可能由于牢骚满腹而感到不满，还可能因为想把工作做得更好而感到不满。这后一种不满正是雇员对工作的自豪感和责任心，是最可贵的精神。正是德鲁克这个看法，触发了赫兹伯格的灵感，促使他提出了双因素理论的基本假设。

对企业来说，它真正关心的是业绩，上述办法却没有直指业绩。工人不是对别的什么感到不满，他们对工作感到不满。为什么不直接指向双方视线的交点，将“工作”与“业绩”直接联系起来呢？法约尔说过，人是有目的感的动物，想出一个计划并现实它是每一个聪明人最大的快乐。工人的想法难道和其他聪明人有所不同吗？德鲁克认为并无不同，如果是这样，何不直截了当地用工作责任与业绩目标来激励他们，让他们都成为“责任心工人”呢？德鲁克所说的“责任心工人”，是指愿意对工作承担责任，并从完成具有挑战性的业绩目标获得成就感和满意感的工人。德鲁克认为，有效的管理应该以此为出发点，他还提出了加强责任心的四种办法：慎重安排工作；制定较高的有挑战性的工作绩效标准；

向工人提供自我控制所需要的信息；为工人提供参与的机会，让他们学会从管理者的角度看问题。

这样，目标管理抛弃了胡萝卜和大棒，也不仅止于糊里糊涂的满意感，而是着眼于通过工作本身的意义和价值来激发人们努力工作。根据目标管理理论，在适当条件下，工人也可以和管理者一样将工作本身视为目的，就像那个从铜钱孔中倒油入瓮而铜钱不沾一星油花的卖油翁一样，能从完美工作所带来的愉悦感中受到激励。目标分解到哪里，相应的责任与权力就下放到哪里，人们可以参与目标的制定，控制工作的进程，看到工作的成果，得到明确的评价，获得工作带来的成就感。如此，目标管理的最大优点便体现出来，在适当条件下，它能够使管理人员自我控制自己的行为和表现，使管理人员通过自我控制进行管理取代通过统治进行管理。理想的状况是每个人都能够指着企业的最终业绩说：这一部分是我的贡献。

当然，这个“适当条件”至关重要。德鲁克认为目标管理是普遍适用的，凡是工作状况和成果直接地、严重地影响组织的生存和发展的部门，目标管理都是必需的。显然，德鲁克忽视了“适当条件”的重要性，没有对目标管理的适用条件作深入的分析，马斯洛对此做了更为深入的研究（参见第 7 章）。

总之，目标管理是一种管理原则，它使个人的力量和责任心充分发挥出来，使个人的注意力和努力指向共同的方向，将个人目标和企业目标协调起来。它与之前的管理哲学相比有三个显著的特点：首先，从根本上改变了传统管理的思维定式，抛弃传统管理以职能和活动为主的思考模式，强调管理应该针对工作成果即工作目标；其次，抛弃消极的事后管理，强调积极的面向未来的管理。传统管理采取事后评价及以人的品质来评价工作业绩，这种管理缺陷明显在于事后考评不能改善以前的工作业绩。而目标管理则采取积极的可以帮助管理人员改善工作业绩的管理方式，管理不仅是为了事后评价，更是这样为了调整当前行为，提高未来业绩。最后，目标管理使分权化管理切实可行。目标管理过程使得组织结构和权力分配清晰明了，便于分权管理的实现。一言以蔽之，使目标管理获得成功的不是目标而是管理，目标管理核心不在“目标”而在于“管理”。

对当时的美国工业界来说，德鲁克的这些见解都是开创性的。目标管理思想提出之后，在管理理论与实践两个领域引起了巨大反响。

德鲁克的这些带有理想主义色彩的思想，激发了许多管理学者在这个领域进行深度探索。1960 年，道格拉斯·麦格雷戈在发表了《企业中人的方面》，讨论了管理政策中的人性假设问题，提出了著名的 X 理论和 Y 理论。麦格雷戈在文中说，Y 理论的许多思想是受到德鲁克的启发。20 世纪 70 年代，F. 赫兹伯格通过调查研究发现，人际关系学派主张的人际关系训练、敏感性训练等方法对员工的激励程度是十分有限的。赫兹伯格提出了著名的双因素理论，论证了最有力的激励因素在于工作本身，主张通过工作丰富化来解决过度分工的缺陷，从而激励工人更加努力工作[①]。从赫兹伯格的双因素理论中对保健因素与激励因素的区分，可以明显地看出其灵感来源于德鲁克的影响。德鲁克的这些思想还与马斯洛的进步管理理论不谋而合，实际上是将企业看作了每个人追求自我实现的场所。人们注意到了马斯洛对目标管理的批评，却不知道马斯洛首先是肯定了德鲁克在《管理的实践》中提出的思想将管理学从古典时代推进到进步管理时代，然后在肯定的基础上提出了批评（参见第 7 章）。

目标管理实践中遇到一个普遍性的难题，那就是难以确定职能部门管理人员的成果目标，尤其是参谋经理（没有明确权责的助理类职位）的绩效目标。因为他们处理的都是一些无法衡量的无形事务，他们的工作成绩经常因为没有直接为创造利润做贡献而得不到承认。管理人员确实需要职能专家的帮助，不过，这些专家主要是做他们自己职责范围内的工作，而不是建议管理人员应该如何做。也许他们的业绩目标不能被完全量化，但这些职能专家必须有自己明确的工作目标，并对自己的工作负有全部责任。

至于参谋类职位，德鲁克认为，参谋这一术语是从军队中产生出来的，它们可能在军事组织中有意义，然而应用于企业只能造成混乱。因为“参谋”往往意味着拥有权力而无职责，这样的职位对企业具有破坏性。解决的办法就是取消

---

① ［美］F·赫兹伯格著：《再一次强调，你应如何激励雇员》，载《世界管理经典著作精选》，北京：企业管理出版社 1995 年版。

组织中的参谋职位[①]。也许决策层需要有少量的高级参谋，但这些参谋不应属于公司总部，而且人数应尽量少。否则，有权无责的参谋将对上至总经理下至业务经理的工作产生严重影响。德鲁克将这种所谓参谋与“腐败分子、幕后操纵者、阴谋家、抬轿子者、谋取权力却逃避责任的人”归为一类。后来，麦康基等学者对这个问题做了深入研究，将参谋经理的工作也纳入了目标管理体系。他们争辩说，一个复杂的大型组织中参谋职位是必要的，许多组织并不能因为难以确定这些职位的目标而取消这类职位。到 20 世纪 70 年代初期美国企业参谋经理支配的费用占总预算份额的 20% ~40%，而且其重要性还在稳步上升[②]。

由此可见，目标设计的难易不仅与职位特点有关，与工作特点也有关系。组织内的许多目标难以定量化、具体化；许多团队工作在技术上不可分解；组织环境的可变因素越来越多、变化越来越快，导致一些领域难以制定精确的目标……凡此种种都给目标管理带来挑战。一些研究者批评目标管理说，如果你知道目标，那么目标管理是能起作用的。然而，90%的时间里你是不知道目标的。目标制定得太低没有意义，而且会成为发展的阻力。倘若目标制定得太高，希望得到超过系统能力的结果，不但是不可能的，而且会产生

---

① ［美］P·F. 德鲁克著（毛忠明等译）:《管理的实践》，上海：上海译文出版社 1999 年版，第 279—280 页。

② ［美］代尔·D. 麦康基著（刘惠康译）:《如何实行目标管理》，北京：化学工业出版社 1985 年版。第 7—8 页。

破坏性的后果。

在更多的情况下，企业往往片面追求量化指标而制定了错误的目标，比如质量检查员的工作就不应以其发现次品的多少为目标。还有一些组织假借目标管理的名义，确定的所谓“目标”已经偏离了自身的使命。比如，将交通警察的收入与其对违规司机的罚款数额挂钩，将医生的收入与其处方开出的药品金额挂钩等等，这些“目标”错误地定义了组织的成果领域，是目标管理的滥用。

目标管理的运用领域极其广泛，失败的案例当然也不鲜见。有的作者甚至耸人听闻地写道：20 世纪 80 年代危害美国的目标管理还在危害中国[①]①，这样的评价却难免失之偏颇。事实上，几乎所有的管理理念或技术在实践中都不能确保成功，如流程再造、平衡计分卡以及 ERP 系统等实施成功率都不高，即便是全面质量管理这样已经有多年成功经验的技术在许多企业里也遭到失败。目标管理本身不是万应灵药，实践中的许多因素包括实施者本身的因素都可能会影响到其是否成功。

德鲁克的学生施勒（E · C. Schleh）在完善目标管理理论方面做了进一步努力。德鲁克致力于讨论整体目标的必要性及其内容，而施勒则结合整体目标着重讨论如何制定个人目标、制定什么样的目标才能激发个人动机这些问题上，即

① 龙东飞著:《戴明管理与企业实践》，北京：机械工业出版社 2004 年版，第 25—35 页。

制定个人目标的方法及内容上①。后来，R. 利克特在《经营的行为科学》一书中利用行为科学的研究方法对目标管理做了进一步研究②。美国哈佛商学院《企业管理百科全书》预言，作为策略规划的管理工具，目标管理将在 20 世纪 80 年代成为高中层管理的主要体制。20 多年以后这一预言变成了现实。我国自 20 世纪 80 年代初引进目标管理方法之后，目标管理在全国各个领域得到了普遍的推广和运用。从现有文献来看，许多组织在运用目标管理方法之后，促进了组织管理的改善③。

进入 21 世纪以来，目标管理的影响继续渗透到各个方面，在新的质量管理标准体系（ISO9001—2000 版）中也充分体现了目标管理思想。众所周知，ISO9000 标准注重过程管理，它同时也越来越重视目标管理思想，在新版标准体系中引入了“质量目标管理”，用户完全可以在贯彻标准过程中按照标准的指引导入目标管理，即采用目标管理的思想，按照目标管理的做法，促使组织的质量目标得以实现，并将该做法作为质量管理体系的一部分加以标准化和制度化。

---

① 纲目编著:《有效的目标管理》，北京：中信出版社 2002 年版，第 29 页。

② R. Likert. New Patterns of Management，McGraw Hill，1961.

③ 孙友松、黄开胜:《高等学校科研经费目标管理》，《科技进步与对策》2005 年第 1 期；孔文:《再谈目标管理》，《东北财经大学学报》2005 年第 2 期，第 45—47 页。

第三节　事业理论

在《管理的实践》一书中，德鲁克另一个主要的贡献是提出了事业理论（The Theory of Business）。目标管理思想一经提出很快就发展成为革命性的管理理念，而事业理论的影响到若干年后才逐渐显现其光彩，对战略管理思想的兴起具有启发性意义。

事业理论是德鲁克本人极为看重的一个思想工具。事业理论从企业理论引申而来，既然企业的目的是创造顾客，那么谁是顾客呢？围绕这个问题，德鲁克发展出了“事业理论”[①]。事业理论提出了这样三个基本问题：我们的事业是什么？我们的事业应该是什么？我们将来的事业是什么？这些问题的答案不是由生产者决定的，而是由顾客决定的。

德鲁克在《管理的实践》中提出这三个基本问题时，事业理论已经具备雏形。此后，德鲁克在《管理：使命、责任与实务》中对这个理论进行了进一步的完善。1994 年，德鲁克吸取了战略管理理论方面的新知识，在《哈佛商业评论》

---

① 事业理论（business theory），也有翻译为“经营理论”。在《管理的实践》中德鲁克并没有为这一理论命名，后来在 1994 年哈佛商业评论中发表《事业理论》一文对这一理论做了总结。

上以“事业理论”为题对这一思想进行了总结[①]，最后形成完整的事业理论，这篇文章在形式上比早期的论述更加结构化。德鲁克在这篇文章中第一次明确提出了事业理论的假设条件和适用范围，并其中借鉴了普拉哈拉德（C. Prahalad）核心能力理论的思想，使其事业理论发展成为一种成熟的战略管理理论。

为了回答事业理论的三个基本问题，德鲁克提出了事业理论的三个基本假设：第一，对组织所处环境的设想，这些环境因素包括对社会及其结构、市场、顾客、技术等的设想；第二，关于组织的使命和具体任务的设想；第三，关于实现组织使命所需的核心能力的设想。德鲁克指出，只有在一定的条件下，一个组织的事业理论才是有效的。这些条件包括：首先，有关环境、使命和核心能力的设想必须符合实际；其次，关于所有这三个方面的设想必须彼此相互适应；再次，事业理论必须为整个组织的人所知道和理解；最后，事业理论必须受到不断考验，将自我变革能力植入事业理论的内核。

事业理论帮助企业决策者系统地思考战略问题。任何组织的战略，不论制订者是否有明确的意识，都是以对环境的理解为基础的。这种理解其实是一种假设或设想，它可能是

① 1950—2002 年，德鲁克在哈佛商业评论（HBR）发表论文 30 多篇，其中 6 篇获得麦肯锡奖，在 HBR 无出其右者。1999 年，HBR 将德鲁克在该刊发表的论文结集出版，书名《P · F. Drucker on The Profession of Management》（中译名为《杜拉克论管理》）。

与环境的实际情况相符合，也可能是错误的猜想。使命和核心能力的有效性都以此为基础。战略本身无所谓对错，它是实践，实现了就是对的，失败了就是错的。即使在一个特定时期行之有效的战略，随着时过境迁，它所隐含的对环境的设想也会在不知不觉中脱离了实际。为了避免发生这种情况，必须要每隔一段时间对企业的战略进行重新审视。因此，事业理论也可以看作是其创新理论的前奏。

事业理论的核心是为了明天的事业必须有计划地抛弃今天的事业。斯隆在《我在通用汽车的岁月》中表达了类似的思想，“1933 年，我主张和其他可比的行业相较，汽车工业中每个单位都应该更少惯性。当我瞻望未来的时候，我发现，我们的成功或对现有地位的维持，绝对依赖于我们公司放弃某项战略的能力，它使我们能够预测到各种正在发生并将继续发生的激烈变化，并使我们能够及时应付。”通用汽车抱着这样的理念，准确预测到汽车市场在 20 世纪 20 年代的变化，预测到战时生产与和平时期生产的变化，不仅成功度过转折时期，而且每经历一次变化更加前进一步。在 20 世纪 20 年代中期，福特还在努力地沉浸在“T”形车幻想中不能自拔时，斯隆领导的通用汽车公司就提出了“年度车型”战略，以每年推出新车型的承诺逼迫自己主动放弃旧车型，无论它曾经多么成功。

事业理论使许多著名企业的管理者受到启发，站在潮流之先，以前瞻性的战略思维引导企业获得成功。不仅通用电气公司根据这一理念设计的“数一数二”战略取得了极大成功[①]，戴尔公司也深受事业理论的影响，“分析戴尔成功的原因，我们发现，其成功主要得益于该公司出色的经营理论，可以说，戴尔的成功完美地诠释了德鲁克的经营理论”[②]。

1980 年，杰克·韦尔奇担任首席执行官（CEO）之时，通用电气公司（General Electrics，以下简称 GE）是一个经营正常财务状况良好的公司，财富 500 强中排名第 10。由于公司多年来实行多元化战略，公司的经营范围涉及从洗碗机到飞机引擎、从冰箱到油田的庞杂业务领域。这些业务各有各的行业特点和发展规律，韦尔奇感到整个公司难以形成明确统一的战略。他上任不久拜访了德鲁克，德鲁克向他提了一个问题：如果你当初没有进入某个领域，你现在还打算进去吗？韦尔奇沿着这个思路来思考公司的各种业务，最终提出一个简单明了的战略：“数一数二，整顿、出售或者关闭”，意思是说只有在行业中居于数一数二地位的业务才予以保留并集中精力发展壮大之，对于其他业务则整顿、出售乃至关闭。这个目标很简单，但是要将它灌输给全部 42 个战略经营单位却极不容易，韦尔奇花费了极大心血与这些部门沟通。随着数一数二战略目标的实施，业务的断然出售和对公司的大范围整顿，整个公司充满了混乱、焦虑和困惑。在 5 年的时间里，大约 1/4 的员工离开公司，总人数约 11.8 万人。韦

---

① ［美］Jack Welch、John A. Byrne 著（曹彦博等译）:《杰克·韦尔奇自传》，北京：中信出版社 2001 年版。

② 李风云:《只有优秀的经营理论才能造就优秀的企业——戴尔诠释德鲁克》,《企业管理》2004 年第 11 期。

尔奇这时还要火上浇油，他投资约 7500 万美元在总部修建健身中心、宾馆和会议中心，并将管理中心修葺一新。杰克每天面对质问，他的解释是：花这些钱与业务紧缩两者是一致的，是为了实现公司的目标。韦尔奇在 2000 年退休。在他执掌 GE 的 20 年里，他使 GE 的市值达到 4500 亿美元，增长 30 多倍，公司在财富 500 强的排名上升到第 2 位。

GE 是第一家在主流业务还很健康和赢利的情况下开始太规模进行调整以增强自身竞争力的大公司。这与克莱斯勒和 IBM 的情况完全不同，克莱斯勒在政府的担保下苦苦挣扎以避免破产的命运，IBM 公司在 20 世纪 90 年代初也不得不在危机中重振。20 世纪 80 年代初期，尽管 GE 表面上经营状况还好，实际上面临着潜在的危机，美国经济处于衰退状态，通货膨胀严重，来自日本的竞争形势严峻。美国企业面临着一个战略转型时期，一个以多元化战略为标志的持续增长时期即将结束，企业界信奉的“不要将所有的鸡蛋放在一个篮子里”已经过时，取而代之的信念是“只有偏执狂才能生存”。

德鲁克一直在警告企业家，尤其是那些正沉浸在成功中的企业家，注意市场风向的变化，要想继续成功，就要经常审视并主动调整战略。德鲁克的警告促使韦尔奇最早注意到了这种变化，第一个采取了断然行动，使 GE 避免了衰退而从成功走向更加成功。

这不禁令人想到华佗的故事。华佗医术高明，曾经为关公刮骨疗毒。人们称颂他医术神妙，他却说，我们兄弟三人都以行医为业，我是其中医术最差的。我的二哥在病人刚起病时就能确诊，所以他的名声只有方圆十里之内的人知道。我的大哥是在病人还没有感觉到症状时就能防患未然，所以只有附近乡邻知道他的名字。我则往往是在病人到了垂危时出手救人，所以大家都知道我。其实，我的医术是最差的。正因为如此，韦尔奇在 20 世纪 80 年代中期被评为“最强硬老板”，而到他功成身退之时，却赢得“全球第一 CEO”的美誉。

戴尔公司的总裁迈克尔·戴尔与韦尔奇相比，可说是美国新一代商界精英。戴尔也在实践中体验到了事业理论的力量。在戴尔创立之前，长期以来，计算机制造厂商都是通过经销商来销售电脑，连 IBM 也是如此。这种经营模式提供的是标准化配置的电脑，难以满足消费者的个性化需求。戴尔认为，这种间接销售模式是建立在顾客对自己的需求一无所知的假设之上的，而这个假设已经过时了，而今天的很多顾客是与电脑一起长大的，而且顾客会越来越有知识，也会有更高的要求。如果自己的假设成立，电脑行业就存在尚未满足的巨大需求。

那么，要建立一个什么样的企业才能满足这个需求呢？戴尔提出了企业的使命：改进电脑购买 / 销售流程，把电脑直接销售给顾客，将中间环节的利润回馈给顾客。这时，恰逢英特尔公司推出 486 芯片，借此东风戴尔比 IBM 领先一步制造出更好的电脑。并且凭借直销方式，在电脑行业牢牢站稳脚跟。按照戴尔的话说，关于行业的假设以及戴尔公司将要做什么，是戴尔电脑公司诞生的核心概念。戴尔十分清楚，公司要想基业常青，必须建立起实现使命所需的核心能力。直销给顾客创造了最大价值，但它并不是核心竞争能力，核心能力存在于具有竞争优势的价值链，确切说是低成本配件供应与装配运作体系。通过综合价值链管理，将产品成本降到最低，对顾客需求能够快速、及时、准确地做出反应，从而支持直销战略。戴尔在如今这个不断变化的世界里保持这个优势的价值，还需要不断审视自己的经营理论。在对企业的组织环境和使命做出准确假设的基础上，判断自己的经营决策是否偏离了核心能力。

正如德鲁克指出的那样，任何一种战略在实施至多 20 年以后就会过时，任何一个理论在有效运用多年之后也会变得不合时宜。通用汽车公司的管理层一直坚持斯隆管理哲学，到 20 世纪 80 年代将斯隆的遗产享用完毕时，同样不得不经历艰难的变革。

第四节　工业社会的新问题

在《管理的实践》中，德鲁克还提出了一些需要继续探讨的新问题。20 世纪 50 年代，美国社会进入战后发展的黄金时期，社会和经济的迅速发展改变着企业的面貌，也为企业管理带来许多新的问题。此时，美国的工业化过程基本完成，企业开始大规模自动化改造。自动化改变了企业的生产方式，也改变了工人的工作方式，对管理人员提出了严峻考验。不仅如此，战后高等教育的迅速发展改变了劳动力的素质，对知识工作者（Knowledge Worker）的管理问题初露端倪。

首先是前面讨论过的管理层的合法性问题。到 20 世纪 50 年代，美国大多数大型企业已经转变为现代公司，所有者淡出了企业经营的舞台。但从法律上讲，董事会作为所有权的代表机构是企业中唯一合法的管理机构，尽管他们实际上已经衰落为橡皮图章。

德鲁克认为，管理层合法性问题的关键在于企业的高管层，也就是总经理和董事会的组成及职能。董事会衰落的局面必须扭转，董事会继续衰落对管理层的合法地位是一个严重威胁。但董事会回归管理机构的地位也是不现实的，唯一出路是转变功能，由管理机构转变为监督机构。

德鲁克在这里还提出了“外部董事”的概念。他主张董事会必须与实际经营相脱离，公司的高级管理人员不应该在董事会中占有主要地位。如果董事会真正是一个外部人员的董事会，其成员大多数从未作为公司的正式管理人员的话，董事会将更强大、更有效。虽然他也承认外部董事更容易受到总经理的摆布，但他辩解说，虽然一个内部董事会不会被他人愚弄，但是它能够轻而易举地愚弄他自己。总的来说，德鲁克在讨论公司治理结构问题时，主要着眼于治理机构的内部结构，而忽略外部监督机制如上市公司信息披露制度和外部审计制度的作用。

在工业化社会兴起之初，德鲁克极力为大型企业组织及职业管理层的合法性辩护。而到20世纪80年代，职业经理已经逐渐失去了所有权的支持之时，德鲁克再次对管理层的合法性表示忧虑。合法性在德鲁克看来就是维持一个社会秩序稳定的基础。德鲁克将“地位”“功能”“合法性”等社会学和政治学范畴的概念引入管理，一些评论家对这种“宏观思维”大加赞赏，而另外一些评论家则批评德鲁克在引用这些概念时缺乏严谨的逻辑论证。

公司治理结构由于与权力和政治相连，不同时期有不同情况，但始终是一个难题。到了20世纪80年代，发达国家已经转变为一个雇员社会，通过养老金及其他方式，国民收入的80%以上为雇员所有。企业雇员实际上已经通过养老基金获得了企业的所有权，但是他们却并没有相应的责任，也没有相应的地位。当然，这是后话。

其次是管理和管理层的前途问题。

今天，人人都在谈论虚拟组织、扁平组织和减少管理人员，其实这并不是一个新问题。管理和管理层的功能、结构与规模一直都在变化，这些变化一直在对管理人员提出考验。

20世纪50年代管理人员面临的考验来自自动化革命。这个时期是自动化革命的高潮时期，自动化革命带给人们的恐惧和疑惑，恰似信息革命带给我们的那样。在想象的自动化世界里，许多人预言除了工程师和机器人以外，管理人员和工人都将失业。

德鲁克在研究了一些典型案例之后肯定地说，自动化并不是如人们想象的那样纯粹是以技术为特征的[①]。如同每一种技术一样，自动化主要是一种概念体系，通常所认为的新技术将以机器人取代人工的想法是完全错误的。自动化是一种新的生产方式，它也是一种新的生产逻辑。管理者对生产体系的逻辑理解越正确，运营越清楚、越理性，生产的制约因素就越少，机会就越多。按照自动化生产的逻辑，它将需要大量非常熟练的受过培训的人员，包括管理人员、技术人员和熟练工人，而将被取代的主要是半熟练工人。新技术不会使管理人员成为多余之人，也不能用技术人员取代他们。自动化不会以一股突然而至的潮流将人们淹没，它将逐渐平稳地渗透进来。自动化不会是剧变，所谓的“自动化革命”将是一种渐进的、非常不平衡的过程。总之，自动化不仅是机器与设备的革新，而且将按照新的生产原则来组织生产过程，管理人员必须理解和贯彻新的生产原则。

新技术并不是管理人员的终结者，但它提出了新问题和新要求。事实证明，自动化只是将就业机会从报酬较低的体力工作转移给报酬更高的专业工作或技术工作。通用汽车的前董事长阿尔弗雷德·斯隆在高技术时代之前就预言：“人们普遍认为如果工厂自动化了，就必定有好的结果。但是我们的经验表明，情况并不总是这样。”[②]20 世纪 70 年代后期，当

① P · F. Drucker, Management: tasks, responsibilities and practices, New York: Harper &Row, 1974, p121—122.

② ［美］玛丽安·凯勒著（吴则田等译）:《猛醒——通用汽车公司沉浮奋斗史》, 北京：经济日报出版社 1991 年版，第 201 页。

通用汽车感觉到外国竞争的热浪袭来时，它对工厂的自动化改造进行了大规模、长期的投资。到20世纪80年代后期，通用汽车公司在技术投资上花费了几百亿美元，结果却把公司领进了死胡同。由于工人还没有得到足够的培训，而未能熟练掌握新技术，公司缺乏大量训练有素的操作员和维修保养工人，结果自动化设备经常出故障，汽车质量相当不稳定。

在同一时期，福特汽车公司和克莱斯勒汽车公司由于缺乏资金，没有像通用汽车一样对工厂的自动化改造进行大规模投资，他们将重点放在对管理流程和工作流程的持续改进上，这样做反而取得了较好的效果。日本汽车公司在技术和人的平衡之间也比通用汽车做得要好。显然，那些致力于不断改进管理系统的公司走到了竞争的前面。而指望自动化革命魔术般变出一个全新世界的公司都没有取得成功。

面对复杂多变的情况，德鲁克总是告诫管理人员要保持清醒，不要被引起变化的某一个方面所迷惑，要像真正的管理人员那样系统地思考问题。一个世纪以来，科学技术就是这样一个因素，它那令人炫目的变化总是企图将管理人员引入迷途，诱惑他们只关注它对生产工具的影响，而忽视技术对人的影响以及人对生产率的影响。德鲁克教育管理人员不要被技术创新的成功压垮，要对管理的创造力充满自信。爱因斯坦曾经指出，科学对于人类的影响有两种方式。第一种方式是大家都熟悉的，科学直接地并且在更大程度上间接地生产出完全改变了人类生活的工具。第二种方式是教育性质的——它作用于心灵。尽管草率看来，这种方式好像不大明显，但至少同第一种方式一样锐利[①]。

另外一个问题是专业人员的管理问题。

高等教育的普及给管理带来一个新问题：如何管理迅速崛起的专业人员群体。随着二战后大学教育的普及和以自动化革命为代表的高新技术在企业的普遍应用，企业在技术和管理两个领域的知识密集程度迅速提高，专业人员成为企业内部各种群体中增长速度最快的群体。专业人员的内涵也大大扩展了，从研发部门的科研人员扩展到经济学家、统计学家、会计师、律师以至计算机专家，当然也包括管理人员。随着新技术的广泛采用，这一群体还将继续膨胀，然而直到 20 世纪 50 年代这个群体还没有明确的称呼和地位。

德鲁克一直关注着这个群体的发展及带来的管理问题，在《管理的实践》出版之前，1952 年就在《哈佛商业评论》发表了“管理及专业人员”。在这篇文章中，德鲁克借鉴了通用电器公司发明的称呼“个体专业工作者”。1959 年，在《未来里程碑》一书中，德鲁克终于给这个群体找到一个自认为满意的概念——知识工作者（knowledge worker），人们一般将他们称为“白领”。当然，这并不意味着大多数知识工作者都是管理者，因为知识工作也像其他任何工作一样，有些是无技术可言的琐碎杂事。

即使给专业人员找到了一个“知识工作者”这样的称呼，

---

① 何亚平、张钢著:《文化的基频——科技文化史论稿》，北京：东方出版社 1996 年版，第 2 页。

也没有办法确定针对这个群体的管理政策，它只是说明了确实有问题。相当一部分知识工作者在职能部门工作。在目标管理理论中，德鲁克已经感到职能经理的工作对目标管理是一个挑战，现在专业人员群体的崛起更增加了这种困难。这是一个全新的管理领域，过去针对蓝领工人发展出来的管理办法对新兴的白领大军几乎完全不合适。最典型的，建立在劳动定额和计件工资基础上的衡量蓝领工人工作效率的办法及报酬奖励标准就不能适用于专业人员。

我国长期将专业人员归入“知识分子”并定位为“工人阶级的一部分”。德鲁克显然不同意这个分类方法，但在《管理的实践》中德鲁克还对如何给这类人员定位犹豫不决：专业人员既有经理的特点，又有工人的特点，还有不同于这两者的新特点。德鲁克认为，专业人员不同于管理人员，两者之间的主要区别在于责任和业绩标准方面的差异。管理人员对单位的工作绩效负责，也就是说他必须对其他人的工作承担责任，而专业工作者只需对自己的工作负责。由于责任不同，他们各自的工作目标和衡量标准也不一样。管理人员的工作目标直接围绕企业的经营目标来制定，这些目标构成评价其工作绩效的标准，虽然专业人员也要对企业绩效负责，但他们是对自己的工作绩效负责，衡量专业职务的标准主要是专业水平。虽然这些区别或界限本身有时是模糊的，但无论如何必须将两个群体区别对待，将专业人员归入管理人员的一部分不仅不能解决问题，反而会把事情弄得更加糟糕，它会带给管理人员和专业人员不切实际的幻想，这种做法正是造成专业人员队伍的不满和不稳定的根本原因。

比如，我国高校中博士竞争科长的现象，就是这种矛盾的表现。根深蒂固的“学而优则仕”思想，表明了专业人员的一种普遍性期望：有朝一日“升迁”到管理岗位。也就是说，专业工作本身并不是目的，而仅仅是通向管理职位的工具。这种体制的结果必然是，优秀的专业人士缺少继续在专业上努力的动力，而管理阶梯上却充斥着郁郁不得志的庸才。

德鲁克特别指出，传统的社会主义学说把专业人员看作是无产阶级的一员，但这解决不了问题，要想管理好专业人员，那就首先必须承认专业人员是与众不同的一类人。应该将专业群体从工人群体中独立出来，成为企业除了管理人员和工人之外的第三群体[①]。

德鲁克对专业人员的工作性质和工作效率作了进一步的研究，在《管理：使命、责任、实务》一书中，德鲁克决定将专业人员和管理人员归为一类。在1985年出版《卓有成效的管理者》中，德鲁克更加明确地指出，本书中的管理者泛指那些必须在工作中运用自己的职位和知识，做出影响整体行为和成果的决策的知识工作者、管理人员和专业人员[②]。德鲁克一贯不是特别注意概念一致性，在不同著作中，往往根据论题的需要确定概念的范围。读者如果机械地理解这些

① P・F. Drucker, Management: Tasks Responsibilities Practices. New York: Harper &Row, 1974, p376.

② ［美］P・F. 德鲁克著（许是祥译）:《卓有成效的管理者》，北京：机械工业出版社2005年版，第12页。

概念，就有可能陷入迷惑。就专业人员这个概念及其与相关概念的关系而言，尽管德鲁克在不同著作中的界定稍有不同，但由于是从不同的方面来讨论问题，因此，其观点并不矛盾。

《管理的实践》就像是论文集，这种写作风格在后来的《管理：使命、责任、实务》等管理著作中保留下来。习惯于阅读学术著作的读者往往对德鲁克论述风格感到困惑，觉得它们缺乏严密的体系。

20 世纪 50—60 年代是战后世界经济发展的黄金时期，管理热潮注定要随着经济和社会的发展而到来，《管理的实践》宣告了它的到来。

第五章
热潮之后论管理

任何一家企业都应该深入思考这样的问题：我们的业务是什么？我们的业务应该是什么？任何企业都必须从界定自己的使命和宗旨入手，进而确定自己在一些关键领域中所要实现的目标。

——德鲁克《管理：使命、责任、实务》

20世纪50至70年代，西方国家经济持续增长，逐步实现了工业化。在这个时期，随着美国的工业品一起在全球扩散的，就是美国式管理。管理知识在全球的扩散过程，被称为管理热潮（Management Boom）。在长达30年的时间里，管理热潮几乎席卷全球，它永久性地改变了管理的面貌。这个过程中，美国式管理成为楷模，美国管理学在世界范围内成为主流管理学。接下来在20世纪70至80年代，西方国家经历了石油危机和日本崛起的挑战，可以看作是从工业社会向知识社会（Knowledge Society）转变的一个过渡期。在这个时期，西方国家在长期经济增长之后出现了滞涨问题，福利制度难以为继，私有化浪潮高涨。在和日本企业的竞争中，美国在一些老产业领域节节败退，美国管理范式受到挑战，管理学向着多元化的方向发展。同时，这个动荡时期也孕育了新一轮的创新创业大潮，美国社会在新经济的带领下步入后工业社会（Post-industrial Society）。

《管理的实践》出版之后，德鲁克开始步入事业巅峰期。20 世纪 50 至 80 年代，德鲁克出版了《新现实》《成果管理》《卓有成效的管理者》《动荡时代的管理》《管理：使命、责任、实务》及《创新与企业家精神》等著作，在《哈佛商业评论》等刊物上发表了大量文章，并在朋友的建议下于 1980 到 1995 年间出版了一系列论文集[①]。在这些著作中，德鲁克一方面对《管理的实践》中提出的问题继续进行了深入研究，另一方面也洞察创新经济的再度勃兴将推动美国社会继续转型，创新与创业将成为管理的核心问题。

第一节　一个阶段性的总结

1973 年，德鲁克出版了《管理：使命、责任、实务》一

① 1980 年，在杜鲁门·泰利的建议下，德鲁克开始有计划地把一段时期围绕某个主题或针对某个共同目的所写的文章和论文汇编成书。这些文章事先都曾在杂志发表，每隔 2—3 年从中选择一些受读者欢迎的文章汇集成书。一共出版了 4 本论文集，分别是:《变动中的管理界》(1982)、《管理的前沿》(1986)、《九十年代的管理》(1992) 和《大变革时代的管理》(1995)。

书，该书可以看作是德鲁克对前期管理思想的一个阶段性总结，具有承前启后的意义。

德鲁克认为，管理热潮时期传播最广的七个基本概念都不是什么新产物，这七个概念是科学管理、分权化、人事管理、管理人才培养、管理会计、市场营销和长期计划[①]。管理热潮只是促进了这些概念的传播和扩散。石油危机之后，管理热潮终因过度膨胀而走向终结。在管理教育领域，学生对工商管理课程的不满日益增多。这说明，战后以来发展起来的管理知识已经跟不上时代的需要了，管理学的基本问题需要重新定义，它的研究方法需要拓展。

德鲁克甚至认为，管理学在管理热潮时期并没有受到真正的考验，它的成功在很大程度上只是一种机缘巧合。以欧洲和日本为例，二战以来生产率的提高只能部分归功于管理改善，而在更大程度上应该归功于劳动力的转移。劳动力从农业部门向工业部门的转移在这些国家的生产率提高进程中扮演了主要角色，管理知识的普及只是起到了推波助澜的作用。然而，到 20 世纪 70 年代，劳动力的大规模转移已经结束，各个行业必须靠提高本部门的工作效率来提高劳动生产率。这意味着，今后生产率的提高将在更大程度上依靠管理。

由于经济环境已经发生了根本性的变化，不仅过去行之有效的管理知识必须重新考量，而且必须为当下的现实问题

① P · F. Drucker, Management: Tasks Responsibilities Practices. New York: Harper &Row, 1974, p27.

提供新理论和方法。德鲁克指出，20 世纪 70 年代的现实情形已经在以下几个方面提出了新的要求：其一，管理的中心将逐渐向创新功能转移；其二，管理的领域日益由企业管理扩大为组织管理；其三，随着蓝领工人的地位日益下降，知识工作者群体逐步崛起，对知识工作者的管理问题日益突出；其四，跨国经营越来越普遍，管理者必须考虑跨国公司和跨文化管理的问题。总之，在 20 世纪初以来的 70 多年里，管理主要是对现有企业的管理，创新并不是管理的中心。但是，从现在起，美国将面临又一个可以与 19 世纪末 20 世纪初相媲美的创新高潮时期，管理的中心将再度向创新转移，未来最重要的问题将是创新型组织的管理。管理者必须成为企业家，学会创立和管理创新型组织。

在《管理：使命、责任、实务》中，德鲁克对管理热潮进行了回顾和反思，对自己前期的管理思想作了总结，对一些观点做了修订和补充，并提出创新理论。德鲁克在该书的序言中详细说明了《管理：使命、责任、实务》与前期著作尤其是《管理的实践》的关系[①]。这一时期德鲁克在其他作品中继续对《管理：使命、责任、实务》中提出的某些问题的进行了深入研究。比如，《成果管理》具体阐述了企业如何通过营销和创新获取经济绩效；《创新与企业家精神》更进一步具体描述了创新来源和创业管理；《卓有成效的管理

① 德鲁克说明了《管理：使命、责任、实务》和《公司的概念》《新现实》《管理的实践》《成果管理》和《卓有成效的管理者》等著作关系，主要集中在第一部分中有关事业理论和对工人与工作的管理等问题上。

者》则讨论了知识工作者的兴起及知识的生产率问题，其目的在于使新型管理者（包括知识工作者和管理人员）的工作卓有成效。

《管理：使命、责任、实务》仍然以《管理的实践》中提出的管理的基本问题为论述框架，在结构上分三个部分：管理的任务、管理人员和最高管理层。尽管基本问题没有变，但是这些问题内涵和相对重要性都发生了显著变化。由于社会机构（social institution）的兴起，企业管理扩展为组织管理；由于知识工作者的兴起，中层管理的任务、技能和结构都发生了变化；由于20多年来经济持续增长，企业广泛采用了多元化战略；随着多元化战略代表的外延式扩张的结束，创新将成为企业新的发展战略，最高管理层的任务、结构和战略面临新的调整。德鲁克在书中介绍了大量案例，这些案例除了主要来自于美国之外，还有英国、西欧、亚洲和拉丁美洲的案例，既包括了成功的案例，也包括了失败的案例，并特别研究了日本的管理经验。

现代管理知识随着大型工商企业的发展而形成，在相当长的时期里管理就是企业管理。到20世纪70年代，事情发生了变化。管理知识的运用不再局限于企业，政府部门和社会机构也开始普遍采用新的管理思想和管理技术。

20世纪是一个组织化的世纪，组织的形态不断扩展，使管理学从企业管理学发展为组织管理学。20世纪70年代以来，各种社会服务机构（Service Institutions）广泛兴起，这些机构后来被称为非营利组织（Non-profit

Organization），它们与政府和市场一起构成了知识社会的三大部门。非营利组织多种多样，包括大学、医院、慈善机构、行业协会和各种民间组织。这些组织在运作方面遇到了许多困难和问题，德鲁克认为它们遇到的仍然是管理问题，这些问题可以通过改善管理得到解决。在企业管理中行之有效的一些基本原则如事业理论、目标管理和成果管理等等，也可以运用于非营利机构管理，德鲁克在此后致力于这一领域的研究。

一、对工人和工作的管理

对工人和工作的管理既是一个老问题又是一个新问题。20 世纪 70 年代的管理者面对的现实情况是，自动化革命改变了工作的形式与内容，高等教育的普及改变了工人的素质与需求。这二者一起使得雇员与组织的关系、工人与管理层的关系、管理性质与结构等都与过去大不相同了。首先，蓝领工人的地位日渐下降。体力劳动者在雇员中所占比例在 20 世纪 50 年代达到高峰以后一直处于下降过程，工会组织不可避免地也随之而衰落。在工业化早期，工会的成长壮大一度令企业管理层困扰不已。其次，工会的衰弱并没有使得管理层更加强大，管理层要面对一个新的混乱局面。管理层发现对知识工作者群体的管理是一个更加具有挑战性的难题。德鲁克认为，对于知识工作者而言，责任心工人的理论将更适用，因为没有人能够激励他们，他们必须自我激励、自我指导、自我监督。

二、管理人员的管理

管理的第二个基本问题是管理人员的管理，这个问题包括两个层面，第一个层面是中层管理的任务和结构；第二个层面是高层管理人员的任务和结构。知识工作者群体的迅速增长使得这个基本问题的内涵发生了根本性变化，必须重新定义管理和管理人员，并在这个基础上重新设计管理结构和组织结构。

管理和管理人员是两个处于不断演变过程之中的概念。在知识工作者兴起之前，所谓管理就是对别人的工作负责。但是，这个定义在知识社会很容易产生误导。知识工作者尤其是专业人员往往并没有下属，如果坚持这个定义，专业人员就会将晋升到管理岗位视为唯一的升迁之途，而损害知识工作者对专业的追求。德鲁克认为，必须改变视角，将目光从责任转向贡献，将管理的定义修正为“对贡献负责”，管理者就成为“对贡献负责的人”[①]。按照这个定义，管理者这个群体的范围就大大扩展了，包括传统管理人员、专业工作者及身兼两种工作的人。

在知识工人取代传统工人的同时，组织就由传统组织发展为知识型组织。在知识型组织中，知识高度专业化并且由分散的个人所掌握，这意味着高管层很难掌握做出正确决策所需要的全部知识。因此，知识型组织中的中间管理层必须

① P·F. Drucker, Management: Tasks Responsibilities Practices. New York: Harper &Row, 1974, p29.

享有更大的决策权，中层管理者不仅要学会自我管理和自我控制，甚至还有责任帮助高管层，使高管层的工作更加有效。同时，高管层不能再依靠控制而是必须依靠有效的沟通来实施管理，管理沟通因而获得了前所未有的重要性。这样一来，知识型组织中的管理者除了必须掌握传统的控制和分析技能之外，还必须掌握新的沟通技能和决策技能，其中决策技能是第一位的。

知识型组织需要新的组织结构和组织理论。战后以来，通用汽车公司的组织模式几乎成为美国大型工业企业的样板。但是，这一模式的局限性日益清楚地显现出来。首先，这一模式是针对具有多条产品线和明确市场范围的制造业设计的。在这些企业里，一个产品就可以成为一个相对独立的利润中心。但是，它对流程处理型的行业，如钢铁冶炼和石油化工企业这种一个流程生产多种产品，各种产品的市场范围又相互重叠的行业就不合适。再者，分权化模式适用于对现有业务的管理，对创新任务不合适。此外，分权化可以对最高管理层提供指导原则，而对新出现的任务团队（Task Force Team）、模拟分权化（Simulated Decentralization）及系统型结构（Systems Organization）等组织形式，仅仅依靠分权化未必合适[①]。

20 世纪 50 年代，制造业是美国经济中占据主导地位的

---

① P·F. Drucker, Management: Tasks Responsibilities Practices. New York: Harper &Row, 1974, p529.

产业，企业的组织结构是一种内部结构，企业与市场之间具有由所有权和控制权所确定的清晰边界。但是到了20世纪70年代这个前提不存在了。制造业的主导地位被服务业所取代，资源外包、企业联盟以及跨国公司的发展使得企业内部结构与外部环境之间的界线变得日益模糊。因此，在《管理：使命、责任、实务》中，德鲁克明确提出，通用汽车结构模式对大多数企业来说已经不再具有组织模版的意义了。

德鲁克开始探求一般组织理论和组织设计方法，希望从组织设计逻辑和设计方法方面寻求突破。德鲁克在联邦分权制之外增加了另一种更为基本的组织结构——职能分权制。职能分权制是一种基本组织结构，规模较小的企业一般也可以采用这一结构，只有当企业的规模足够大时才有必要采用联邦分权制。同时，德鲁克不再寻找整体组织结构的普遍模式，而是要找到构建组织的模块（Building Blocks of Organization）①。所谓组织模块，是指构成组织的基本单元，往往由一组相关的活动构成。

德鲁克曾经在《管理的实践》中提出了组织设计的三步法：活动分析、决策分析和关系分析。这一方法的基础是活动分析，活动分析的重点是关键活动（Key Activities）。如何确定关键活动的性质，进而确定这些活动归属于某一个组织模块呢？当时，已经发展出来的方法有“技术活

① P · F. Drucker, Management: Tasks Responsibilities Practices. New York: Harper &Row, 1974, p529.

动”与“商业活动”两分类法、有“直线”(Line)和“职能”(Staff)两分类法、“操作”(Operating)和“参谋”(Advisory)两分类法以及法约尔的六分类法等等。

这些方法各有千秋，但是都不完全符合目标管理的思想。目标管理强调各项活动取得的成果和对整体业绩的贡献，遵照目标管理的思想，德鲁克在其原有的组织设计三步法的基础上，添加了一个重要的新步骤：贡献分析。按照活动对组织所做贡献的种类，德鲁克将企业的活动分解为四大类：产生成果的活动、支持性活动、保健性活动和高层管理活动。

至此，德鲁克将提出了完整的组织分析的四步法：活动分析、贡献分析、决策分析和关系分析。通过这些分析将组织的各项活动分解合并成为几类组织模块，它们是构建组织的基本单位。组织模块确定以后，根据组织自身的要求并按照一定的规则将它们搭建成组织。德鲁克总结了五大设计原则：职能原则、团队原则、成果与绩效原则、关系原则及决策原则[①]。这些原则是开放式的，都是由经验总结而来并随经验的发展而发展。

德鲁克分析了几种典型的组织形式，他首先推荐联邦分权制与模拟分权制(Federal And Simulated Decentralization)。当一个组织规模超过职能原则的适用范围，又不能分解为拥有独立外部市场的自治业务单元时，可以在不同部门之间通过

① P·F. Drucker, Management: Tasks Responsibilities Practices. New York: Harper &Row, 1974, p552-553.

“转移价格”建立内部市场，使各个部门成为模拟的自治单位，从而可以继续沿用联邦分权结构。不过，转移价格毕竟不能等同于市场价格，它有许多缺点。因此，模拟分权是一种次优选择或者迫不得已的办法[①]。这种组织形式适用于规模庞大结构复杂的单一产品企业或服务性组织。

当组织结构的边界突破所有权的限制而连接为一体时，这种依据各类企业之间复杂关系构建的组织体系往往采用关系结构或系统结构。系统结构是团队结构的扩展，也是最复杂最难于管理的一种结构。只有在特定情况下才会采取这种组织结构，如美国在 20 世纪 60 年代的太空探索计划实施过程中就采用了系统组织结构，日本的财阀组织也采用了这种松散的组织结构，将众多企业联系在一起。此外，跨国公司和企业集团等组织也广泛采用了这种结构。

德鲁克在信仰方面是一个理想主义者，但在实践方面是一个彻底的实用主义者。在归纳了组织设计方面的经验之后，德鲁克总结了组织设计的基本原则：没有普遍适用的组织原则，组织设计必须以一个理想组织模式为基础。理想组织模式可以为管理者提供一个概念框架，管理者在此基础上定义组织原则、考虑组织使命、排出目标优先次序、分析关键活动，设计出合理的组织结构。尽管没有统一原则，但有几条经验是普遍适用的，其中最重要的一条是，最简洁的组织最

---

① P·F. Drucker, Management: Tasks Responsibilities Practices. New York: Harper &Row, 1974, p585-559.

有效。德鲁克强调，企业组织不能也不必像生物有机体那么复杂，检验企业健康状况的不是组织结构图是否美观清晰，而是人们在其中做出了多少业绩。

至此，德鲁克组织理论由单一的最佳模式演变成为开放式的结构，各种组织可以从最基本的职能结构到最复杂的系统结构中选择应用。德鲁克的组织理论在教科书中并没有占据重要地位，但对管理人员和咨询人员来说却很受欢迎。

三、最高管理层的管理

最高管理层是组织的核心。20 世纪 70 年代，美国大企业的最高管理层面临着几个迫切需要解决的问题：理解自己的工作任务，重新思考组织结构，在增长战略与管理复杂性之间寻求平衡。这并不是什么新问题，理论界在二战期间已经开始研究最高管理层的结构。现在，这些问题再度以新的形式表现出来，高管层必须重新思考自身的战略与结构来有效应付新的局面。

首先是理解高管层的工作任务。无论哪种形式的组织当中，每一个中层管理人员往往只需负责一项主要任务，但是高层管理人员例外。最高管理层是一个指导性机构、一个设置愿景（Vision–setting）的机构和一个确立标准的机构。最高管理层有别于中层管理的特定任务，它的任务是多维的。最高管理层确定组织的使命和目标、设立业绩标准、树立行动的榜样、平衡各种关系、主持各种仪式、处理意外事件以及履行其他职责等等，每个主管的任务篮子里都是这些任务的某种组合。

许多管理书尤其是教科书认为，高级管理人员不应该从事“操作性”的工作，并警告说，如果亲自操作他们可能陷入琐事中难以自拔。德鲁克从西门子等人的经验得出的结论却大相径庭：有效的高层管理者往往亲自从事关键性操作活动，因为这些关键性领域需要许多具体决策，非亲自参与其中不能做出准确判断。德鲁克认为将管理工作区分为决策和操作是错误的，高层管理人员要分清的是关键性活动与一般性活动。德鲁克提出两条原则为这个问题提供指导：其一，一件事情如果其他人可以做得同样好那就不是高层管理的工作；其二，高层管理人员必须放弃其原来熟悉和擅长的某个领域的操作性工作，集中精力于关键性操作。

其次是高管层的结构。由于任务的高度复杂性，最高管理层必须是一个团队。团队不同于委员会，委员会一般采取集体负责制，而团队在统一计划指导下每个成员又有明确目标和分工。除此之外，这个高层管理团队还需要一个董事会。经验证明，尽管西方各国对这个高管层的监督机构称呼不一，成员资格要求不尽相同，但有一点却是相同的，那就是这类机构没有尽到职责。董事会或者类似机构是必要的。一旦失去监督，极少数高管人员就失去了指导和约束。1985 年，美国企业和工会谈判的一个重要议题就是高级管理人员的报酬问题[①]。

---

① ［美］P·F. 德鲁克：《高级管理人员的报酬是否过高？》(1977)，参见《变动中的管理界》；《报酬过高的管理者：贪婪的结果》(1983)，参见《管理的前沿》。

在《管理的实践》中，德鲁克提出董事会不是一个管理机构，而是一个审查的机构、一个评价的机构和一个申诉的机构，只有在危急关头它才是一个执行机构。德鲁克意识到对给董事会如此定位还不够，到20世纪70年代，德鲁克将董事会任务具体化为三大职能：第一，对高级管理人员的工作做出审查和评价；第二，确定最高管理层的合理结构和人选，确保最高管理层的正常新老交替；第三，维持良好的公共关系和社区关系。不过，仅凭这些原则来解决大型公司的治理结构问题还是不够的，这个长期困扰大公司的问题至今仍未得到有效解决。

德鲁克认为，最高管理层除了要考虑与董事会的关系之外，更重要的是理解企业的规模、结构与战略之间的关系。美国企业在20世纪50—60年代将分散化和多元化奉为金科玉律，受此战略的影响，美国经历了长达10年的并购热潮。德鲁克看到，并购从表面来看只是改变了企业的规模，但实际上规模的变化将影响到企业管理的复杂程度，进而影响到企业的深层结构，最终影响到最高管理层的性质。正因为如此，德鲁克主张以最高管理层的规模和结构作为区别企业规模的关键标志：所谓小企业，就是至多只需要一个最高管理者的企业；所谓中等规模的企业（Fair-sized Business）就是需要一个最高管理团队来领导的企业，中等规模兼具大、小规模之优势，堪称是一种理想规模；大企业则是需要多个管理团队共同领导的企业。

德鲁克发现，当一个企业发展到大规模时，管理的复杂程度就会发生质变。一般来说，中小规模的企业管理采取人格化的管理是有效的，最高管理层一般通过与下属的直接接触和相互了解达成默契来行使管理职能；一旦发展为大规模，企业的内部结构的复杂程度就发生了质变，最高管理集团不能够再通过人际关系实现管理目标，它必须依赖非人格化的（Impersonal）高度结构化的复杂的正式组织进行管理。

德鲁克提醒说，从小规模到大规模的飞跃不是每个企业都能适应的，大多数企业在这个阶段由于管理不善而失败了。许多雄心勃勃的企业不遗余力追求多元化，以至于使组织规模膨胀，组织复杂到了难以管理的程度，最后也不能维持下去了。

无论一个企业采取何种战略，都必须满足不断增长的需要。德鲁克提出企业要集中资源于成果，努力实现增长。德鲁克告诫管理者，在经过了一个漫长的增长期之后，许多企业已经变得懒散、臃肿、安于现状，趋向于按惯性和传统分配资源，以求保持良好的人际关系。按成果来分配资源将是一个痛苦的转变，因为这意味着否定不合理的主张，意味着精简机构，意味着从以人际关系为中心转移到以工作成果为中心。不论是采取何种形式，增长始终是任何时期的主要管理问题，是最高管理者的职责。

德鲁克的企业增长理论与伊查克·麦迪斯的企业生命周期理论有相通之处。麦迪斯认为，企业的增长与个人的成长相似，成长不仅是个头长高，还伴随着心理和行为的改变。成长并非对每个企业都是一件好事，成长会带来紧张、压力和混乱，甚至可能迫使原来的管理者退出企业权力中心。可是，企业并不能因为成长可能带来的烦恼而拒绝增长，一个成熟的大企业只有在经受了生命周期过程的种种磨难和考验之后，方能成大器[①]。

追求增长是企业采取多元化战略的根本动机。不过，德鲁克认为多元化并不是企业增长的唯一途径。合资与合作有时是更好的解决方案。通用汽车公司曾经为了解决汽油引擎的爆震问题而研制了一种新型汽油，有人建议斯隆购买一家中等规模的石油公司作为这种产品的分销系统。斯隆拒绝了，他和新泽西标准石油公司成立了一个合资企业来解决这个问题。合作经营的结果表明，通用汽车从这个合资企业的获益比自己经营一家石油企业要丰厚得多。

尽管德鲁克是多元化的坚决反对者，他还是考虑到管理者必须经常面对的增长压力。退一步说，即使一定要采取多元化战略，也只能是正确的多元化，要尽量避免落入错误多元化的陷阱。只有在业绩上可以与集中战略媲美的多元化才是正确的，正确的多元化企业的各项业务有一个共同的统一核心（A Common Core of Unity）。一般来说有两条途径可以为多元化建立秩序：那就是核心市场或/和核心技术，违背这一原则的多元化战略是不可管理的。实际上，成功的跨国公司仍然那些是具有“统一核心”的公司，只不过他们的活

① ［美］伊查克·麦迪斯著（孙耀君译）：《企业生命周期》，北京：中国社会科学出版社 1987 年版。伊查克·麦迪斯根据各个时期问题的特点将一个企业的成长过程分为孕育期、婴儿期、儿童期、青春期、盛年期、老年期等几个阶段，并为每个阶段遇到的问题开出了处方，麦迪斯成立了一个研究所来推广他的独特疗法。

动领域超越了国家和文化，管理的复杂性因此而增加。

到 20 世纪 70 年代已经看得很清楚，真正称得上成功的企业，不是分散经营的企业，更不是企业集团（Conglomerates），而是 IBM、施乐、索尼和本田等企业。这些企业都只围绕一个核心，或是一个核心产品，或是产品线，或是一个核心市场，或是一个核心技术。这些企业的经历表明，一个企业分散程度越低其组织越简洁清晰越易于管理。在这种组织中，人们才能看到自己的工作与整体业绩之间的关系，各种资源和努力才能集中于产生成果的领域，成果和业绩才能被清楚地定义、考核和评价。

社会责任是企业管理的一个重要维度，企业的社会责任这个问题一经提出就成为管理学和经济学的重要命题。德鲁克对这个问题的认识随社会组织的分化而发生了变化。在《公司的概念》中，德鲁克主张大企业作为社会的领导力量应该主动承担起社会责任。在《管理：使命、责任、实务》中，德鲁克对社会机构仍然采取了两部门分类法，他将社会机构分为企业和政府两个部门，主张社会责任由这两类机构分担，提出了企业社会责任的边界和商业道德的约束力。

20 世纪 90 年代以后，西方社会进一步分化为三大部门，即政府（第一部门）、企业（第二部门或私人部门）以及 70 年代以来新发展起来的非营利部门（第三部门或公民社会）。社会责任在这三大部门之间的分工如下：第一类是由企业行为引起的责任，企业对于自身行为的后果负有不可推卸的责任；第二类是与特定的社会群体有关的社会责任，如扶助孤寡，这类责任将主要由非营利机构承担；第三类责任与所有社会成员有关，这类责任由政府部门来承担是合适的。根据权责对等的观点，责任所在就是权力之所在，在责任归属可以明确的情况下，德鲁克接受了斯隆的“权力与责任”的观点，他告诫企业除了份内责任之外不要涉足政府和其他社会组织的责任领域，否则就是不负责任的权力迷恋。总之。无论社会如何变化，始终必须要有人或机构对社会问题负起责任。

第二节　创新理论

1976 年是美国杰弗逊总统（Thomas Jefferson，1743—1826）发表《独立宣言》200 周年。因此，20 世纪 70 年代被一些历史学家称为美国第三世纪的开端。第三世纪一开始，美国社会就遭遇了“水门事件”、石油危机、金融体制变革、滞胀等危机。从马歇尔计划时期到 20 世纪 70 年代中期的 25 年，西方国家经历了一个前所未有的经济持续增长时期，这是世界经济经历的最迅速、最广泛的发展时期。这个时期经济发展呈现出很高的可预见性，主要发达国家的发展基本上是沿着二次大战以前展现出来的趋势继续前进的。

然而，这个时代不可避免地结束了。德鲁克在《动荡时代的管理》中谈到，在 20 世纪 70 年代，经济史上最长的持续增长时期结束了，美国步入了动荡年代，经济和社会发展不可能继续沿袭这一模式了[①]。

技术的迅猛发展成为世界经济和社会变化最重要的根源之一。技术的变化使得工作和工人的性质发生了变化。德鲁克发现，长期以来技术发展一直遵循着某种稳定的规律，科研转化为生产力的时滞是大约30年至40年。20世纪70年代以前运用的技术大多发端于二战前后。以电子工业为例，电子科学知识的基础在20世纪40年代初期就已经打下了。由于技术的变化周期较长，每一代人总以为自己处在前所未有的技术创新时期。事实上，直到20世纪80年代之前，技术发展一直处于一个持续期。这一时期技术变化最主要的特征不是创新，而是现代技术在全世界范围内的扩散。

自20世纪80年代开始，这个技术持续期结束，世界逐步进入一个新的技术革命时期。这场技术革命与以往不同，其最突出的特点是当代科学由“小”科学变成了“大”科学。随着以微电子与信息科学技术为核心的新兴科学技术群的形成和深入发展，一场以信息、生物、新材料、新能源、空间、海洋等学科为主体的当代科技革命勃然兴起，这场科技革命就是大科学时代到来的标志，其主要特点是规模大、作用大、影响大[②]。

---

① ［美］P·F. 德鲁克著（姜文波译）:《动荡时代的管理》，北京：机械工业出版社2006年版，第11页。

② 何亚平、张钢著:《文化的基频——科技文化史论稿》，北京：东方出版社1996年版，第266—267页。

20 世纪 80 年代开始，美国自工业革命之后开始再度涌现创业潮，创业潮推动美国经济在克林顿执政时期再次经历了奇迹般的长期增长。推动这一次经济增长的力量已经不是来自《公司的概念》和《管理的实践》等著作中提到的人物，而是新一辈创业者。未来经济增长将不再以现有业务的增长为基础，而是以创新为动力，以新产业的发展为动力。这些变化给组织和管理带来新的挑战。管理者不仅必须学会对创新业务的管理，还必须学会管理创新型组织。创新型企业的增长将以知识为主要生产要素，以专业人员为主要劳动群体。管理者将面对与曾经熟悉的经营环境完全不同的新形势，面对一个由创新和创业精神主导的知识社会[①]。

德鲁克 1985 年出版了《创新与企业家精神》，讨论了新一轮创业潮时期的管理问题，这是工业社会向知识社会转型的核心问题。

创新是人类文明进步不竭的动力。近百年来，哲学家亨利·柏格森、伯兰特·罗素、社会学家塔尔德、经济学家熊彼特、历史学家汤因比都从不同角度确证了创造力的价值，肯定了创新的意义[②]。柏格森在《创造进化论》中指出，时间意味着发明，意味着形态的创造以及新事物的不断产生。对有意识

① 德鲁克在 20 世纪 50—70 年代陆续出版了一些社会学著作:《新社会》(1950)、《美国今后 20 年》《未来里程碑》(1959)、《不连续的时代》(1969) 和《养老金革命》(1970)，这些著作对管理面临的社会环境进行了剖析。

② 夏保华:《创新：21 世纪的精神》,《东北大学学报(社会科学版)》2001 年第 1 期。

的存在者来说，存在就是变异，变异就是成熟，成熟就是无限的自我创造。生命就是持续不断地成长，永无止境的创造。罗素在《自由之路》中说，具备创造而非占有精神的人，自有一种特别的快乐，这快乐是不可剥夺的。塔尔德认为，发明是个人创建，也是通向富裕的首要条件。社会生活中变化的诸因素，即偶然性和原动力，是在以个人的创见为基础的发明中体现出来的。英国历史学家阿诺德·汤因比在《历史研究》中揭示这样一个规律：文明的起源既不是由于种族的因素，也不是由于地理环境，而是由于相互交替的“挑战与应战”。社会环境向一个社会不断进行挑战，而这个社会则通过它的创造力不断应战。一旦创造力丧失，文明必然衰落。

在继承这些思想的基础上，熊彼特提出了自己的创新理论，将经济发展的实质和根本现象归结为创新。他用经济学的术语阐释创新，所谓创新就是建立一种新的生产函数，也就是说，把一种从未有过的关于生产要素和生产条件的“新组合”引入生产体系之中。企业家的职能就是创造性地引入新组合。

现在人们在谈到创新时，第一个提到的总是熊彼特对创新的定义。其实在管理学的古典时期，法约尔就视创新为一项基本的管理原则，这就是人们熟知的法约尔 14 管理原则中的第 13 条原则——首创精神。法约尔认为，全体人员的首创精神对于企业来说是一股巨大的力量，在其他情形一样的情况下，一个能够发挥下属人员的首创精神的领导要比不能这样做的领导高明得多。

德鲁克对创新的定义简单明了，所谓创新就是赋予资源以新的创造财富的能力。有两种创新：第一种是技术创新，它在自然界中为某种自然物找到新的应用，并赋予其新的经济价值；第二种是社会创新，它在经济与社会中创造一种新的管理机构、管理方式或管理手段，从而在资源配置中取得更大的经济价值与社会价值。任何组织（包括企业、政府、大学、医院）都可以创新，都可以发挥创业精神。创新与创业精神必须成为维持经济和社会之生存所不可或缺的活动，创新和创业精神将使所有社会、经济和公共服务事业更有灵活性和自我更新的能力。

德鲁克自20世纪50年代中期开始有关创新的研究，到1985年完成创新理论，前后历时20余年。尽管德鲁克在《管理的实践》《管理：使命、责任、实务》及一些早期的论文都已论及创新问题，但最终在《动荡时代的管理》（1984年底）与《创新与企业家精神》（1985年初）中论述了完整的创新理论。德鲁克多年潜心研究创新理论并不仅仅是为了经济目的，而是为了各种社会机构能够履行其职责的需要，归根到底仍然是为了实现其社会理想。德鲁克希望借助创新实现以往通过暴力革命才能实现的目标，在不需流血、没有内战、没有集中营、没有经济崩溃的情形下，通过创新和创业这种和平的方式实现社会的更新和发展[①]。

---

① ［美］P·F.德鲁克著（柯政译）:《创新和企业家精神》，北京：工人出版社1989年版，第69页。

在《管理的实践》中，德鲁克首次提出了任何企业有且仅有两种基本职能，那就是营销和创新职能。但如何刺激、引导企业及社会机构做到有效创新并未深入研究。一方面，创新仍然主要被视为是技术创新，管理创新被排除在创新的大门之外。另一方面，创新被视为企业的独有任务：其他社会机构毋须具有此种功能。在《管理：使命、责任、实务》中，德鲁克进一步讨论了创新的性质与意义，形成了创新理论的雏形，指出了创新不仅是企业的任务也是社会机构的基本任务，成功的创新需要有效的管理，创新的来源有迹可循等等基本原则。

在《管理的前沿》中，德鲁克讨论了发展高新技术产业与发展传统产业之间的关系，以及技术创新与社会创新之间的关系。上述这些论述中，一些观点已经成熟，比如创新的基本假设、创新的性质和意义、创新的组织等，这些观点与德鲁克一贯秉持的基本观念相一致，后来也没有做大的修订。另一些问题还有待继续探索，这些问题主要与创新实践有关，如对创新和创业活动历史的研究和总结、对创新的来源、创新的根本动力以及不同类型组织的创新途径等等都有待进一步研究。

在《动荡时代的管理》和《创新与企业家精神》中，德鲁克在总结上述这些有关创新的知识的基础上，提出了完整的创新和创业管理理论。在《动荡时代的管理》一书中，德鲁克首次对创新给出了明确的定义，指出创新并不是一个单纯的技术概念，创新是一个经济和社会概念，是当社会、经济及技术方面发生变化时，对于这种变化所带来的机会的系统运用。创新是一个系统工程，包括：有系统地抛弃昨天；有系统地寻求新机会；自觉自愿地以企业家精神来组织企业活动，以开创新行业为目标；自觉地在现存的管理结构之外，独立地建立一个开创性的冒险事业；自愿更新统计口径，以适应创新管理，并为创新者制定合适的补偿政策。在《创新与企业家精神》一书中，德鲁克详细考证了历史上的创新和创业管理经验，找到了创新的根本动力——企业家精神，将创新定义为企业家精神的产物，提出了创新的来源并总结了创业战略。

德鲁克提出，由于创新业务与现有业务对未来的假设具有完全不同的性质，管理者必须根据这两种不同业务的不同特点分别采取不同的战略。

一般地说，企业对所有现存业务采取的主要是最优化战略。这一战略思想的基本假设前提是，今天的产品和服务、今天的分销渠道、今天的技术和流程在未来还会继续有效。德鲁克将既有业务战略概括为“更多更好（Better and More）”，追求对现有业务流程的持续改善。创新业务隐含的假设恰好与此相反。创新行为本身意味着所有现存的事物正在老化，现存的产品与服务、渠道与网络、技术与流程迟早会走向衰亡。德鲁克将创新战略概括为“标新立异（New and Different）”。

德鲁克关于创新的假设与他在事业理论中提出的关于未来的假设是一致的，但创新理论比事业理论更加积极主动。在一个技术持续期内，采取最优化战略的管理型组织是能够适应外部环境的；但是在一个技术革命时期，企业只有主动摆脱昨天才能重新获得增长机会，而摆脱昨天的唯一办法就是创新。德鲁克总是比一般人更加关注未来，对于留念昨日这种人之常情可能导致的惰性十分警惕。他坚决反对管理者将资源花费在对过去决策的修修补补上，他不停地激励人们昨日之日不可留，在昨天的决策变成灾难之前主动抛弃它。

在一般人眼中，创新是很困难的事情。德鲁克首先破除了人们对创新的神秘感，就如同泰罗当年成功地破除人们对手艺的神秘感和他自己当年成功破除了人们对管理的神秘感一样。创新和企业家精神都不是什么神秘的新东西。创新与创业精神是一种需要管理的系统性工作，并且应该被看成日常管理工作的一部分。很多人早就成功地创新和创业过，今天的大企业无一不是创新和创业成功的有力证据。和管理的其他领域一样，创新和创业是一种需要知识积累为后盾的实践，是有规律可循的，是可以学习的。

德鲁克认为创新与组织的规模无关，与组织的性质无关，与创业者的个性无关。在众多的新企业、小企业中，只有少数企业家称得上是创业家（与“企业家”是同义语），而一些具有悠久历史的大企业并不缺乏创业精神。创新与组织性质也没有什么关系。现代大学就是一个非常好的例子，现代大学的模式是由德国外交家威廉·洪堡（1767—1835）创造的[1]。德鲁克经过30多年的观察发现，越是具有多重性格的人，就越能应付创业的挑战，但是创业精神是一种行为而不是个人性格特征。这一点很重要，因为如果创业精神是由个性决定的，那就意味着创业精神是天生的，是不可学习和传授的。心理学研究表明，个性作为一个人的基本气质与能力的综合是在早年形成的，在成年以后保持相当的稳定性。与改变一个人的行为相比，改变一个人的个性要困难得多。从经验观察来看，创业精神与个性无关，人人都可以通过学习创新原则以指导行为，人人皆可以成为创新者。

创新要有投入，创新还有风险，然而与墨守成规相比，创新成功带来的收益足以补偿风险而有余。创新失败固然糟糕，但出师不利还不算最凶险的，最危险的陷阱是那些“鸡肋型”的项目，这种项目看似成功在即，引诱管理者继续不断投入资源，然而成功却永远可望而不可即，让人难以决断，在泥潭中越陷越深。创新的魅力在于即便10项创新只有一个取得真正的成功，企业就将大有收获。

有效的管理可以大大降低创新的风险。对于这个问题，一些企业在实践中摸索出了有效的办法，通过对创新过程的严格控制可以避免这种情况。比如，海尔公司对就确立了项目中期检查制度，所有立项的研发项目，根据项目进展程度决定投入力度。企业首先投入计划投入经费的1/3启动一个

---

① ［美］P·F. 德鲁克著:《创新和企业家精神》，北京：工人出版社1989年版，第26页。

项目，如果这笔经费花完而项目进展程度不到1/3，那么如果没有充分理由，就会停止继续投入资源。如果投入项目失败会对这个研发小组今后申报项目的增加限制。海尔公司通过这种方式较好地控制了创新的风险。

当然，这种短期评价的方式可能与科研的不确定性之间存在矛盾，还需要进一步改进。不仅有效的风险管理可以降低风险，企业之间的合作也可以使风险得到分担。然而，风险可以被分担却不能被消除，未来的不确定性决定了风险终究是风险，每一个组织总要为之付出代价——创新的代价或不创新的代价。那么，谁来为创新的风险买单？只有用今天的盈余为明天的创新买单。所以德鲁克说：利润？根本就没有什么利润，利润只不过是投资于未来的成本。

第三节　创新和创业管理

许多管理教科书将创新视为与计划、组织、领导、控制并列的一项管理职能[①]。但创新是业务而不是职能，创新是创建一个新的管理过程，而不是管理过程的某个环节。德鲁克所讨论的创新是开创一个新的行业，不是发明一个新产品或修改一个旧产品，是在原有事业之外创立一个冒险性的新事

① 周三多、陈传明、鲁明鸿编著:《管理学——原理与方法》(第三版)，南京：南京大学出版社2002年版，第16页。

业。从创新机会的识别，创业战略的选择到创业组织的管理，创新都具有与现有事业不同的特点。德鲁克依据多年对创新实践的研究，总结出了创新的来源和创业的战略。

创新机会存在于变化之中，因此系统创新就是有目的有组织地探索这些变化，并系统地分析哪些是可能提供创新机会的变化。一般来说，大多数创新都是利用正在出现的变化，只有极少数革命性的创新本身就构成重大变化，这些开创新时代的创新是例外，例外是没有规律可以追寻的，因而它们不是德鲁克关注的重点。德鲁克关注和研究的中心是对变化的适应与利用，是有迹可察、有例可循的创新，是可以学习的创新，是系统创新。

德鲁克总结了系统创新的七个来源，并将这七个来源按照可信度和预期程度的进行了排序。前四个来源来自组织内部。只有身处其中的人们才能觉察到变化的征兆，这些变化最有可能发展成为创新机会。这四个来源分别是：意想不到事情（包括他人或自己意想不到的成功或失败）；不协调的现象；流程的需要；产业与市场结构的变化。另外三个来源是外部环境的变化：人口变化；观念变化；科学或非科学领域的新知识。出人意料的是，德鲁克将“新知识”排在这七个来源的最后。德鲁克认为，新知识特别是科学方面的新知识并不是成功创新的最可靠最可预期的来源。恰好相反，新的科学知识属于最不可靠、最不可预知的一种来源，同时也是准备时间最长花费最大的一种来源。

以上是七种可以有系统的进行和管理的创新之源，除此之外，还有一条独辟蹊径的创新之路——“偶然的灵感”或者说是“灵机一动”。就数量而言，在偶然灵感启发下导致的创新比其他原因引起的总和还要多，如拉链、圆珠笔、喷雾器和易拉罐等都是灵机一动的结果。不过灵机一动也是最冒险和成功率最低的创新来源，由这类创新获得的专利仅有不到1%能够赚回专利申请费用。这种个别的创新活动不能预测，难以组织，也不能被系统化。因此，企业家应当将关注的重点放在系统创新领域，灵感性创新是附属性的。

德鲁克研究了大量的事例之后，发现系统的、有目的性的创新占到了所有有效创新的90%，这类创新应该成为创新和企业家精神理论与实践关注的重点。

德鲁克认为，新、老企业对创新精神的需要是没有区别的，但它们在管理方面却会遇到不同的问题。对老企业而言，困难在于如何植入创新精神。对新企业而言，困难在于如何加强管理。

对于老企业来说，创新业务与现有业务之间存在着逻辑矛盾。现有业务的主要任务是维持并改善已经存在的事业，而创新则意味着对现有事业的否定和抛弃。因此，创新很难在原有组织机构的框架下行得通。德鲁克提出了在老企业植入创新精神的途径：建立一个具备创业精神的企业必须要在组织内建立有利于创业的观念、组织结构和氛围；要设计出系统地衡量和评价创新绩效的标准和方法；要在组织结构、人员管理、报酬和激励系统的实践中体现创业思想；同时要避免一些错误的做法。

德鲁克还发现，在创新管理中有一些做法已经被实践证明不可行。第一，不要把创业部门和其他部门混在一起，但要让整个企业都充满创业精神，以支持创业部门的工作。第二，脱离自己经营领域的创新很少获得成功，也就是说创新最好不要“多样化”，而是瞄准专一目标，集中资源于加强核心竞争力。第三，要避免靠“买进”小规模的具有创业精神的风险事业来使自己的企业获得创业精神。企业必须将创业精神深深地植入自己的系统中，无论规模大小，都必须将自己的企业作为一个创业企业来管理。

对于现有组织来说，创业管理侧重于在组织中植入创业精神；而对于新创立的企业来说，创业精神一般是不缺乏的，缺乏的往往是“管理”。对新开创的企业而言，创业管理首先必须集中注意力于市场需求，事先做好财务规划，尤其是现金流和资本需求规划，此外要建立一个管理小组，将管理小组与创业者的角色明确区分开。除此之外，创业者往往非常需要能够有人同他探讨基本决策，听到独立的客观的外部建议。在新创企业正式建立董事会以前，外部顾问可以在某种程度上扮演董事会的角色。

德鲁克认为，企业的成功必须同时赢得两个战场的胜利：内部管理和外部机会。内部管理只会产生成本，市场机会总是存在于企业外部，企业只有依靠正确的战略才能抓住市场机会。同样，创业精神真正转变成财富既需要创业管理，也需要创业战略。德鲁克提出了四种创业战略：第一，全力以赴；第二，乘虚而入；第三，生存缝隙；第四，改变价值和特征。

“全力以赴”以创造一个新的产业或新的市场为目标。“全力以赴”战略必须雄心勃勃，一开始就志在必得，瞄准市场或行业持久领导地位，否则注定要失败。它的代名词是“孤注一掷”，失败风险很大，仅仅适用于少数创新活动。

“乘虚而入”战略的风险比“全力以赴”要小得多。德鲁克将“乘虚而入”战略分为两种：“创造性模仿”和“创业的柔道”。创造性模仿是一种模仿策略，重复别人已经做过的工作，但它又是创造性工作，因为使用该战略的创业者比某项创新的创造者更理解创新的含义或用途。任何创造物最初的雏形总是不完美的，可能缺少某种功能，可能没有意识到某种用途，创造性模仿弥补了这些不足。创造性模仿者往往比创造者更加重视市场价值而非产品或技术本身，着眼于顾客而非制造，最初的设计者往往恰好相反。由于高技术出身的创新者往往忽视以市场为中心这一原则，而偏重技术和产品本身，所以创造性模仿最适用于高技术领域。创业柔道与创造性模仿或全力以赴战略一样，都是以获得产业领导权为目标，进而获得控制权。但是，它避免直接进攻对手，通过乘虚而入来达到目的。日本人是创造性模仿的天才，德鲁克称之为“创业的柔道”。以上几种战略都是以谋求市场领导地位为目标的。

“生存缝隙”战略在于避免或绕过竞争求得成功，方法是独辟蹊径，找到适合自己的市场缝隙，并牢牢地占据其中。

最后一招是通过改变价值和特征，创造顾客。不论是以效用还是以价格创造顾客实际上都是考虑顾客的实际需要，向顾客提供他们所需要的“价值”而不是制造商生产的“产品”。一项创业战略越是以顾客的需要、价值和实际需求为着眼点，成功的机会就越大。检验一项创新的标准永远是它对使用者的用途，因此，创新精神应该永远以市场为导向、以顾客为中心。

有目的的创新、创业管理及创业战略结合在一起才能使创新和创业精神转变成财富。美国之所以出现创业型经济，主要是由于管理知识的应用。管理的基本概念和基本技术在所有新问题、新机会中的运用把美国带入创业型经济，并使美国成为一个创业型的社会。

创业潮的再度兴起预示了一个新时代的来临。

第六章
知识社会新理论

即便在最平坦的景色中，也存在着一些关隘，而道路就从那儿上升至某个山峰，然后下降到某个新的峡谷。大部分关隘只不过表现了地形，关隘两边的地区在气候、语言或文化方面没有什么差异。但有些关隘不同，它们是真正的分水岭。在1965年与1973年之间的某个时期，我们跨过了这样一个分水岭，进入了“下一个世纪”。

——德鲁克《社会的管理》

德鲁克在1959年就提出了知识工作者这一概念，预见到知识经济的到来。到20世纪90年代，随着知识经济的发展，西方社会逐步向知识社会迈进。这个过程中，个人、组织和社会的管理都面临着新的问题。不过，“可以肯定，管理的基本任务仍然没有改变，管理的任务仍然是人们为了共同的目标，带着共同的价值观，在适当的结构内，通过培训和开发，共同开展工作和对变化做出反应”[①]。

第一节　知识社会的兴起

如果说二战是一个转折点，标志着工业社会秩序在西方社会的确立。那么，石油危机是另一个转折点，它不仅带来经济增长方式的转变，并且由此引发了社会的全方位变革。20 世纪 70 年代后期，面对新兴工业国的挑战，西方国家开始又一轮创新浪潮。以信息化、网络化和全球化为标志的新经济，改变着二战以来的经济增长模式和世界经济秩序。福利国家遇到了极大的困难，开始掀起一股重新私有化的浪潮，公私部门的关系发生了巨大变化。“我们面临的一些最棘手的问题是那些由过去的成功造成的问题，如欧洲的那些福利国家取得的成功和日本的终身雇用制度取得的成功，都成为今天面临的问题的根源”。[②] 与此同时，在社会领域出现了“全球结社革命”，第三部门迅速发展，逐步浸入到原来由政府与工商企业主宰的领域。随着非营利组织的兴起，西方社会由二元社会向着三足鼎立的格局演变。

---

① ［美］P·F. 德鲁克著（刘清华等译）:《新现实》，北京：中国经济出版社 1993 年版，第 179 页。

② ［美］P·F. 德鲁克著（刘清华等译）:《新现实》，北京：中国经济出版社 1993 年版，第 1 页。

一、重新私有化浪潮

德鲁克在1969年出版的《断层年代》中就讨论了政府的局限性，提出了"私有化"这个概念以描述政府放弃国有公司和工厂的做法。准确地说，德鲁克此时提出的是重新私有化（re-privatize），这是私有化（privatize，也译为民营化）概念的前身[①]。在德鲁克提出这个概念之时，《经济学家》杂志甚至嘲笑这种思想是一个绝妙的谎言，根本不可能发生。

1979年，英国首相撒切尔夫人一上台就采取了一系列私有化政策，将国有企业大刀阔斧地改变为私营企业。1986年，希拉克就任法国总理以后，采取了同样的方案。日本从铃木首相时期开始，也走上了民营化的道路。2005年，日本首相小泉纯一郎孤注一掷迫使国会通过了日本邮政民营化法案，在日本最后一个国有产权最集中的领域开始实施民营化改造。私有化浪潮还波及了发展中国家，中国、印度、南美及非洲的许多国家纷纷实行民营化政策。

今天的民营化概念与以前相比有了很大的不同。第一，民营化的领域大大扩展，不仅包括对竞争性领域的国有企业的民营化改造，而且一些原来认为只能由政府经营的公共服务与公用事业也加入到民营化的潮流中来。第二，民营化的主体不仅限于私人企业，越来越多的非营利组织也参与进来。在教育、保健、文化等领域，非营利组织扮演着越来越重要

① ［美］萨瓦斯·E·S.著（周志忍译）：《民营化与公私部门伙伴关系》，北京：中国人民大学出版社2000年版，第5页。

的角色。比如，美国佛罗里达州将初次触犯刑律的犯人保释给救世军照顾。这是因为初次犯罪的人如果被关进监狱，成为惯犯的概率非常之高，这些人出狱之后绝大多数将再也难以融入社会。而对这些罪行较轻的罪犯尤其是青少年让他们接受社区组织的管教和培训，他们重新做人的机会得到了极大的提高[①]。第三，民营化的方式各不相同，各国民营化各有其特点。民营化之后，政府、企业与非营利组织之间形成一种既有合作又有竞争的复杂关系。同时，由于经济全球化的影响，企业与非营利组织的活动跨越了国界，使得政府对民营化过程的规制面临挑战。

由于法律体系和文化背景的差异，各个国家对民营化的理解有很大不同。民营化这个概念，今天已经成为一个集合概念。各国对这个概念各自有着不同的表述，并有逐渐被一个含义更为宽泛意义更为中性的概念——公私伙伴关系（Public–Private Partnership，简称 PPP）所取代的趋势[②]。

二、全球结社革命与第三部门的兴起

如果说民营化表明经济政策向自由主义的回归，以及经济权力重归市场的趋势，那么非营利组织的兴起则体现了现代社会制度发展的新趋势。

---

① ［美］P·F. 德鲁克著（刘清华等译）:《新现实》，北京：中国经济出版社 1993 年版，第 51 页。

② ［美］萨瓦斯·E·S. 著（周志忍译）:《民营化与公私部门伙伴关系》，北京：中国人民大学出版社 2000 年版，第 67 页。

知识社会是社会有机体的一个高级发展阶段，其重要标志之一，就是社会功能进一步分化，以及承担社会功能的组织形态进一步分化。20 世纪 70 年代以来，结社革命在全球范围兴起。这场革命的标志就是非营利部门的兴起。人们从不同角度赋予了这些新兴组织以不同的称呼，从将其与政府（第一部门）和企业部门（第二部门）相区别的角度，称之为“非政府组织”（Nongovernmental Organization）、“非营利组织”（Nonprofit Organization）或“第三部门”（The Third Sector）；从民主政治这个角度，又称之为“公民社会”（Civil Society）。

20 世纪 90 年代末，约翰·霍普金斯大学对 36 个国家进行了研究，研究发现在这些国家中非营利组织都是非常重要的部门。总的来看，这个部门雇用了 1790 万全职员工和相当于 1130 万全职员工的志愿者，总支出约 1.2 万亿美元，其创造的成果和做出的贡献无法衡量[①]。

今天，各国都对非营利组织的发展日益关注。许多国家政府开始削减过去承担的社会基本服务职能，并将其让渡给民间非营利组织。许多国际性的社会组织，例如世界银行和美国国际开发署已经越来越多的依靠非营利组织来开展项目。20 世纪 80 年代末，一些国家在从“铁幕”之后走出来之后，非营利组织也得到很大发展。新兴工业化国家也开始

① ［美］莱斯特 . 萨拉蒙著（贾西津、魏玉译）:《全球公民社会》，北京：社会科学文献出版社 2007 年版。

注重公民社会建设，对非营利组织采取支持政策。

德鲁克看到，自 20 世纪 60 年代以来，美国的非营利组织不论从规模还是从贡献来看都正在崛起成为真正意义上的第三部门。美国第三部门由一百多万个非营利机构组成，包括大多数医院，大部分大学，各种慈善机构，数万家基金会，如数百个交响乐团和无数博物馆。这些机构收入来源中大约两成以上依靠慈善捐赠和志愿服务，近四成依靠收取各种费用，另外近四成来自政府资助①。

非营利组织的全职员工和“志愿者”一起已经占到美国就业人口的 9% 以上。估计每两个美国人中就有一个人作为志愿者在第三部门工作，如果付酬的话，将达到 1500 亿美元，相当于提供了同等数额的税收所能支付的公共服务，这从根本上说明了为什么美国的税率低于欧洲②。美国在公共和社会目标方面的开销事实上比其他国家稍高，但是大部分不是经过税收渠道，而是以各种会费、保险费、慈善捐款和无偿劳动等形式流向第三部门。

三、政府再造

经济与社会领域的改革，促使各国政府发起了改革浪潮，这个过程往往被称为政府再造（Re-invent Government）。随

① ［美］Lester M. Salamon, The State of Nonprofit America, Brookings Institution Press and the Aspen Institute 2003.

② ［美］P·F. 德鲁克著（刘清华等译）:《新现实》，北京：中国经济出版社 1993 年版，第 147—160 页。

着大量国有企业的私有化以及非营利组织介入到公共服务领域，一些政府职能被剥离，一些原有职能发生了变化，由此产生“大政府”与“小政府”之争。一时之间，“小政府”说很是得人心。各国政府采取了各种各样的办法“精简机构”，以迎合民众的要求。德鲁克却说，“大政府”还是“小政府”这个问题问错了，我们需要的既不是大政府也不是小政府，我们需要的是“有效的政府”。事实上，德鲁克一直关注着公共部门的改革，从目前流行的新公共管理和新公共服务理论中，都不难发现德鲁克思想的影子，比如，目标管理思想就在政府机构改革过程中也得到了广泛的应用[①]。

德鲁克在 20 世纪 70 年代就对政府机构的状况提出了尖锐的批评。“在以预算（拨款）为基础的机构中，效率意味着更大的预算支出，工作意味着保持或增加本机构预算额度的努力。对于一个依靠预算的机构来说，首先考虑的或者说赖以生存的就是取得预算拨款。而预算往往与其所要达到的目标毫无关系，只要有一个想要达到的愿望就行。”[②]这样一来，政府机构的主要精力不是放在真正的工作目标——“为公众服务”上，而是放在讨好有关各个方面甚至弄虚作假上，各种行为只是为了获得预算拨款。这种局面如果任其发展，必然将政府引入歧途。

① 丁煌:《西方行政学说史》，武汉：武汉大学出版社 2004 年版，第 330—339 页。

② P · F. Drucker, manage public service institutions, Public Interest, 1973, Vol.33,p43 – 60.

如何改变这种局面呢？德鲁克主张，政府机构也应该向工商企业学习，采取目标管理方法。政府机构也要关注绩效，行政首长也要像企业的决策者那样思考自身的任务、目的和使命，从任务和使命的描述中提出能够获得行政绩效的明确目标，制定工作标准和考核标准，对绩效进行有效的自我控制，以形成这个机构及其所有人员达标的系统。

20 世纪 90 年代，绩效预算再次在发达国家兴起。在 OECD 国家，如美国、澳大利亚、新西兰等国都先后实行了以成果为导向的预算改革，形成一股全球性的政府财政改革的潮流。1992 年，克林顿总统提出“再造政府”，其中绩效预算处于首要地位。克林顿政府于 1993 年 1 月通过了《政府绩效与成果法案》（the Government Performance Result Act，简称 GPRA），以副总统戈尔为首的国家绩效评价委员会（National Performance Review，简称 NPR）负责实施。这是世界上第一部专门为政府绩效制定的法律，根据这个法律，美国政府机构在编制预算，提出支出要求的同时，必须制定一套能够综合反应部门业绩便于考评的绩效指标。

1993 年 9 月，NPR 发表报告“从繁文缛节向成果的转变[①]。”报告中写道：正如管理界的泰斗彼得·德鲁克所说，我们认定的管理要素恰恰阻碍了人们的工作。联邦政府工作

① 财政部财政科学研究所:《美国政府绩效评价体系》，北京：经济管理出版社 2004 年版，第 91—205 页。

人员与私营部门的管理者读着同样的书，参加同样的会议，他们也知道怎样才能称得上好的管理，但是他们却无法将之付诸实施，因为他们受到很多限制，这是私营部门的管理者无法想象的。一系列的规章制度还有层层的附加补充，每一新程序都要获得某某人的同意，几乎没有人在做事。导致这种局面的根本原因在于，工业化时期的官僚作风与信息时代格格不入。我们面临的问题不只是预算赤字，而且是绩效赤字。正是在这种观念的指导下，克林顿政府推出了《绩效与成果法案》。

四、知识社会的性质

民营化浪潮与非营利组织的兴起表明，后资本主义社会是一个多元社会，发达国家的社会和政治形态中出现了位于政府之外的、独立于政府的权力中心，知识社会（或者说后资本主义社会）将是一个在组织形态上更为多元化的、更为分权化的社会。

对美国而言，后资本主义社会是没有资本家的资本主义社会。这种局面的形成主要与养老金计划有关①。美国是养老金起步最早、走得最远的国家，到21世纪初，80%以上的企业实施了养老金计划。养老金计划往往由基金信托公司负

① 或者称员工持股计划，即Employee Stock Ownership Plan，简称ESOP。在西方国家是一种股票奖励计划，它主要投资于作为发起人的雇主企业的证券。参见：J. 弗雷德·威斯通等著：《兼并、重组与公司控制》，北京：经济科学出版社1998年版。

责管理，养老金中的很大比例用于购买各种证券包括股票。最大的养老金拥有800亿美元资产，公司的雇员人人持有少量股票，却没有人可能拥有足够的股份以控制公司。尽管以股票市值来衡量，排在富豪榜前列的知识新贵如比尔·盖茨等人可能比当年的洛克菲勒和摩根等老牌资本家要更为富裕，但是盖茨们的财富占美国国民收入的比例却不可与当年的前辈们同日而语，他们持有的股票占股票市场总市值的权重也不可与之相提并论。

当然，他们也远远没有前辈们那样招人嫉恨，他们发展了一种可以称之为“慈善资本主义”的概念。比如，盖茨夫妇将财富的相当一部分用于慈善事业，建立了比尔和梅琳达·盖茨基金会。2006年，这个基金会还接受了一向以吝啬著称的“股神”巴菲特350亿美元的捐款。这是100年以来美国资本主义制度中的一道亮色。

不过，养老金入市导致股权极度分散也带来公司治理的新问题，最突出的问题就是这些公众公司管理层的权力失去制约而不断膨胀，管理层的收入节节攀升，即使在公司面临困境时，管理层的贪心也不收敛。这使得公众对公司管理层的信任下降，管理层的合法性成为一个严重问题，导致了20世纪90年代学界及政府对公司治理的普遍关注。

后资本主义社会的另一层含义是，由于百年来经济的发展，财富的剧增，资本作为支配性生产要素其稀缺性大幅下降，知识将取代货币资本成为更具有稀缺性的生产要素，成为主要生产资源。这一点，从信息产业中的原料占其价值的比例就一目了然。芯片价值贵比黄金，其原料不过是海砂；光纤将全世界计算机联合起来，其原料不过是玻璃。在知识社会里，主要产业将是知识产业，主要职业将是知识工作，而主流群体将是知识工作者。

第二节　知识社会的生产力

知识经济的发展是知识社会产生的原因和存在的基础，而知识经济的动力来自于知识产业和服务产业的生产力。德鲁克认为，雇员伙伴关系和知识工作者的生产力将成为21世纪管理的中心议题和最大挑战。在过去的百年，世界经济的领导者属于那些能提高工人生产力的国家。而在今后50年，世界经济的领导地位将让位于能成功地提高知识工作者生产力的国家和产业[①]。

德鲁克指出，知识社会将仍然是一个组织化的社会，知识工作者或专业人员将成为这个社会的领导群体。知识社会将是一个组织化程度更高的新社会，这是由专业人员的工作性质所决定的。专业人员所拥有的某一方面的专业知识本身并不会产生绩效，它必须和其他相关领域的专业知识结合在

① ［美］P·F. 德鲁克著（朱雁斌译）:《21世纪的管理挑战》，北京：机械工业出版社2006年版。

一起才能发挥作用。因此，知识工作者必须为组织服务，即使不成为某个组织的雇员，也必须和某个组织建立联系。这样一来，知识社会将仍然是一个组织化的新社会，这个社会的中心问题仍然是管理。

一、知识与知识工作者

从20世纪50年代起，德鲁克开始关注和思考知识经济问题，这个时期的研究吸收了信息经济学（后来称知识经济学）的研究成果。1962年，美国经济学家弗里兹·马克卢普（Fritz Machlup）出版了一部宏观信息经济学领域的奠基性著作《美国的知识生产和分配》。在这部书中，马克卢普提出了著名的知识产业论。

马克卢普不仅提出了知识产业的概念，而且测算出了美国知识产业的规模及发展速度。他测算出1958年美国知识生产总产值约为1364亿美元，占当年GNP的29%。他还发现知识产业的增长率是其他生产部门平均增长率的2.5倍。

在知识产业分析的基础上，马克卢普提出了知识职业的概念，知识职业就是从事知识生产与分配的职业。知识职业可以分为教师职业（及其辅助人员）、研究与发展职业（如科学家）、通信媒介生产和操作职业（如演员、出版商）、信息设备的生产与操作职业（如计算机工程师）、信息服务职业（如银行业和证券业）等。尽管依据这样的体系对知识职业进行识别存在着不少困难，马克卢普还是得出结论说，1959 年美国知识生产者已经占劳动力总数的 31.6%[①]。马克卢普及其他学者发现的知识经济的发展趋势引起众多领域学者的关注，就在同一年，德鲁克提出了“知识工作者”（Knowledgeworker）这个概念。

但是，德鲁克采取了与经济学家们不同的视角，他力图从一些具体现象来理解这种变化。他不是从知识产业的产值也不仅是知识职业的种类和规模，而是从人们的职业变化及其对社会结构和功能的影响，以及在这一变迁中管理必须承担的任务与责任来研究这个问题。

在德鲁克的思维中，微观现象总是理解宏观世界的基础，他喜欢从人们的亲身经验中寻觅每一个大趋势的蛛丝马迹。因为所有的重大变化最终总是会以一定的方式在一定程度上影响到人们的生活，理解一种变化必须能够描绘出其影响人们生活的方式和程度。他总是从最基本的概念出发，对这一概念的历史发展做追根问底的探究，这种探究的触角从各个角度出发一直延伸到这个概念的起始点交汇。这个概念因此既是历史的又是立体的，同时也符合普通人理解问题的方式。

德鲁克对知识经济的研究从两个基本概念出发：知识和知识工作者。德鲁克首先考察了人类运用知识的历史，迄今为止这个历史可以大致分为三个阶段，每一个阶段代表人类对知识的运用扩展到一个崭新的领域，开启一个新的时代。

---

① 谢康、陈禹著:《知识经济思想的由来与发展》，北京：中国人民大学出版社 1998 年版，第 104—114 页。

第一阶段，自 17 世纪以来，知识被应用于工具，导致了工业革命；第二阶段始于 19 世纪末，知识被应用于劳动产生了科学管理，从而引发了生产率革命；现在正处于第三阶段，知识正在被应用于再生产知识，导致新知识以前所未有的速度爆发出来，并以前所未有的速度相互交叉相互渗透，进入到生产和生活的所有领域。这一变化预示着以知识为基础的社会正在到来[①]。

德鲁克在考证了人类运用知识的历史之后，进一步考察了知识工作者的来历。从社会角度来看，他们是与高等教育的普及一起到来的。德鲁克一直认为，美国知识社会兴起的标志是二战后颁布的《退伍军人权利法案》，该法案使大批退伍军人获得上大学的机会。高等教育的普及造就了大量受过良好教育的年轻人，为战后以来白领阶层取代蓝领阶层奠定了基础。同时，高等教育本身也产生对知识工作者的大量需求。

德鲁克预言，在今后 100 年里，知识工作者的地位、作用、权利及责任将成为发达国家的中心话题。从技术角度来看，体力劳动向知识工作的转变是技术革命和工业自动化带来的。自动化用机器取代了蓝领工作，并为年轻人提供了更多的白领就业机会。从经济方面来看，发达国家工作和工人性质的变化引起了世界范围的生产分工。高等教育的普及和

① ［美］达尔·尼夫著（樊春良等译）:《知识经济》，珠海：珠海出版社 1998 年版，第 20 页。

妇女的广泛就业改变了劳动力市场结构，这些战后受过高等教育的年轻人不愿接受蓝领工作。由于蓝领劳动力的短缺，制造业将在世界范围内重新进行生产分工：发展中国家提供劳动力，发达国家提供管理、技术和购买力。

如果说工业社会是以产业工人为主要劳动群体的社会，那么，知识社会是知识工作者占据主导地位的社会。知识社会取代工业社会的过程就是知识工作者群体取代蓝领工人群体的过程。20 世纪 50 年代是工业社会的鼎盛时期，这一时期蓝领产业工人在所有发达国家成为最大的单一劳动群体，在美国蓝领工人占到劳动力总数的 2/5，他们在经济上和政治上获得了前所未有的权力。然而，到 1990 年，发达国家的蓝领工人及其工会却在全线退却，美国蓝领工人占劳动人口总数的比例已经不到 1/5[①]。知识工作者正逐步取代蓝领工人成为知识社会的领导阶层。

二、管理知识型组织

德鲁克认为，20 世纪有四个部门保持了发展势头，它们分别是：政府、卫生保健、教育和休闲[②]。这四个部门正是知识型组织最为集中的部门，也是管理问题集中的部门。要提高知识型组织的生产率必须解决以下几个问题，影响知识工作者

---

① ［美］P · F. 德鲁克著（朱雁斌译）:《巨变时代的管理》，北京：机械工业出版社 2006 年版，第 163—213 页。

② ［美］P · F. 德鲁克著（朱雁斌译）:《巨变时代的管理》，北京：机械工业出版社 2006 年版，第 44—45 页。

生产率的主要因素是什么？如何衡量和提高知识工作者的生产率？谁是知识型组织的管理者？知识工作者将以何种形式组织起来？这几个问题不过是管理的几个基本问题在知识社会的表述形式，但这些问题还远没有答案。比如说，在中国目前投诉最多的行业是医院和学校，只要看一看今天医院和学校管理的混乱局面，就不难理解管理知识型组织的困难。

对知识工作者的管理是知识社会的中心任务，其核心目标是在提高知识和知识工作者的生产率的基础上，提高组织资源的综合生产率。组织变革的根本目的仍然是为了提高知识工作者的生产率。在德鲁克当时看来，还没有人真正考察过从事科研的白领工作的生产率，大学、医院和教会是最大的知识工人雇主当中的三种，其生产率是令人沮丧的[①]。

要想提高知识工作生产率首先必须能够衡量它，而要想衡量知识工作的生产率首先必须要理解这种工作的经济性质。在工业化的过程中，人们花费了100多年的时间才学会了衡量制造业的生产率。但是对于知识工作而言，人们现在甚至还不知道要衡量的对象究竟是什么。德鲁克指出，知识工作具有与体力劳动完全不同的特点：就体力劳动而言，尽管边际替代率会越来越高，但体力劳动和资本投入是可以相互替代的。这是古典经济学的一个基本假设，制造业的自动化证明了这一点。然而，知识工作与体力劳动的根本区别就

① ［美］P·F. 德鲁克著（许斌译）:《管理的前沿》，上海：上海译文出版社 1999 年版，“测定白领职工的生产率”，第 109—114 页。

在于，专业工作者不可能由资本投入所替代。恰好相反，一个组织中资本投入越多其需要的知识工作者也越多。

最有力的证明是医院和学校。以医院为例，如果医院加大对医疗设备的投资，就必须为这些新设备配备训练有素的操作和维护人员，从而带来更多新的高收入工作。学校教育的生产率主要取决于教授的生产率，提高教授的生产率的途径之一就是让教授专心一意地从事教学和研究工作。事实上，在许多知识型组织中，这一看起来显而易见的道理却普遍被忽略了。在学校里，教授的主要精力并没有全部用于教学和研究，许多教授花费了相当多的时间来填写各种表格，应付各种检查。类似的情形在知识型组织里随处可见，造成的生产率损失难以估量。

这是管理领域的一个新难题，尽管德鲁克在 1986 年出版的论文集《管理的前沿》中讨论了测定知识工作者的劳动生产率的方法，但总的来说这仍然是一个崭新的领域。知识工作者以专业知识为生产工具，而知识的一个重要特点就是迅速老化，因此知识工作者的生产率取决于其更新知识尤其是有效运用知识的能力。学习和掌握知识已属不易，但知识本身并没有价值，只有在运且中知识的价值才能得到体现。

德鲁克认为，知识工作者必须学会将专业知识和其他广泛的知识以及人类的经验相连接，否则是不能产生绩效的。以保险业为例，保险新品种的设计主要是依靠保险精算师。然而，近年来大学培养的许多精算师却不能胜任新产品设计工作。这些年轻人在专业知识方面是很不错的，但是一个称职的更不用说优秀的精算师必须具备三个方面的知识：精算方面的专业知识占1/3，社会生活常识占1/3，商业知识占1/3。学习这三个方面的知识已经是很大的挑战，而要想成为一个优秀的精算师，还必须将这三个方面的知识连接起来，然后将融合为一体的知识运用于自己的工作中。如果没有这种融会贯通的能力，我们将只拥有许多专业知识而已。可见，对受过教育的人而言，他们的极大挑战便是将自己所知的知识和技能运用于工作。

谁是知识型组织中的管理者呢？一般地说，管理者就是对下属工作负责的人，然而，知识工作者往往没有下属。因此，德鲁克提出，管理者不再是对下属的工作负责的人或对他人的业绩负责的人，而是对知识的应用和知识的绩效负责的人。德鲁克甚至认为管理者（Manager）一词隐含着控制和权威的含义而不再适用于对知识工作者的管理，他更倾向于使用比较中性的执行官（Executive）来代替。由于组织中的管理人员不再掌握有效的决策和控制的充分信息，这些管理人员将不再是决策的制定者，他们的角色转变为教练和顾问。同时，德鲁克再次强调，知识工作者在依靠知识的力量摆脱了外在监督和控制之后，个人必须负起自我发展和自我定位的责任[①]。不过，仅仅指出个人必须负起自我发展和自我

---

① ［美］P·F. 德鲁克、［日］中内切著（邓嘉铃译）：《杜拉克看亚洲》，乌鲁木齐：新疆人民出版社2002年版，第156页。

定位的责任是不够的，重要的是如何做到自我发展和自我指导，德鲁克在《卓有成效的管理者》一书中对这个问题提供了很好的建议[①]，在《21世纪的管理挑战》中他重申了这些观点。

因为知识是专业化的知识，而专业知识必须结合在一起才能创造绩效，这意味着专业人员必须通过一定的方式组织起来。专业人员占主体的组织面临两个难题：一是专业知识与组织绩效之间的矛盾；二是知识工作者与其他员工的合作问题。

对于第一个问题，主要困难在于现有组织在衡量知识工作者的业绩时采用了双重标准。传统的蓝领工人只需完成组织安排的工作任务就达到了目标，而专业人员要同时为两个目标服务：一方面，专业人士的工作首先必须符合专业要求的标准；另一方面，作为组织的一员专业人员必须完成组织赋予的任务。追求双重目标的结果使得许多专业型组织成了所谓的“双头怪物”——专业人员必须同时对相互冲突的双重标准负责。其次，这些专业人员的知识是如此专门化，以至于组织中无人能够有效地领导他们。比如，每个医院只需要少数几个X光仪器操作师，大多数企业只需少数几个计算机系统维护人员，许多小企业甚至只需要一个兼职的财务管理人员。

---

① P·F. Drucker, The Effective Executive. New York: Harper&Row, 1967.

一个组织往往需要各种不同类型专业人员的服务，各个专业的人数又只需要少数几个，组织中的管理人员如何能够有效领导和激励这些人呢？近年来，欧美国家出现的所谓专业雇员组织（Professional Employee Organization，简称 PEO）是解决这些问题一种成功尝试[①]。这种 PEO 组织由同一领域的专业人员组成，PEO 的雇员只需对专业目标负责，由 PEO 组织对其雇员按专业要求进行专业训练和评价。PEO 将专业雇员介绍给需要专业服务的组织，专业人员与这些组织之间形成临时雇佣关系。在雇佣期间，专业人员必须完成雇主分配的任务，即对组织目标负责。这种新型组织将专业人员与其他雇员分离开来，既避免了双重目标困境，又使专业人员得到有效管理。

如前所述，21 世纪发展最快的部门是知识型组织最为集中的地方，医院和学校是这类组织的典型代表。事实上，无论在发达国家还是在发展中国家，绝大部分医院与学校都是属于非营利性组织（在我国既有事业单位也有社会组织）。从德鲁克将非营利组织看作工厂社区的替代物来看，他所指的非营利组织主要是提供社区服务的机构，关于这类组织的管理问题留待下文讨论。这里所讨论的知识型组织主要是指第三产业或服务产业（包括金融、科技、教育、医疗卫生、文化娱乐、体育、休闲等行业）中知识和专业人才密集的组织。

① P · F. Drucker, They are not employees, they are people, HBR, 2002/6, p70—77.

今天，组织理论是管理学领域发展最快的领域，新名词新理论层出不穷。传统组织被称为科层制组织、金字塔组织、机械型组织、封闭型组织，信息时代的组织则被称为扁平型组织、蜂窝型组织、生态型组织、学习型组织、虚拟组织等等。不管这些组织概念名称如何，有一点可以肯定的是，今天的组织已经不同于传统的组织。从某种程度上讲，知识型组织是以信息为主要生产资源的组织。传统的企业组织模仿军队的体制，以信息为主的组织则更类似于医院或交响乐团，而非典型的制造企业[①]。某种意义上说，知识型组织的管理比交响乐团还要困难得多。在交响乐团中，乐谱已经交给演奏者和指挥。而在企业中，乐谱是在演奏的过程中，边演奏边写成的。为了知道乐谱是什么，在以信息为基础的组织中，每个人都必须通过实现一致赞同、人人清楚明了的目标来管理。因此，目标管理及自主管理必然是以信息为基础的组织的一体化原则[②]。

在知识型组织中，德鲁克尤其关注高等教育的管理变革。每一种早期的高等教育制度——中国的、美国的、日本的——都把学校视为社会流动的催化剂，通过这种流动，才华横溢奋发有为的“下等阶级”人士可以进入社会上层和获得社会地位[③]。在早期，人们在大学毕业之后，学业就完成

---

① ［美］P · F. 德鲁克:《新型组织的出现》,《哈佛商业评论》1988 年 1—2 月号。

② ［美］P · F. 德鲁克著（许斌译）:《管理的前沿》，上海：上海译文出版社 1999 年版，第 182—186 页。

③ ［美］P · F. 德鲁克著（刘清华、郭序等译）:《新现实》，北京：中国经济出版社 1993 年版，第 188 页。

了，在大学阶段学过的知识几乎可以伴随整个职业生涯，因此，一旦大学毕业，人们就成为“受过教育的人”。今天，由于知识的迅速老化，受教育成为持续终身的事情。

德鲁克提出了教育在知识社会新现实中负有的新的责任：第一，教育要关注社会目标，知识社会面临的危险是，有知识的野蛮人将充斥社会。为了避免这种情况，学校有必要使学生为谋生做好准备。第二，教育必须是一个开放的体系。第三，树立终身教育的观念，注重继续教育。第四，教育将不再局限在学校之内，每个工作单位都要成为学校。第五，教育的社会责任在于防止“精英管理”蜕化为“富豪统治”[①]。从教育的责任出发，德鲁克对信息时代大学的学科与院系的设置，教师的管理及其道德问题等方面进行了探讨。

今天的大学其是以学科和院系为基本构成单元组织起来的，这种组织模式已经变得过时。跨学科研究的兴起与学科之间的融合，向知识领域的每一种分界线发起了挑战。“生物学与化学之间的分界线，生理学与心理学之间的旧分界线，经济学与政治学之间的旧分界线，社会学与行为科学之间的分界线，逻辑、数学、统计学和语言学彼此之间的旧分界线，都正在日益变得没有意义。每一种旧的划界、旧的学科和旧的学院都将变得过时，并成为学习和理解的障碍。”[②]

---

① ［美］P·F. 德鲁克著（刘清华、郭序等译）:《新现实》，北京：中国经济出版社 1993 年版，第 195 页。

② ［美］P·F. 德鲁克著（徐大建译）:《社会的管理》，上海：上海译文出版社 2003 年版，第 231—264 页。

造成这种情形的根本原因在于知识与行动之间的关系发生了彻底的变化。今天的大学基本上是知识本身的门类体系来划分院系与学科的，这种划分基于这样一种假设，即知识与行动之间没有联系，知识与应用可以相互分离。这就解释了，为什么大学的院系、学位与专业，乃至整个高等教育都是根据知识本身的表面逻辑组织起来的。通俗地说，这种组织逻辑是“产品导向”或“生产导向”而不是“市场导向”或“应用导向”。在企业已经普遍认识到“顾客即企业”之时，大学的组织还在沿袭19世纪的组织逻辑。

现在，知识从目的转变为一种生产资源，转变为一种促进创造价值的手段，成为现代生活的核心资源，知识因此与行动和应用紧密相连，大学在传统的教学和研究功能之外加上了社会服务功能。这意味着大学的组织在考虑知识本身的分工之外，要考虑其在应用领域的融合，还要考虑社会对学生的需要。这意味着管理大学成为最具有挑战性、最困难然而也是最重要的任务。

在具体政策和管理制度方面，德鲁克也对西方大学提出了批评和建议。他主张发展大众教育，反对偏重精英教育；主张教育资源的均衡分配，反对教育资源过渡集中于少数名校；主张社会平等对待各个学校的毕业生，反对文凭歧视；主张充分竞争机制，反对教师终身雇佣制。

在教育的社会责任方面，德鲁克主张有知识的人要在政治决策中发挥影响，要对教育的成果负责。指出“有知识的人要为教育的业绩承担责任。责备学生学得不好，不再是可以接受的理由。学生学得不好，那是学校的失败。学生不想学习，那是学校的耻辱，也是学校和教师应该受到谴责的理由。”[①] 我们今天为之争论不休的学术道德问题，德鲁克少有提及，显然，这是社会责任的题中应有之意。

在第二次世界大战结束后的几十年当中，美国建立了许多庞大无比的学校。德鲁克指出，这就是今天教育沉疴的祸首。现在的学校纷纷走向多元化与非中心化，所谓的磁铁学校（指美国以种族融合为目的而创办的学校）就是一例[②]。

第三节　非营利组织管理

从 20 世纪 70 年代末开始，德鲁克已经将管理学的视野扩展到非营利组织，不仅许多非营利组织成为他的客户，而且他还以自己的名义成立了一个基金会。德鲁克认为，非营利组织的发展主要是它们在管理上取得了成功，它们不仅遵循管理原则，而且在有些情况下甚至优于商业机构，它们正在成为管理的革新者和先驱。

---

① ［美］P·F. 德鲁克著（徐大建译）:《社会的管理》，上海：上海译文出版社 2003 年版，第 250 页。

② ［美］P·F. 德鲁克著（廖月娟译）:《旁观者》，北京：机械工业出版社 2005 年版，序言。

一、新的社会责任承担者

知识社会生机勃勃却又矛盾重重：人们拥有更大的活动范围，然而必须面对更大范围的竞争；人们拥有更多的职业和生活方式的选择，然而必须承担选择的压力和重新选择的成本；人们期望更多的经济增长，然而必须忍受因产业升级而被淘汰的风险。

非营利组织的迅速发展表明，和任何社会发展的历史阶段一样，知识社会并不是一个完美无缺的社会，知识社会必须面对一系列崭新的问题。但是，身处技术创新和社会创新的前沿，后资本主义时代的组织又是一个破坏稳定的因素[①]。知识社会在本质上是运动的，人们的居住地，人们从事的工作，人们之间的联系，都逐渐趋向暂时的和不断变化的。一方面，在竞争日益激烈的世界经济中，任何组织要想生存就必须有就业的灵活性，任何组织都不可能提供就业保障，无论企业、大学还是医院都一样。另一方面，知识工作者尤其是拥有高级知识的人们，将不再愿意终身从属于某个组织，而更愿意将组织视为实现个人目标的阶段性工具。实际上，不仅在美国，就是在一贯以集体主义著称的日本，年轻的知识型人才也更倾向于一有好的机会就跳槽。由于工作不断变化，雇员和雇佣机构之间的关系日益松散，人们和社区邻里之间的关系也日渐疏淡。

① ［美］P·F. 德鲁克著（张星岩译）：《后资本主义社会》，上海：上海译文出版社 1998 年版，第 60 页。

在这样一个不断移动、充满竞争的社会里，更多的人会获得成功，同时必将有更多的人遭受失败，从而引起一系列新的社会问题，如贫困、酗酒、吸毒、青少年犯罪、家庭暴力等等。在传统社会里，家庭、社区和社会都是保护性机构，它们努力保持稳定，防止或至少延缓变化，但是在信息社会里传统的家庭和社区已经难以承担越来越复杂的社会责任。

那么，在知识社会中究竟谁来关心和承担社会任务呢？德鲁克认为两种现有的答案都是错误的。

第一种主流答案主张这些问题必须由政府来解决。自二战结束以来，西方国家政府已经成为巨大的福利官僚机构，成为从坟墓到摇篮无所不包的“保姆国家”。但是，政府已经越来越难以承受这样的负担，事实已经证明，政府在社会服务方面是效率低下的甚至几乎完全无能的。这种过度的保护，滋长了人们的惰性，消磨了人们的创造力，这正是福利制度难以为继的根本原因。在针对特定目标群体的服务方面，政府部门的服务质量和工作效率与其他社会组织相比并没有优势。

第二种答案认为主要应该由企业来承担社会责任。企业作为一个社会的基本经济组织，人们曾经对企业承担社会责任寄予厚望。然而，企业在已经承担了为雇员提供工作、养老金和失业保险及其他福利之外，根本无法承担此项重任。首先，社会问题并非产生在企业内部，大部分社会问题的当事人并不是企业雇员，如青少年犯罪问题；其次，在人口流动和职业变化十分普遍的情况下，企业雇员流动性增加；再次，经济实力是承担社会责任的物质基础，而承担过多的社会责任必然妨碍企业实现经济目标。此外，企业本身也是社会服务的需求者，不仅它的员工需要社会服务，而且它本身也需要社会服务，比如谋求和维护行业整体利益方面的服务。因此，正确的答案既不是政府，也不是受雇单位，而是一个新的社会部门——非营利部门。

尽管企业难以负担社会责任，但并不意味着它的员工不愿或不能承担社会责任。组织的雇员需要社会服务，他们也能够并且愿意为社会提供这些服务。德鲁克在与各类知识工作者的长期交往中深深地了解到，在企业里工作并不能令他们完全满足，他们还期待着别的什么。“许多年来，我期望日本企业能够比西方企业赋予知识工作者产生更重要的意义。在美国（欧洲也渐渐如此），知识工作者将雇佣他们的企业仅仅视为达成自己目标的工具而已。因此，西方企业必须学习鼓励知识工作者将工作重心集中于组织的目标和价值观，而不是置于个人目标之下，这似乎是知识工作者的本质。”[①] 越来越多的知识员工把为非营利组织提供志愿服务作为第二职业。他们乐此不疲，从中体会到生活的意义。

德鲁克在接触和了解了一些非营利组织后，认为企业没能做到的事情也许非营利组织能够做到，在解决知识社会的各种问题方面非营利组织可能扮演更为重要的角色。在西方国家，慈善机构是早期非营利组织的典型代表。教会是美国

① ［美］P·F. 德鲁克、［日］中内切著（邓嘉铃译）:《杜拉克看亚洲》，乌鲁木齐：新疆人民出版社 2002 年版，第 209 页。

历史最悠久的慈善机构，不过近年来美国非营利组织的迅速发展主要体现为非教会的社会组织的快速增加。

近 30 年来，非营利组织在数量、类型和管理方式方面发生了巨大变化。据统计，1991 年美国有 90 万个非营利组织，到 1994 年已经达到 100 万个，其中绝大多数是社区服务性组织，这些组织大约 70%是近 30 年成立的[①]。其中既有大规模者如红十字会有几十万志愿者为之服务，也有小规模的各种社区组织。这些组织的目标各不相同，经费来源渠道各异，管理方式各有特点，有的由志愿者管理，也有的由专家管理。总之，大大小小、形态各异的非营利组织在承担社会责任维系社会秩序方面扮演了重要角色。美国总统 G・W. 布什 2002 年 2 月 22 日在清华大学的演讲中，就高度评价了志愿者与非营利组织对美国社会发展做出的贡献。

二、非营利组织的管理变革

德鲁克认为，非营利组织取得的成功在很大程度上应归功于良好的管理。在非营利组织对是否需要管理还存有疑虑之时，德鲁克为非营利组织的管理者指明了方向。1978 年德鲁克在“非营利组织的管理工作”一文中提出，非营利组织还仅仅是一个新近产生的现象，但我们确实知道，非营利组织需要管理。在此后 20 余年里，德鲁克致力于研究非营利组织的

① ［美］P・F. 德鲁克著（朱雁斌译）:《巨变时代的管理》，北京：机械工业出版社 2006 年版，第 206 页。

管理问题，发表了多篇有广泛影响力的文章，并在1992年出版《非营利组织的管理》一书，对非营利组织的管理做了全面总结。

德鲁克总是能够给根本性的问题以肯定而明确的回答，在非营利组织发展初期，首先指出了非营利组织也需要管理。由于管理作为一种职能和一门学科，最初是当作工商企业的一个职能来看待和研究的。100年来，工商企业在管理上取得了巨大的成功，使得人们将“管理”与“利润”联系在一起，管理被人们看作是工商企业的专利。直到20世纪70年代末，非营利组织都没有充分认识到管理的重要性。最令非营利组织引以为自豪的，就是它们不以“利润”为目的的高尚使命感，既然不以营利为目的，当然就不需要什么“管理”。大部分非营利组织都以为凭良好愿望就可以办好事情，它们没有意识到必须对运作过程及其结果负责。事实上，这些组织过去也没有专职管理者，一直是由兼职志愿者来运作的。

德鲁克指出，管理不是利润的仆人而是所有组织的首要功能，不论这个组织的目标是什么它都需要为组织目标负责的管理者。即便在不同的组织中管理者被赋予不同的称呼，如在学校和医院他们被称为行政人员，在政府部门被称为高级公务员，但是他们所从事的工作性质是一样的①。

① ［美］P·F. 德鲁克著（东方编译所译）:《变动中的管理界》，上海：上海译文出版社1999年版，第187页。

非营利组织不仅需要管理，而且必须以最好的方式来管理，因为做好事也要精益求精。首先。因为人们对非营利组织抱有比企业组织高得多的期望，非营利组织的失败或者丑闻更加令人难以接受。如果某个非营利组织的捐款人同时购买了股票的话，非营利组织的丑闻将比股票的亏损更令他难以接受。其次，为非营利组织工作的大多数是志愿者，如果非营利组织管理不善，将不仅吸引不到高素质的志愿者，而且也是对社会资源的浪费。因此，无论是对捐助者还是对志愿者来说，非营利组织必须有最好的管理，否则它就失去存在和发展的根基。

德鲁克大力倡导通过职业化管理改进非营利组织的管理水平。非营利组织的发展吸引了大量志愿者的参与。美国志愿者总数超过 8000 万人，他们每周为一家或数家非营利组织工作近 5 小时，相当于 1000 万个全职工作岗位，如果计酬的话，即使按最低工资标准计算，总额也达 1500 亿美元，占美国 GDP 的 5%左右。

然而，完全依靠志愿者是难以管理好日益发展壮大的非营利组织的。非营利组织的绝大部分工作人员是志愿者，他们显然不是为了钱才来工作的。那么，该不该对他们的工作提出严格的要求、实施严格的管理呢？一般的想法是，既然不给志愿者发工资，那么就不应该对志愿者的工作做严格的要求。德鲁克在《非营利组织教给企业什么》一文中指出，这个想法现在已经被大多数非营利组织所抛弃。持这种观点的人将志愿者与企业雇员混为一谈，从根本上误解了志愿者的工作动机[①]。既然志愿者不是为了钱工作，怎么能够用工资的高低来确定志愿者的工作性质和工作要求呢？非营利组织领悟到，正因为志愿者不受薪，所以他们的工作必须更有意义，要求也应该更加严格，才能吸引和激励高素质的志愿者。志愿者自己也不愿把他们的工作看成是慈善性的，他们认为志愿工作是另一种重要的职业生涯。

因此，除了不给每个人支付工资之外，非营利组织对其职员的管理和其他组织没有什么不同。在志愿者的选择、培训、赋予责任、考核、升迁奖惩、淘汰等方面，许多非营利机构比企业还要严格。这种做法吸引了各类专业人士为非营利组织服务，而这些志愿者在工作中得到前所未有的满足：同事们为了共同的责任一起工作，不再为金钱斤斤计较。

既然非营利组织在依赖管理这一点上与商业组织并无不同，那么和商业组织一样雇佣职业管理者就是理所当然的事情。职业化管理意味着管理人员来自职业经理市场，并且其薪资水平由市场决定。尽管如此，非营利组织的管理人员的薪酬水平往往低于企业中同等资历的人员。一些庞大的非营利组织之所以能够保持高效运转，就是因为它们有高素质的职业化的管理层。各个非营利组织的职业化程度不同，一个非营利组织的规模越大，志愿者越多，管理层的职业化程度就越高。规模较大的非营利机构的高层

① ［美］P·F. 德鲁克著（东方编译所译）：《九十年代的管理》，上海：上海译文出版社 1999 年版。

管理人员基本上由职业经理担任。美国培养的工商管理硕士（MBA）大约有半数并不到工商企业工作，而是进入非营利组织工作。

近30年来，许多非营利组织实现了职业化管理。美国红十字会是世界上最大也是最复杂的非营利组织之一，但是到1950年以前，它的总裁都分文不取，到里根时代才聘用了第一位职业总裁。直到20世纪60年代中期，人们仍然认为非营利组织从事的事业既然是慈善事业，其工作人员就是志愿者，当然也就不应该接受任何报酬。但是到了20世纪70年代，虽然非营利组织中大部分仍是志愿者，但管理层已经职业化和市场化了，刚参加工作的MBA就可以拿到2万美元以上的年薪，更不用说总经理的报酬了。不过一般来说，职业人员在非营利组织中所占的比例相当有限。美国女童子军有13万名志愿者，为350万少女服务，只有6000人领薪水。总的来说，非营利组织在规模和复杂性方面达到一定程度之后，在单靠兼职志愿者不能解决日常管理的情况下，就会转向职业化。

在非营利组织管理方面，德鲁克的思想仍然显示了目标管理的许多特点：设置明确的目标；通过目标吸引资金和人才；并且为有效达成目标而建立组织机构。非营利组织必须有明确的使命，这是有效管理的基础[①]。要想提高运作效率，

① ［美］P·F. 德鲁克著（孙忠译）：《杜拉克论管理》，海口：海南出版社2000年版，参见：该文集中“企业应当向非营利组织学习什么”一文。

一个组织首先必须确定衡量工作效率的标准。对企业而言，利润是最重要的衡量指标，企业在管理上的成功在很大程度上是因为它有这个明确的评价标准。非营利组织既然也是利用社会资源为社会提供服务，理所当然应该考虑经济上的合理性，它也必须定义工作绩效及衡量标准。就非营利组织的最新发展来看，其使命或目标已经不仅局限于解决社会问题，而是逐渐扩展到谋求和维护行业利益方面，比如美国国际铜业协会的使命是保证铜的正确而合理的使用，以及增加铜的年消费量。

更进一步，组织不仅要有目标，而且要将目标转化为具体的操作和考核标准。这是一项十分困难的工作。虽然有明确的目标，企业还用了100多年时间，才发展出了比较完善的绩效衡量标准及衡量方法。由于非营利组织的多样性，这项工作对它们而言显然要比企业还要困难得多。尽管如此，还是有许多非营利组织成功地找到了具体的行动目标。比如说，救世军的目标是将社会的弃儿——醉鬼、犯罪分子、无家可归者——转化为公民；女童子军的责任是帮助被救济的年轻妇女成为自信和对社会有用的人；自然保护组织致力于保护自然界动植物物种的多样性。

在筹资方面，非营利组织的观念和手段也发生了深刻的变化。在美国，个人捐献是非营利组织的重要资金来源，个人捐献已经占到美国个人收入的2%~3%，约占非营利组织总收入的15%。随着公众对非营利组织的认识逐渐成熟，他们不再认为自己是为慈善事业而捐献，而是花钱购买某种特殊的社会服务。人们在掏钱之前首先要求看到结果，即使不能马上看到结果，起码必须得到可靠的保证，相信自己的善心会结出应有的善果。在这种情况下，明确而具体的目标成为非营利组织筹集资金最有说服力的武器。

不仅如此，非营利组织还必须提供可靠的衡量标准和监督办法才能筹集到所需资金。许多非营利组织早期的方法主要着重于宣传需求，着重于从非营利组织自身的角度出发劝说捐款人。这是一种感性的办法，这种方法的有效性主要取决于能否唤起捐款人的社会责任感和同情心。比如，儿童福利院通过宣传孩子们的悲惨身世和恶劣处境唤起人们的怜悯之心，而获得人们的慷慨解囊。但是，在一个公众已经对非营利组织形成理性看法的社会，这种办法就行不通了。比如说，如果人们得知这个儿童福利院管理不善，筹集来的善款并没有使孩子们的状况得到有效的改善，它再靠煽情的宣传就很难说服捐款人。

谁来为非营利组织的目标和行为负责呢？非营利组织和企业一样需要一个负责任的管理层，成功的非营利组织大都建立了有效的管理机构。尽管美国非营利组织在使命和规模上存在几乎无限的多样性，但是其中绝大多数组织采用相似的管理结构[①]。一般而言，非营利组织管理结构的核心是董事会和总裁（一些大型非营利组织也称之为 CEO），绝大部分

① P·F. Drucker, Managing the Non- Profit Organization: Principles and Practices. Harper- Collins, 1990.

成功的非营利组织拥有一个董事会。董事会成员由类似企业中的独立董事的外部人员组成。董事会成员大多是兼职人员，职责主要是关注组织使命，确定运作绩效的考核标准，并为组织筹集资金。总裁则一般是拿工资的专职人员，负责日常管理。当然，由于非营利组织多种多样，董事会与总裁的分工也不尽相同。不管怎么说，德鲁克始终强调董事会成员与总裁是平等的合作关系，都必须有明确的工作任务，在分工方面必须遵循优势互补密切合作的原则。一般来说，非营利组织对高级管理人员的考核是十分严格的，如果他们达不到预期目标即使不主动辞职也难以期望再度当选。

和在其他管理领域一样，德鲁克的管理思想直接来源于管理实践。他始终与各种非营利组织保持着密切联系，他是美国牧师大教堂的知识教父，为该教堂提供管理指导，还为美国女童子军推荐主席人选，这使他对非营利组织的管理问题保持高度敏感。1990 年，德鲁克在其校友的倡导下成立了“德鲁克基金会”，这是一个为非营利组织提供服务的知识库，它不进行任何募捐活动，德鲁克将《非营利组织管理》一书约 25 万美元的收入全部捐给了基金会，作为基金会的运作经费。

到今天，美国非营利组织的管理已经十分专业化，在战略管理、财务管理、人力资源管理、市场营销以及项目管理等方面已经建立起了完整的知识体系。在很多管理理念与技术方面，非营利组织与工商企业基本保持了同步水准。一旦出现新的管理理念和方法，这些职业管理者能够快速地跟进，将它们运用到自己的实践中来。有“市场营销之父”美称的菲利普·科特勒在不断推出企业市场营销教材新版本的同时，也同步推出《国家营销》和《非营利组织战略营销》。战略管理学者们也在努力将企业中行之有效的战略管理技术诸如平衡均分卡（Balanced Score Card，简称 BSC）等新方法推销给政府和非营利组织。

三、第三部门神话?

德鲁克将非营利组织看成现代社会的功能性器官，对非营利组织寄予了厚望，使得非营利组织蒙上了一层神话色彩。值得一提的是，德鲁克主要是以美国的情况为研究对象，在非营利组织的微观管理方面得出的一些结论具有一定的普遍意义，但是德鲁克对非营利组织的社会角色及其在知识社会的意义的看法却不能简单地推而广之。美国具有慈善传统和社会办福利的良好基础，在有关法律制度方面比较完善，非营利组织的发展环境十分宽松。在非营利组织的分类、登记制度、免税政策、财务制度以及信息披露等方面，美国已经积累了较为丰富的经验和相对成熟的知识体系。这说明，在某种程度上美国的非营利部门只是一个特例。

近年来国内外的比较研究表明，尽管过去几十年里全球出现了一场的“结社革命”（Associational Revolution），世界各国涌现出一大批民间非营利组织，但是“第三部门”基本上是美国的概念，在别的国家一般不认为非营利组织已经构成一个独立的部门，它们关注的只是某一类或某几类非营利组织。和“民营化”这样的概念一样，非营利组织成为一个典型的名称相同内涵不同的集合概念。在英国和印度，人们的注意力放在“志愿组织”上；在法国，人们谈论最多的是“社会经济”；在东亚，“社团”是最常用的概念；在转型国家，“公民社会组织”最为时髦；在发展中国家，人们只知道“非政府组织”。这些概念尽管有相似之处，但一般都比“非营利组织”这个概念要狭窄得多，这是由各国自历史文化、宗教传统、经济模式、政治体制以及法律制度所决定的。不同国家的非营利组织在规模、结构、资金来源、法律环境及其与政府和社会的关系各不相同。截至 1994 年，即使在欧洲国家，非营利组织所吸收的就业和创造的价值大约只与其最大的工业企业相当。以芬兰为例，非营利组织雇员总数占总就业人口的比例及其创造的价值占 GDP 的比例大约都是在 4%左右，与其最大的公司——诺基亚（Nokia）公司的贡献大致相当。而日本和意大利非营利组织雇佣的员工总数只分别占就业总数的 2.5%和 1.8%[①]。不过，非营利组织在各国的发展速度非常快，有的国家高达 20%甚至更高。不同的社会和国家肯定会以完全不同的方式组建其社会部门，在后资本主义社会和政体中，社区成为必须承担的义务[②]。

---

① 王绍光:《多元与统一——第三部门的国际比较研究》，杭州：浙江人民出版社 1999 年版，第 414—427 页。此外，莱斯特 · 萨拉蒙（Lester M. Salamon）所著的《全球公民社会》中谈到，美国约翰 · 霍普金斯大学“非营利部门比较研究项目”也得出类似结论。

② ［美］P · F. 德鲁克著（张星岩译）:《后资本主义社会》，上海：上海译文出版社 1998 年版，第 178 页。

尽管非营利组织的作用十分重要，但在其发展过程中同样出现了不少问题，现代社会本来是为了弥补市场失灵（Market Failure）和政府失灵（Government Failure）而求助于非营利组织，希望通过消除其营利动机而使之专心一意关注为社会服务的使命，但是却出现了志愿失灵（Voluntary Failure）的现象。最为典型的例子是，1995 年美国联合道路（The United way of America，该组织是美国最大的非营利组织）董事会主席因为诈取该组织 120 万美元而锒铛入狱，他高达 463000 美元的年薪及其奢侈消费也随之曝光，造成该组织信誉和收入急剧下跌，100 多名员工遭解雇[①]。这使捐助人的信心大受打击，直到近 10 年之后，联合道路的年度筹款总额才恢复到丑闻之前的水平。不仅如此，这些个案还极大地损害了非营利部门的整体形象，其损失难以用货币和数字来衡量。尽管美国市场经济制度建设已经有 200 多年的经验，仍然难免百密一疏，安然事件就是证明。因此，不难理解，非营利组织管理也远未达到尽善尽美的境界。

总的来说，美国非营利组织管理中的问题有这样几种：第一类问题是运作效率低下，不能完成组织目标。典型例子是芝加哥邮政局的职员抛弃了大量邮件。第二类问题是一些组织运作成本过高。这些组织在募捐和管理上花费了收入的 50% 以上，只将少部分收入用于为公众服务。第三类问题是

① 里贾纳·E. 赫兹琳杰:《公众对非营利组织和政府的信任可以恢复吗?》,《哈佛商业评论》1996 年 3—4 月号。

管理人员利用职务之便谋取私利。上述美国联合道路董事长就是一例。第四类问题是非营利组织缺乏责任机制，导致组织高风险运作。产生这些问题的根本原因在于非营利组织缺少商业组织具有的三种责任机制：首先，缺乏个人利益，企业有所有者监督和评价机制，而非营利组织没有。其次，缺乏竞争机制，大多数非营利组织几乎都是垄断经营。再次，缺乏显示企业最终业绩的晴雨表——利润。凡事有一利总有一弊，非营利组织不必为利润而烦恼，但在消除了利润的压力之后，它却难以找到类似于利润的客观评价标准[①]。从上述分析可以看出，非营利组织的问题主要集中在德鲁克关注的治理机构（核心是董事会和CEO）、监督评价以及运作效率等几个方面。

针对这些问题，一些学者提出新的解决思路。首先，加强监督，主要从内部监督和外部监督机制两个方面着手。内部监督主要是改革董事会，赋予其新的具体监督职责；外部监督主要是要求非营利组织加强信息管理工作，美国国会、证券交易委员会以及财政部已经开始采取措施，增加对非营利组织的透明度的要求。其次，提高非营利组织的运作效率，有学者建议引入竞争机制以改善之[②]。非营利组织在降低运作风险方面，有学者提出非营利组织管理者向风险投资家学习。

---

① 里贾纳·E.赫兹琳杰:《公众对非营利组织和政府的信任可以恢复吗?》,《哈佛商业评论》1996年3—4月号。

② J·格雷戈里·迪斯:《非营利组织的商业化经营》,《哈佛商业评论》1998年第1—2月号。

风险投资公司建立了一整套投资管理和规避风险的制度，如果非营利组织的管理者向他们学习就能使组织的长期投资合理有效，降低经营和财务风险[①]。近年来，美国还建立了为非营利组织提供财务、法律、信息和管理等咨询服务的支持平台（这些平台本身也是非营利组织）为其提供专业服务。这些措施极大地提高了非营利组织的管理能力，为非营利组织的发展创造了更好的环境。

总的看来，虽然非营利组织与商业组织在目标上有所不同，但在管理上却存在许多类似问题。由于企业在管理运作方面的悠久历史和丰富经验，非营利组织管理将更多引入营利精神和商业行为。实际上，越来越多的非营利组织为了增加收入，正在向商业组织的运作方式靠拢。这些非营利组织的领导人四处奔波寻找商业机会，还有一些组织甚至和企业建立了合作关系，彼此之间的界线也日益模糊。当然，问题总是层出不穷的，只有坚持“做好事也要精益求精”的态度才能使非营利组织的管理得到不断改进。

第四节　新的挑战及出路

德鲁克曾经在年轻时代透过世界大战的硝烟看到了工业

---

① 克里斯蒂娜·W. 莱茨、威廉·瑞安、艾伦·格罗斯曼:《良性资本：非营利组织向风险投资家学些什么?》,《哈佛商业评论》1997 年第 3—4 月号。

社会的前途，今天在人们为知识经济的来临而欢欣鼓舞的时候，德鲁克却洞见到知识社会的困难和问题。

德鲁克在他的最后一部著作中预言了21世纪的管理挑战，“有五种现象是必然的趋势……它们基本上不是经济层面上的，而主要是政治和社会层面上的”。这五种必然的趋势是：发达国家越来越低的人口出生率；可支配收入上的变化；定义绩效；全球竞争力；经济上的全球化与政治上的分裂日趋不协调[①]。

在这些新趋势中，最重要的是发达国家史无前例的越来越低的人口出生率问题，人口的老龄化和人口结构的变化在将在未来几十年影响到所有发达国家的政治生活，加剧现有的移民问题，对退休政策和福利政策带来冲击，还会对社会经济产生深远影响。

关于收入的分配，“所有经济学家和大多数企业管理人员都认为，20世纪发生的经济大扩张是经济力量推动的。事实上他们错了。恰好相反，20世纪所有反对国家中由于满足物质需求的可支配收入的比例是逐年降低的。20世纪有四个部门保持了发展势头，它们分别是政府、卫生保健、教育、休闲。……这四个部门中政府对可支配收入的分配影响最大……而且这四个部门都不属于自由市场，不按经济学的供求关系运转，尤其不受价格波动的影响，总之，不符合经济

---

① ［美］P·F. 德鲁克著（朱雁斌译）:《21世纪的管理挑战》，北京：机械工业出版社2006年版，第37页。

学家认定的模式，或不遵守经济学理论……这四个部门的趋势是战略要考虑的头等大事，而且在今后几十年，它们肯定要发生巨变……只有掌握可支配收入的支出变化趋势，并且顺势而为，企业和非营利机构才能制定相应的战略。”①

关于绩效，德鲁克认为，关于公司治理的争论其核心在于对企业尤其是大型上市公司的“绩效”的定义。“企业需要保持三四十年的生命力，即在投资者达到领取退休金的年龄后，企业仍然能够正常经营。这是一个过于理想化的目标。成功企业的平均寿命过去没有超过30年的。因此，我们需要就绩效在企业中的含义发展出新的概念。我们需要发展出新的评价标准。但同时，我们需要采用非财务的手段定义绩效，使绩效的定义能够适合知识工作者的特点。这不是一种以财务手段衡量的回报，而是价值上的回报。”②

关于全球竞争力，德鲁克认为，所有组织都必须具有全球视野，将全球竞争力视为一项战略目标，任何组织，无论企业、大学还是医院，除非达到全球范围内本行业最优秀组织的绩效水平，否则是生存无望的。

至于经济与政治的日益分化，德鲁克指出，就生存环境而言，组织在现在和将来面对的是三个重叠的领域，首先是货币、信息流动的全球化经济体系；然后是商品、服务与员

---

① ［美］P·F. 德鲁克著（朱雁斌译）:《21世纪的管理挑战》，北京：机械工业出版社2006年版，第44—51页。

② ［美］P·F. 德鲁克著（朱雁斌译）:《21世纪的管理挑战》，北京：机械工业出版社2006年版，第53页。

工流动相对畅通的区域性经济领域；最后才是一国一地的具体现实。这三个领域首先属于政治范畴；其次才属于经济范畴。这三个重叠的领域充满风险和矛盾，在一个经济、政治、社会和技术全面转型的时代，全球秩序是一个混沌的结构。德鲁克分析了一些成功与失败的案例，提出了几个值得注意的问题和一些参考性原则，最后告诫组织的管理者要在战略高度上考虑这些问题，否则组织的战略根本就算不上真正的战略①。

这些预言以粗犷的线条描绘了21世纪西方管理者面对的复杂环境，是对未来管理环境的一套假设，组织的战略设计与管理的理论进展都必须预先考虑这些问题。这五个趋势中，从人口趋势开始，涉及21世纪政治、经济和社会的重要方面。尽管前两个趋势主要针对发达国家的情况，但一些新兴工业国和发展中国家也面临着类似的问题，前者如韩国后者如中国，都面临着低出生率带来的影响。尤其是中国，发达国家经历了“先富后老”的发展过程，解决老龄化问题具备坚实的经济基础，而我们是“未富先老”，社会负担将更为沉重，问题也更为严峻。当然，问题之所在也是机会之所在，能否顺利解决这些问题，在于一国的技术创新与社会创新能力，社会创新能力甚至于更为重要。后三个趋势本身就是从全球化视角提出来的，绩效的定义、全球竞争力以及经济与

① ［美］P·F. 德鲁克著（朱雁斌译）：《21世纪的管理挑战》，北京：机械工业出版社2006年版，第57页。

政治的分化乃是各国经营者都必须面对的挑战。当然，挑战可能远不止这些，而且这些基本范畴在实践中将演化成无数具体问题，管理者要遵循的原则有待继续探索，解决的答案也必定不止一种。

第七章 经验研究树范式

有关事实的基本假设是管理学等社会科学领域确信不疑的范式。他们通常存在于学者、作家、教师和实践者的潜意识中。这些假设也在很大程度上决定了他们对于客观事实的认知……然而，尽管基本假设非常重要，但是人们却鲜有兴趣对这些假设进行分析、研究和提出质疑——实际上也很少有机会对这些假设予以明确解释。

——德鲁克

讨论管理学的方法论问题，其意义不仅是对研究者而言，对于管理者同样很重要。方法论可以帮助管理者辨别流行理论的炮制方法和实际价值。还有更重要的一点，管理者懂得了管理知识的形成过程，将会更加乐意将自己的经验对管理学研究开放。因为，经验的开放对于双方都至关重要。正如卡尔·波普尔所说，一切经验都应该向研究开放。

科学发展史同时也是方法论发展的历史，没有伽利略的方法论革命就没有现代科学的发展。任何一门学科的发展必然与该学科研究方法的发展紧密联系。社会学家宣称社会学研究方法是社会学的三大支柱之一[①]。经济学也一直十分重视方法论，从某种意义上来说，现代经济学代表了一种研究经济行为和现象的分析方法或框架。作为分析框架它由三个主要部分组成：视角（Perspective）、参照系（Reference）或基准点（Benchmark），以及分析工具（Analytical tools）。研究现代经济学，必须从这三个方面入手，理解现代经济学，也要懂得这三个部分[②]。

方法论也是理解管理学的一把钥匙。以德鲁克等人为代表的经验学派倡导并采用了经验主义的研究方法。20世纪60—70年代，由于艾尔弗雷德·斯隆、欧内斯特·戴尔（Ernest Dale）和威廉·纽曼（William Newman）等人的加入，经验学派经历了一个鼎盛时期。20世纪70年代以后，经验学派由德鲁克独领风骚。由于德鲁克的著作和文章数量之巨大，所涉及的问题与学科之广泛，尽管进行了尝试性的梳理和分类，但难以将德鲁克的所有贡献囊括其中。正因为如此，对其方法论的理解显得尤为重要，只有找到了这把钥匙，才能超越树木纵览森林。

---

① 风笑天著:《社会学研究方法》，北京：中国人民大学出版社2001年版，该书序言。

② 钱颖一:《理解现代经济学》，《经济社会体制比较》2002年第2期，第1—11页。

第一节 管理学的范式

德鲁克方法论作为一种经验主义的方法论，应该放在管理学范式（paradigm）的背景下进行探讨。

范式包括理论范式与研究范式。所谓理论范式，就是一定时期占据主流地位的各种理论[①]；所谓研究范式，就是方法论。管理学的研究方法是一个综合体系，这一体系可以划分为三个紧密联系的层面，即方法论（Methodology）、研究方式、研究技术[②]。方法论是规范一门学科的原理、原则和方法的体系。方法论所涉及的主要是研究过程的逻辑和研究的哲学基础。

英国经济学家马克·布劳格在其名著《经济学方法论》一书就将经济学方法论理解为经济学所运用的科学哲学。由于社会学的研究方法是社会科学包括管理学普遍采用的一般性方法，因此，在这里我们不妨借鉴社会学对方法论的阐释。社会学方法论所探讨的主要问题包括：社会现象的性质及其理解；社会研究的哲学基础及其假定；社会研究过程和结果的客观性问题；社会研究者的价值与研究之间的关系；社会

---

① ［美］P·F. 德鲁克著（徐大建译）:《21 世纪的管理挑战》，北京：机械工业出版社 2006 年版，第 2 页。

② 风笑天著:《社会学研究方法》，北京：中国人民大学出版社 2001 年版，第 6—9 页。

研究中的不同范式及其应用；不同研究方式的内在逻辑等等。

简言之，一门学科的方法论是接受或拒绝这门学科的理论或假说的基本原理。研究方式指的是研究所采取的具体形式或研究的具体类型，如定性研究和定量研究等。研究技术指的是研究过程中所使用的各种资料搜集方法、分析方法以及各种特定的操作程序和技术。

研究范式的多元化导致了管理理论范式的多元化。在社会科学研究中存在两种基本的、同时也是相互对立的方法论倾向[①]。一种是实证主义方法论；另一种是人文主义方法论。一个世纪以来，实证主义方法论一直占据西方社会研究方法论的主流地位。实证主义方法论属于科学范式，实证主义方法论认为，社会研究应该向自然科学看齐，应该对社会现象及其相会关系通过非常具体、非常客观的观察，通过经验概括得出结论，而且这种研究过程还必须是可以重复的。实证主义方法论倾向于在研究中使用统计和定量分析方法。人文主义方法论属于自然范式。人文主义的方法论认为，研究社会现象时要充分考虑到人的特殊性，人文主义方法主要采取了定性研究方式。

科学技术的进步使得科学方法获得日益崇高的地位。科学范式的广泛采用，极大地促进了社会科学的发展，一些社会科学甚至以拥有高深的数学工具而自豪，以本学科接近科学的程度作为判断学科成熟的重要标准。但是，在社会科学

---

① 罗珉:《管理学范式理论研究》，成都：四川人民出版社 2003 年版。

的发展中，科学范式并不能完全取代人文范式，而是要提升人文范式使之可以与科学范式相媲美。只有这样，科学的力量才能最终为人的精神所驾驭。

这是由于社会科学研究对象的属性所决定的。自然科学的研究对象独立于个人经验之外，自然规律也不受研究者价值倾向的影响。而在社会科学领域，社会秩序不是自发形成的，社会运动规律也不是独立于人的意识之外。人作为社会活动的主体，主导了社会秩序的构建过程。研究者很难完全独立于研究对象，研究者的价值和经验对社会科学研究有着不可忽视的影响。

科学哲学曾经提出了一个著名的问题：有没有一种科学方法可以适用于所有的科学而不管它们的学科内容[①]？对于这个问题，波普在《历史主义的贫困中》一书中对此做了回答。他首先宣布了“方法论的一元论”原则，即所有的科学都应该采取同样的方法，不管它是自然科学还是社会科学。同时，波普又规定了一个“方法论的个人主义”原则，同意在社会科学理论领域，可以根据研究者的态度、期望、关系等等，以个人的方式建立起理论模式。

也许研究者没有在文章中明确阐述自己的方法论，但他们在方法论方面的倾向性却始终会对其研究过程产生影响，包括影响研究者对社会现实的性质的判断，影响他们搜集资

① ［英］冯·马克·布劳格著:《经济学方法论》，北京：商务印书馆 1992 年版，第 52—53 页。

料的方法，影响他们对资料的选择，影响他们分析资料和解释结果的方式，最终影响到他们的研究结论。

以人际关系学说的代表人物埃尔顿.梅奥为例，他在霍桑实验中明确地提出了一个个假设，通过实验一一否定了这些假说，最后得出一个出乎意料的结论：与小组工作中非正式组织的自发协作相比，管理者有意采用的影响女工产量的措施却收效甚微。实际上，梅奥的理论隐含着带有偏见的价值观。概括地说，梅奥喜欢非经济方面的目标而不喜欢经济方面的目标。喜欢在和谐的气氛中工作而不喜欢在不一致的气氛中工作，尽管这种不一致本身可能是和谐的。这些隐含的价值观使他的理论带有倾向性。

再以经济学为例，自亚当·斯密 1776 出版《国富论》以来，经济学家经过 200 多年坚持不懈的努力，经济学已经在科学的殿堂登堂入室。经济学在研究方法的各个层面都取得了诸多进展，在方法论上也日益接近科学范式。在经济学的发展历史上，杰文斯等人倡导的边际革命创立了微观经济学，凯恩斯通过国民经济核算体系建立了宏观经济学，博弈论则为信息经济学确立了基本研究方法。经济学日益显示出对数学方法和定量研究的偏爱，表明对自然范式的疏远和对科学范式的亲近。即便如此，经济学并不能脱离其作为一门社会科学的根本属性。行为金融学的兴起就是一个很好的例子。行为金融学应用心理学、行为学的理论和方法来分析金融现象，它有两个基本的研究主题：一是市场并非是有效的，要在考虑人的行为因素的基础上分析资产组合和定价问题。二是投资者并非是理性的，现实世界中的投资者会发生各种各样的认知和行为偏差。围绕着这两个主题，行为金融学研究金融市场中投资者的心理与行为，引入心理和行为因素来改造传统金融学理论，以使其更加符合实际和更具有解释力。行为金融学的兴起和发展，被许多经济学家称之为经济学和金融学的“非理性革命”。

管理学的研究对象与学科性质在管理学界一直存在争议，仅从各种教科书在内容方面的巨大差异就可以看得出来。这两个问题是密切相关的，一个学科的研究对象决定了这个学科的性质。如果将管理学的研究对象指向事与物，那么管理学的科学性毋庸置疑。如果将人及其组织也加入进来，那么，管理学就不能仅仅局限于科学范式。

德鲁克以人为中心来构建其思想体系，其理论的成熟与形式的典雅，将管理学的人文范式推进到可以与科学范式相媲美的高度。

第二节　管理学是一门人文艺术

2002 年 6 月 22 日，美国总统布什授予包括德鲁克在内的几位公民“总统自由勋章”，这是美国公民所能获得的最高荣誉。在克莱尔蒙特研究生大学（Claremont Graduate University）德鲁克管理学院院长介绍这一消息时说，德鲁克管理学可以归人人文学科（Liberal Art），因为德鲁克的关注对象是人。德鲁克这位坚持西方传统价值观的人文主义者，把管理视为人文艺术而不是科学[①]。

一、管理学的研究对象是人

自法约尔以来，管理知识体系以管理活动过程为框架，迄今为止各种主流管理学教科书仍然沿用这一体系。德鲁克在《管理：使命、责任、实务》中开宗明义，管理是任务，管理也是人，管理的任何领域的成败都是管理者的成败。德鲁克围绕组织中人的发展来构建其理论体系，这个体系以人和组织为中心分为三个层次：企业的管理、管理人员的管理、工人和工作的管理。

德鲁克认为管理学的研究对象是“人和社会机构的行为”[②]。管理作为一门学科，作为一种实践，它涉及人与社会的价值观，是一门真正的综合性艺术[③]。管理学的中心论点一直是：现代工商企业是一个人际组织，一个社会组织。“我探索组织和结构的原则，探索根本性的原则，研究价值观、承诺和信念。管理必须是一门学科，一种系统的知识体系，能为人们所学习，甚至能够传授。

管理学不是也永远不会是今天人们所理解的那种科学。

---

① ［英］罗伯特 · 海勒、彼得 · 德鲁克（崔权醴等译）：北京：中国社会科学出版社 2002 年版，第 1 页。

② ［美］P · F. 德鲁克著（徐大建译）：《21 世纪的管理挑战》，北京：机械工业出版社 2006 年版，第 3 页。

③ ［美］P · F. 德鲁克著（许斌译）：《管理的前沿》，上海：上海译文出版社 1999 年版，第 197—205 页。

管理从经济学、心理学、数学、政治学、历史以及哲学中吸取养料，管理具有自己的假设、自己的目的、自己的工具、自己的绩效目标与衡量标准，管理作为一门独立的学科，用最古老的术语人文艺术来描述它最为贴切”。[①] 管理学以人为研究对象，管理者所做出的每一项抉择都不仅仅涉及事实，而且涉及管理者本身的倾向和价值判断，因此所谓事实只是管理者所理解的“事实”。对管理者而言，事实和价值取向具有同等的重要性。然而，长期以来，管理学界为了追求管理学的科学地位，片面追求客观性，轻视价值判断甚至有意避免与价值打交道，这才有所谓管理是科学还是艺术的争论。

在德鲁克看来，管理处处与人有关，研究管理问题必须考虑人的价值观念、人性的特点，最终促进人的成长和发展。

德鲁克反对一切形式的对人的控制，无论是胡萝加大棒式的控制，还是以行为科学名义实施的心理控制。德鲁克关心人，但是这种关心从来不是放任和纵容。德鲁克是一个严厉的智者，不停地催促管理者不要被眼前的利益和眼前的成功所迷惑，要不断主动抛弃今天，通过永不满足的创新创造明天。

德鲁克本人并不轻视科学在管理中的重要作用。他对证券分析中所使用的财务分析和统计分析方法，科学管理学派的动作研究方法，梅奥的霍桑实验，以及戴明的质量管理技

① ［美］P・F. 德鲁克著（许斌译）:《管理的前沿》，上海：上海译文出版社 1999 年版，第 197—205 页。

术都深有研究。他非常重视这些技术，甚至极力推广这些技术。但是他发现管理者还需要这些技术所不能提供的，其重要性又远远被低估的一些东西，如同德鲁克所说，这些知识涉及“人、权力、价值观、结构和方式”。因此，尽管德鲁克提供的一些管理方法如目标管理本身包含了科学精神，但是他又把一个很重要的变量——人的价值与意义——引入了管理学，使它成为一门人文学科。

管理与精神上的关心有着密切的关系，比如人的本性、善与恶。因此，管理就是传统意义上的人文艺术——它之所以叫作“人文”，是因为它涉及知识、自我认识、智慧与领导艺术等基本要素。它之所以叫“艺术”，是因为管理是一种实践与应用。管理者从人文与社会科学（心理学和哲学、经济学和历史学、自然科学与伦理学）中汲取知识和见识。但是他们必须把这些知识集中到效益与结果上——集中到如何治愈一名病人，培养一名学生，或者设计并出售用户满意的软件[①]。德鲁克强调财务手段和财务结果的重要性，但是，企业的最终目的不是“赚钱”，赚钱是为了生存下去，盈利是绩效的成果，是对绩效的衡量，但它本身不是绩效。企业的目的是创造顾客，这才是企业的绩效，是企业的天职。

德鲁克与大多数管理学家所不同的地方之一在于，他相信基本价值的存在，尤其是人的价值，他的组织原则背后是

---

① ［美］P·F. 德鲁克著（刘清华等译）：《新现实》，北京：中国经济出版社 1993 年版，第 187 页。

基本价值观。在他开始自己的学术生涯之时，首先就声明了所抱持的价值观，其核心内容是功能社会理论和自由企业制度。他在功能社会理论中系统地阐明了自己对个人、组织与社会的基本信念，对通用汽车公司的研究之后他又赋予联邦分权制以自由企业制度之基的意义，这两者一起奠定了其管理思想的基石。这就不难理解，德鲁克将通用汽车公司的分权化组织模式定义为联邦分权制度，其用意就在于沟通企业组织与政府组织的某种共同点。德鲁克指出，联邦分权制不仅是一种管理技术，而且还是一种社会秩序的纲要。这一制度在通用汽车公司的成功，证明了以自由企业为基础的经济体制在现代工业社会仍然可以有效运转。

管理是一门人文艺术还意味着理论的多元化。管理与价值有关意味着，文化传统的差异决定了不同社会将为了不同的目标而采取不同的管理原则。如果一个社会认为它的一部分成员比其他成员更完美或更接近于完美，那么这个社会就不会采取分权自治原则作为组织的基本原则；如果一个社会认为人生的意义在于子孙满堂而不是个人的经济成就，那么它就不会孜孜以求致力于技术创新和提高生产率。即使目标相同，由于历史文化与风俗习惯的差异，管理方法也将是多元化的。

德鲁克认为，尽管管理有一些基本问题，但并没有唯一的正确答案，美国经验也并非唯一的成功之途。社会环境、社会行为、社会问题十分复杂，以至于我们不能设想只有一个简单的“正确答案”，如果这些问题确实能得到解决，那么必须存在多种解决方案，其中也许没有一种是完全正确的。

德鲁克做了两件事：将西方人文思想融入管理学，又使管理学从其他学科中独立出来，成为一门学科。西方经济思想史是从《圣经》和柏拉图、苏格拉底的思想，从西方文明的发端开始讲起的，管理思想史也应该是如此。德鲁克既将管理学与西方的人文传统相联系，又将其推进到泰罗之后的时代，将这些价值观通过管理之手在组织中变成人们的态度和行为，塑造了现代管理学的基本面貌。

二、社会责任与商业道德

德鲁克不仅关注企业如何管理资源，也关注组织在社会中运转如何才能合乎道德和伦理。德鲁克管理思想是围绕“责任”建立起来的。“责任”有两重含义，一方面是管理学对管理实践负有的责任；另一方是管理者对其行为负有的责任。

查尔德认为，管理思想有技术性和合理性两个方面的作用。所谓技术性作用，是指管理思想为实践者提供了完成任务的具体手段；所谓合理性作用，指的是对现有的管理制度和管理行为做出解释或批判，使之得到社会的认同[①]。技术性作用暂且不谈，所谓“社会认同”，在德鲁克著作中的等价概念就是管理层的合法性。管理者作为一个群体若想要得到社

① ［英］安德泽杰·胡克金斯基著（王宏方译）：《管理宗师》，大连：东北财经大学出版社 2003 年版，第 220 页。

会认可，他们必须证明自己能够充当社会的领导阶层，他们的行为所体现的价值观必须要符合社会的基本价值观。德鲁克早期理论为管理层的合法性和独立性做了有力的辩护，维护了管理层的权威。他认为，管理层的职责不是对股东、政府及雇员或其他任何一个群体负责，管理层的职责所在是对组织负责。这一点具有极其重要的意义，是组织发展的基础，也是社会繁荣的基础。但是，德鲁克又反复告诫，管理权威及其地位都必须不断得到强化，随社会经济形势的变化，当其地位受到所有权弱化、立法、工会和雇员挑战的时候，管理层的合法性危机就出现了。德鲁克确证了管理是生产过程中必不可少的“生产要素”，提高了公众对于管理层的信任，也帮助管理层解除了自我怀疑。

企业行为与商业道德的关系是德鲁克社会理想与专业理想的结合点，是德鲁克关注的重点领域。德鲁克重新阐述了市场经济与道德伦理的关系，并寄希望于各类组织承担起社会责任。对于市场经济与道德伦理的关系问题，英国作家曼德维尔有一句名言——私恶竟成公益（Private vices make public benefits），意思是说个人追逐私利的行为在市场价格机制的引导下最终竟然变成了对公共利益有好处的事情。这充满矛盾的命题一直被当作资本主义的辩证法。在德鲁克看来这种观点不仅是错误的而且是有害的：没有哪一个社会可以持久地建立在这样一种信念之上。一味追求私利而不顾甚至破坏公益只会毁坏市场机制，导致市场失灵。只有企业管理者以社会公益为目来追求企业私利，才能将私利与公益协调起来。当然，把对社会有益的事变成对企业有利的事情不会一帆风顺，但管理群体作为社会的领导群体必须承担起这个职责。管理部门履行上述职责，不仅是对自己负责，而且是对企业、对社会负责。

到 20 世纪 80 年代，对社会责任的讨论上升为对企业行为准则的讨论。商业道德迅速取代社会责任成为时髦的课题[①]。德鲁克对此不以为然，他认为所谓商业道德意味着道德标准的妥协和退让，允许企业以商业情形为借口采取另一套道德标准，为某些不符合普遍道德规范的行为开脱。西方社会传统上坚持道德一元论，即道德只与个人有关，所有人都必须坚持同样一个道德标准，所有人必须遵守同样的行为准则。也就是说，个人在道德面前一律平等，不管这个人是王子还是庶民。如果以个人或组织负有某种特殊社会责任为借口，为这些个人或群体另立一套行为准则，就是道德沦丧的先兆。如果说因为企业和企业管理人员负有社会责任而为他们另立一套道德标准，不管这种道德标准称为商业道德或企业伦理，都违背了道德的一元论，这种责任实际上是政治的而不是道德的。

如果管理者使他们的利益和个人道德服从他们的社会责任，那就意味着某些判断普通人是否道德的规则并不同样适用于这些有特殊社会责任的人。这也就是说，只要管理者的

---

① ［美］P·F. 德鲁克著:《变动中的管理界》，上海：上海译文出版社 1999 年版，第 226—246 页，“商业道德”。

行为能够被解释为对其他人有好处，他们就可以不受道德规范的约束。比如，洛克希德事件[①]就是典型的例子。1972年，美国洛克希德公司（Lockheed）为推销其飞机向日本首相田中角荣以及其他重要政治家行贿5亿日元，田中因此被迫于1974年12月下台。洛克希德公司之所以出此下策，是因为它当时身陷困境，急需订单以挽救破产的命运。即便如此，洛克希德的行为就可以原谅吗？商业道德在一般人看来，是一种促使企业约束行为的准则，而德鲁克却很担心特殊化的企业道德会导致社会道德的整体松弛。

德鲁克认为这种困境是西方哲学的内在矛盾造成的，西方哲学将权利与义务对立起来看待，将道德视为一方负有义务而另一方享有权利，过分强调竞争，忽视相互之间的联系与合作，使得企业和管理者往往采取片面的行为。他主张借鉴儒家道德观修补西方道德观。在德鲁克看来，儒家哲学以信任和和谐为原则，坚持相互依赖的道德规范，坚持所有的权利和义务都是相互的。德鲁克寄希望于这种相互依赖的道德观将西方社会从企业道德的困境中解救出来。

苏联解体之后，独联体国家纷纷走上了市场经济道路，德鲁克曾经在一个经理培训班上问一些经理：什么是市场经济？立刻有人回答道：市场经济就是赚钱！德鲁克摇摇头说：不对，市场经济是选择与责任。由于对责任的强调。德鲁克

---

① 1995年，洛克希德公司与马丁公司合并为洛克希德马丁公司（Lockheed MartinCorporation），是一家高技术公司，生产导弹、火箭及太空系统。

因此被称为“商业文明的道德学家”。

三、管理是实践

如果要用一句话来概括德鲁克管理思想，那就是：管理是实践。德鲁克之所以将第一部管理著作命名为《管理的实践》而不是《管理的原则》，因为他认为管理首先是一种实践，虽然它与医学一样，把很多科学研究的方法当作工具使用，但管理本身还不是一门科学。管理是实践，重要的不是知而是行，检验管理的不是逻辑而是结果，唯一的权威是业绩……它来自实践，以实践为中心[①]。尽管知识对行动具有重要意义，但管理学研究的目的不是为了从逻辑上证明某种理论的有效性，任何一种管理理论都不可能像自然规律那样得到普遍的证实或证伪，因为，它的有效性在很大程度上取决于实践者本身的因素。不论多么精美多么流行的理论，一个组织不具备实现它的条件都不可能成功。因此，重要的是如何运用某种管理知识，而不是企图要证明它或推翻它。

从某种意义上来说，所有应用学科都是实践性学科。工程师在设计一座桥梁的时候必须考虑各种环境因素，这与管理者在做出一项抉择时必须考虑各种影响因素是一样的道理。尽管管理者考虑的因素可能比工程师更加复杂，但不同的管理者在就类似问题做出相似的决策时，他们仍然是遵守

---

① ［美］P·F. 德鲁克著（王永贵译）:《管理：使命、责任、实务》，北京：机械工业出版社 2006 年版，该书序言。

了某种一般规律的。也许，管理原则与环境条件之间的关系不如工程原则的适用条件那样明确，但它们之间确实存在着某种联系。就连创新这样最不确定的活动，德鲁克也明确界定了创新的来源及对创新业务的组织管理方法。

德鲁克是一个积极的经验主义者。德鲁克主张向成功者学习向成功经验学习，他的命题都用积极的概念来表达：有效性、长处、未来、机会、成功。他致力于研究成功经验而不是研究失败经验。理由很简单，失败只能告诉人们什么是行不通的，而不能告诉人们什么是正确的做法，与其说“失败乃成功之母”不如说“成功乃成功之母”。

每一个时期，德鲁克都是根据管理实践的需要确定研究选题，每一部著作的内容都根据实践的需求来剪裁和安排。不仅如此，德鲁克还致力于将管理知识运用于管理实践，终身从事管理研究、教学和咨询，是学生之良师，又是经理之智囊。德鲁克从未做过如霍桑实验那样的实验，他的经验要广泛得多，他几乎是以穷尽人类在各个领域的一切管理经验的勇气在构建其理论大厦。在其教学和咨询生涯里，德鲁克始终与管理人员保持密切的联系，从他们的经验中学习。德鲁克曾经放弃到哈佛大学任教的机会，因为他认为哈佛的本科生没有实践经验，自己不能从教学中学到什么东西。德鲁克还担任了各种类型组织的顾问，顾问工作是另一个经验来源。但是，亲历的经验总是十分有限的。德鲁克的经验中另外一个同等重要甚至更为重要的部分来自广泛的阅读。每个两三年他就选择一个新领域，几十年如一日，最终在各个领域积累了丰富的知识和经验，成为百科全书式的学者。

尽管可以说管理实践是管理理论的源泉，可是伟大的实践本身并不会自动成为伟大的理论，霍桑实验如果不是梅奥的揭示只不过是一沓无意义的数据而已。尤其重要的是，如果没有深刻的洞察力和理解力，经验本身是不足道的，仅凭掌握大量的经验还不能成为真正的经验主义者。要理解和解释管理经验，必须具有真正的智慧。

第三节　经验学派的研究范式

哈耶克指出，尽管理性是人类拥有的最为珍贵的禀赋，然而，理性并非万能，个人理性是一种工具，一种抽象思维的能力，它服务于个人的方式，乃是引导个人在一个他无力充分理解的复杂环境中进行行动，并使他能够把复杂现象抽象成一系列可能把握的一般性规则，以引导他的决策[①]。休谟也曾说，人无力根据理性来捍卫理性，人理解的基础并非理性，人理解的基础乃是经验。经验研究有两个重要功能，一是检验理论；二是提出理论。经验主义者对以法约尔为代表的早期研究者采用的普遍主义的方法论进行了批评，在此基础上建立了经验主义方法论[②]。

① 邓正来:《规则·秩序·无知——关于哈耶克自由主义的研究》，北京：三联书店 2004 年版，第 73 页。

② Ernest Dale，The Great Organizers，New York：McGraw-Hill，1960.

一、普遍主义与经验主义

管理学最早是从研究工商企业管理开始的，随着管理实践的发展，管理学的研究对象不断向宏观和微观两个方向扩展。从宏观方向来看，管理学的研究对象从工商企业管理扩展到政府机构管理，再进一步扩展到非营利组织管理。从微观角度看，管理学对工商企业管理的研究从生产作业管理扩展到整个运作流程的整合管理，从组织内部管理扩展到竞争与战略管理，对组织的研究进一步细化为个人、群体和组织等三个层次。

管理学研究对象不断变化的同时，研究方法也不断创新：泰罗等人致力于生产率研究，借鉴了自然科学的研究方法；以梅奥为代表的行为学派以个人、群体和组织为主要研究对象，很自然地主要采用了心理学、行为学和社会学的研究方法；以明茨伯格为代表的经理工作学派致力于对经理的工作进行系统分析，该学派采用了“有结构的观察法”和逐日记录经理人员活动的“日记法”等研究方法；系统学派和数理学派更加注重数学和运筹学等研究方法……

从研究者对其理论的适用范围所持有的态度来看，这些研究所采用的方法论可以归纳为两大类：普遍主义方法论（Universalism）和特殊主义方法论（Particularism）。普遍主义者假定自己的结论适用于一切组织，他们提出了管理学的基本概念和理论框架。管理过程学派的代表人物法约尔、穆尼（Mooney）、厄威克（Urwick）和古利克（Gulick）等都是普遍主义的代表人物。该学派在提出管理职能假说的基础上对管理进行剖析，提出管理学的基本概念和基本原则。以法约尔为例，他将企业的全部活动分为技术活动、商业活动、财务活动、安全活动、会计活动和管理活动。然后将其中的管理活动分解为计划、组织、指挥、协调和控制等五大职能。并进一步提出十四条管理原则。普遍主义学派的后来者厄威克等人对上述原理做了增加和补充。时至今日，绝大多数管理学教科书仍然主要以法约尔提出的职能说为基本论述框架。

经验主义（Imperialism）方法论实际上是一种特殊主义方法论，经验主义者则认为普遍原理不具有实用性，希望从案例和经验研究中，明确界定管理原则的适用条件，得出对管理实践更具有指导意义的管理理论。

二、戴尔的比较研究方法

经验学派中，戴尔对普遍主义的批评最为激烈，这些批评虽然难免有矫枉过正之嫌，但也一针见血地指出了普遍主义方法的缺陷。

戴尔认为，普遍主义者同时犯了过于空泛和过于精细的错误。一方面，普遍主义者提出的管理原则过于空泛，没有什么实际内容。一个理论若过于空泛，则落入所谓的“套套逻辑”，也就是说用这个理论来套什么事实都能套得上或解释得过去。以管理职能为例，无论是将管理职能划分为五项职能还是七项职能，所有的管理人员或多或少地普遍从事着各项管理职能，但是他们执行这些职能时在目标和方法上各不相同，职能理论对他们的实际工作并没有多少指导意义。又例如，专门化原则无疑是正确的，但它从未告诉我们在某种具体情况下适用的专门化的程度。另一方面，普遍主义者又犯了过于精细的错误，过于精细指的是研究毫无实际意义的细节。例如，普遍主义者认为一个管理者的控制幅度不应超过 6 人，但是我们可以毫不费力地举出无数例外。普遍主义者对某些管理原则精细之处的争论，就像中世纪的神学家讨论一根针尖上可以容纳多少个天使跳舞一样，对实际工作也没有多少指导意义。

戴尔在研究了普遍主义学派提出的原理后没有发现任何有价值的东西，他在自己的著作中故意不用原则一词，甚至断然反对为组织和管理规定任何有关的普遍原则。戴尔认为，在实际管理工作中普遍原理就像普罗克拉斯提斯之床一样，很少有完全适合的。普罗克拉斯提斯是希腊神话中的强盗，他常使被劫者躺在铁床上，凡是身体比床长者被截去比床长的部分，比床短者则强行与床拉齐。所有的哲学家们都有一些他们思想中喜爱的体系，如果要使自然界适合于这些体系，那就必须迫使整个自然界屈服。

由于普遍主义方法得出的理论与实践距离过于遥远，实用价值很小。一项原则有时只是一个作者的一种假设或预感，但他未经证实就把它当作普遍真理；或者这个作者只是在特定时间对特定环境进行了考察，然后就匆忙地把观察结论普遍化。普遍主义的种种缺陷表明了一个道理，管理理论必须从现实中发展而来，只有把注意力集中于实际问题才能导致理论上的继续发展。

戴尔的主要贡献不仅仅在于其对普遍主义的批评，而在于他第一次系统地论述了经验研究方法。戴尔在《伟大的组织者》开篇就介绍了自己独特的方法论，并将这种研究方法称为比较研究法。所谓比较研究方法，就是认识和描述不同组织结构中的基本相同之处，对这些相同点进行搜集和分析，从中得出一些能够更好预测和应用于类似情景的一般结论。比较研究将管理原则与经验进行比较，同时对不同组织的管理经验进行比较，以鉴别一般管理原则的正确性，并总结出适用于类似情形的管理方针。戴尔运用比较研究法研究了在他看来最成功的四家企业，总结这四家企业的成功经验，将这四家企业的成功归功于一批伟大的组织者，这些伟大的组织者除了个别例外都不是企业的创立者，这与德鲁克和钱得勒的结论是一致的。

戴尔为比较研究方法确立了一套严格的标准，提出一个合格的比较研究必须满足四个方面的要求：第一，一个适当的概念框架，即一个参照系；第二，不同研究对象的可比较性，以及比较的维度；第三，研究者自身的价值观及目标；第四，研究结论的恰当性。在研究任何一个管理问题的时候，研究者都必须考虑这几个基本问题。

其一，比较分析法需要一个概念框架和一套分析工具。戴尔建议研究者采用已有的理论框架。例如，可以采用法约尔的管理职能理论的分析框架来研究组织需要一些什么职能，为了完成这些职能需要什么样的权力和承担什么样的责任。或者选用切斯特·巴纳德的“经理工作的过程”设计的概念体系作为研究框架。与戴尔不同，德鲁克自己就是概念大师，不同时期的理论都是围绕自己发明的新概念提出的，在《公司的概念》中提出了“联邦分权制”“自治单位”等概念，在《管理的实践》中提出了目标管理概念，在后来的著作中提出了知识工作者、知识社会、重新私有化以及创新和创业管理等新概念。

其二，比较研究法要求研究对象存在可比较性。描述和分析不同系统的相似性必须考虑它们之间的差异性，如果研究对象间的差异很大，那么对它们进行比较可能毫无意义。这要求研究者必须理解研究对象的性质，从中找出可供比较的维度。

其三，研究者必须明确阐述自己的理论所持有的基本价值观和假设目标。这是要求研究者考虑自己的价值观和假设与研究之间的关系。在许多时候，研究者之间争论不休甚至互相攻击，却没能意识到争论的根本原因在于他们没有明确阐释自己的研究目标和价值观。比如，一些研究者的研究目的是提高组织的生产率，因此，这些研究者重视正式组织的运作效率。而另一些研究者致力于雇员的福利和满意感，所以他们认为正式组织结构和理论使个人压抑和困惑。为了避免这样一些无谓的争论，研究者应该明确地阐述自己的研究结论所隐含的假设，并且应该尽可能采用客观的标准来描述自己的研究结论。

其四，一个也是最重要的要求是理论的恰当性。研究者所做的比较和得出的结论必须是恰当的，也就是说应该明确指出假设适用的条件，以方便在实践检验的基础上对理论假设进行修订。

戴尔研究了杜邦公司、通用汽车公司、威斯汀豪斯电气公司和国民钢铁公司等四家公司，描述了这些企业由创业型企业演变为成熟企业的成长历程，得出了一系列组织原则①。尽管戴尔对经验研究的方法和目的做了严格的规定，但是他自己也意识到，比较研究方法在企图扩大某种成功经验的适用范围时很可能滑向普遍主义。不过，他又指出比较研究者只要自己对比较方法的应用确定一些限制条件，就可以避免落入普遍主义的陷阱。

从中我们可以发现，普遍原则并非一无是处，比较研究的目的最终还是为了找到经验中存在的普遍规律和一般原则。辩证地来看，组织管理尽管存在着一般模式，具体到不同组织却总有差异；尽管各个组织所处环境有差异，管理工作却仍然存在着类似性。运用比较法，我们可能不会立即建立起一种普遍适用的理论，但可以建立起一定条件下有用的原则。普遍主义和经验主义之间并非对立关系，管理理论应该是二者之间的平衡。没有原则，人们就处于黑暗和混乱之

① Ernest Dale, The Great Organizer, New York: McGraw- Hill Book Co., 1964.

中；没有经验和尺度，即使有最好的原则，人们仍将处于困惑不安之中。原则是灯塔，它能使人辨明方向：它只能为那些知道通往自己目的地道路的人所利用[①]。

1981 年，哈罗德・孔茨再次考察了管理理论的丛林，他发现经验主义学派同 20 年前相比，更加重视对基本原理的总结了。

三、德鲁克的研究方法

德鲁克在一些著作中也谈到了自己的研究过程。

在《创新与企业家精神》的初版序言中，德鲁克对自己的研究方法做了较为详细的说明。他从事创新与创业精神的研究从 20 世纪 50 年代中期开始。当时，德鲁克在纽约大学管理系领导了一个研究小组，每周用一个晚上专门研讨创新与创业精神，这一活动持续了两年。参加这一活动的有刚刚开始创办新事业的人，他们中大多数是成功的；也有不少中层管理人员，他们绝大多数来自大型组织，这些机构包括 IBM、通用电器、出版社这样的大型企业，还包括慈善机构、工会及宗教组织这样的社会机构。在两年多的时间里，研究小组的成员将研讨会上形成的概念和想法带到自己所在的机构和实际工作中去测试，然后在将实践结果拿到研讨会上来讨论。

---

① [法]亨利・法约尔著:《工业管理及一般管理》，北京：中国社会科学出版社 1995 年版，第 50 页。

在纽约大学的研究结束之后，德鲁克对创新与创业的研究又持续了 20 多年，直到 1981 年，德鲁克最终完成《创新与企业家精神》。这项研究显示了德鲁克在管理研究方面最重要的特点：即以问题为导向，关注实践经验。在理论形式上，德鲁克不是简单地总结实践经验，而是将当前的实践经验与这一领域的所有经验相比较，上升到历史和哲学的高度，对经验过程和经验原则从各个角度做出深刻阐释。在这种经验研究的基础之上，创新和创业管理成为管理理论的一个新领域。今天的资本市场上到处都是拿着创业计划寻找风险投资的年轻人，他们的行动证实了创新和创业的确如德鲁克所说的那样是可以学习的。

《卓有成效的管理者》同样很好地体现了这一特点。德鲁克对这个问题的探究可以追溯到二战期间。1959 年，德鲁克应邀为联邦政府高级官员做专题讲座，讲述关于如何提高管理者的工作有效性问题。在那次演讲中，德鲁克惊奇地发现，在他看来是一些浅显的道理，竟然被那些经验丰富的高级官员们认为是创造性的见解。从那以后，德鲁克开始对这一问题进行有计划的研究[①]。这项研究历时 15 年，德鲁克在美国、欧洲、拉丁美洲和日本的各种不同类型的大大小小的工商企业、政府机构和大学、医院等组织中寻找有效的管理者，研究他们如何工作。最后，德鲁克将这些蕴藏在实践中的零散

① 张瑜：《彼得·德鲁克和他的名著 <成效的管理者>》，《管理世界》2002 年第 5 期。

经验变成为系统的知识[①]。

德鲁克在《管理：使命、责任、实务》中谈到了如何处理自己的倾向性对研究结论的影响。德鲁克按照经理人员的意见来对这本书的内容进行了剪裁，只有那些每个经理都认为必要的内容才会包括在书中，否则就放弃这项内容或者至多也就是点到为止[②]。

德鲁克对管理学的学科性质的认识，决定了他在研究中运用的知识和手段。德鲁克综合运用多个学科的知识来理解和解决实际管理问题。德鲁克擅长将社会学、政治学、历史学和经济学的思想方法运用于管理研究，他的这种研究方法被称为"独有的宏观思维方式"[③]。

德鲁克独有的宏观思维能力，是一种透过复杂现象抓住事物本质的洞察力，这既是天生的禀赋，也是长期训练的结果。在他初次被管理学所吸引的时候，他四处打听这个领域已经有哪些书籍，设法搜罗这些书籍，然后仔细研读了搜罗到的所有管理著作。德鲁克每隔两三年选择一个领域，集中阅读这个领域的重要文献，这些领域涉及哲学、宗教、政治、经济、历史、科技、法律乃至日本文化。这种广泛的学习为他独有的宏观思维提供了源源不断的素材，使他对管理问题

① ［美］P·F. 德鲁克著（许是祥译）:《卓有成效的管理者》，北京：机械工业出版社 2005 年版，第 3—7 页。

② ［美］P·F. 德鲁克著（王永贵译）:《管理：使命、责任、实务》，北京：机械工业出版社 2006 年版，参见该书序言。

③ ［美］P·F. 德鲁克著:《德鲁克管理思想精要》（英文版），北京：机械工业出版社 1999 年版，参见：赵曙明为此书所做的序。

的理解和阐释肆意地突破了专业眼光的局限，并且为他的著作提供了许多令人惊奇的案例，几乎每一个读者都能在德鲁克著作中读到前所未闻的东西。

德鲁克了解各种新观念新名词的来龙去脉，因此，他总是能从最显而易见的现象入手，描述某一事物发展的全过程，最后达到对某一概念本质的透彻理解。这个过程就仿佛庖丁解牛，许多表面上复杂深奥的新理论经过德鲁克的解剖，其真正含义往往变得简洁清晰。

考察“从资本主义到知识社会”一文即可见一斑，该文是德鲁克的经典论文之一。在这篇文章中，德鲁克论述了“知识”这个概念的含义与社会发展各个阶段之间的关系：在工业革命早期，知识运用于工具催生了工业革命；在工业革命发展过程之中，知识运用于劳动产生了生产率革命；在工业社会向知识社会的转变过程中，知识被运用于再生产新的知识。在这篇文章中，德鲁克引用的例子包括：13 世纪眼镜的发明及其传播、公元 800 年左右风车的重新设计、瓦特的蒸汽机、马镫的发明、计算机的历史、马克斯·韦伯的“清教徒伦理”、东方的佛教和禅宗、日本与韩国的兴起、从柏拉图到维特根斯坦和波普尔的哲学、狄德罗和达朗贝尔的《百科全书》、斯密的《国富论》、巴尔扎克及其他作家的小说、哈耶克的经济理论、泰罗的科学管理……这些例子跨越古今跨越地域跨越学科，几乎突破一切界限被调集起来支持一个观点：即人类对知识的运用能力与社会发展进程息息相关。

德鲁克的渊博一方面给读者带来阅读的乐趣；另一方面

又对读者的知识面构成严重的挑战。不难理解，有一些读者善意地批评他爱“掉书袋”。幸好德鲁克并不在每一篇文章中都如此肆意地旁征博引，他的主要管理著作都十分周到地考虑了读者的感受，否则，德鲁克思想的传播和影响不免要大打折扣。

德鲁克囊括一切管理经验的气魄形成了他特有的宏观思维。这种宏观思维主要表现在将部分与整体联系起来，将今天与未来联系起来，放眼整个人类文明史，不拘泥于一时一事的影响。吉姆．柯林斯写到，“他（指德鲁克）还是会如过去 60 年那样，被人描述成公众知识分子：结合了旧世界的谦恭有礼和新世界的直言不讳。他在谈话中会先引经据典，涵盖历史、经济学、科技和社会，然后再切中要害。德鲁克最主要的贡献并不单是一种思想，而是一个有着巨大优势的完整作品集：其中的一切几乎都是基本正确的”。①

以德鲁克对欧洲国家的高技术政策的批评为例。在 20 世纪 80 年代，欧洲国家急于要在高科技领域取得成功而采取了特别扶持高技术产业的政策。德鲁克指出这一政策在理论上是错误的，在实践中是注定行不通的。德鲁克认为，一个国家技术和产业水平的升级是一个历史的、连续的过程，经济的发展必须整体地来看待，孤立地发展其中某个部门的做

---

① Jim Collins, The Daily Drucker, HarpersCollins Publishers, Inc. 2004, the Preface.

法是不会成功的。高新技术产业的前景固然令人向往，但是高技术产业是明日之星，在相当长的时期里，它们需要投入大量资源，而对于盈利和就业的贡献却十分有限。如果以人为喻，高技术产业就好比是少年儿童，少年固然是未来的希望，但难以充当今日的栋梁。按照技术发展的规律来看，高新技术往往要经历长达三四十年的培育期，才能发展成为成熟的产业群。在高新技术转变为产业之前，它需要极大的投入却只能提供很少的盈利。与此相反，大量的低技术、无技术产业领域的创新却可以得到丰厚的回报。如果把整个产业比喻为一座大山，高科技产业是山峰，而传统产业是山体。如果厚此薄彼，对高新技术产业的投入损害到非高新技术产业的发展，那么可以有把握地认为，没有这些非高新技术产业的支持，这种孤立发展高新技术的雄心壮志是注定不会成功的。

德鲁克的研究方法尽管尚未得到普遍的认可，起码在他工作过的克莱尔蒙特研究生院（Claremont Graduate School）得到了推崇和继承。该学院的教学活动遵从了德鲁克的管理哲学，在这里的学生不仅要学习经济和管理，而且要学习历史、社会学、法律和自然科学。

四、经验主义方法论的贡献

经验主义方法论对管理学方法论的贡献可以概括为以下几个方面：

经验学派围绕着“人”来确定管理学的研究对象。孔茨在谈到管理学的统一问题时指出首先必须界定管理学的研究对象，他同意经验主义学派的主张，建议根据实践者的活动范围确定和调整管理学的研究对象[①]。

经验学派为管理学研究者确立了一种新的确定选题的方向，这种新定位展示出的"以问题为导向，以案例为基础"的研究风格。管理学"以为问题为导向"的模式与现代自然科学的发展相似。19 世纪末 20 世纪初期出现的一些大名鼎鼎的开放实验室，如贝尔实验室、杜邦实验室等。这些设立于大企业中的实验室一反过去为科学而科学的传统，确立起"以技术为先导，推动科学发展"的宗旨。为解决电报、电话、电视机等研制中遇到的技术问题，这些实验室发展出了现代电子学、材料学等多门学科，极大地推动了科学理论的进展。通用汽车公司实际上可以看作是现代管理学的开放实验室，德鲁克以它面临的问题为出发点，将他们的创造性解决方案视为管理学的立论基础，对他们所犯错误的批评与反思转变为管理学发展的动力。

德鲁克总是能够预见到各个时期的关键问题，确定自己的研究方向。《公司的概念》（1946）破除了 20 世纪早期人们对与大型企业的恐惧与误解，使联邦分权制成为工业组织的模板。《管理的实践》（1954 年）和《管理：责任、任务与实践》（1973）则为企业建立了一整套适应工业社会发展环

① Harold Koontz, The Management Theory Jungle, The Academy of Management Journal,1961（12）, p174– 188.

境的管理哲学和管理方法。《创新和企业家精神》(1985)帮助企业管理者解决工业社会向知识社会转折时期面临的创新和创业管理问题。进入20世纪90年代以后，德鲁克的研究重点从企业管理转向非营利组织管理和知识工作者的管理等后现代社会的管理问题。

经验学派促进了管理学研究与实践之间的沟通，明确了管理实践在管理学发展中的地位与作用。和其他学科一样，管理学研究的目标也有其二重性，即惟知性和实用性[①]。以教授和专业研究人员为代表的学院派关心管理学知识性的一面，认为研究者应该以旁观者和立法者的角色出现。这种定位使管理学日益脱离实践，管理研究者与实践者之间互相难以取得认同。学者们发明的深奥术语体系不仅将其与实践者隔离开来，也为其相互之间的沟通设置了重重壁垒，导致管理学知识体系的碎片化。经验学派强调管理学研究应该从管理实践者的需求出发，更关心管理学的实用性，认为惟知性应该为实用性开辟道路。经验主义者不满足于“知”而是追求“行”，确定了实践者在构建管理学理论方面扮演的重要角色。

尽管德鲁克自命为管理学的“旁观者”(其自传即以《旁观者的风险》命名)，但他实际上是以管理实践的参与者形象活跃在管理学历史舞台上。如何成为参与者呢？德鲁克通过

① 罗珉:《构建管理学学科体系的研究范式和经验法评析——兼与张远凤同志商榷》,《经济管理·新管理》2003年第2期。

对经理人员的教育和咨询获得了这一身份，通过这一身份，德鲁克实现了实践与理论的沟通、经验与先验的互动。通过这种方式，德鲁克影响了管理者的思想和行为，改变了管理学的面貌。

德鲁克和戴尔等人强调了自然科学与社会科学的区别，反对把自然科学方法运用于管理学。他们批评一些研究者偏重实证主义方式，他们仅仅通过调查问卷来获得有关数据，仅仅依靠数学模型来对此做出解释。

此外，经验主义方法论认为，管理学研究应该将组织置于历史和现实背景之中，从整体和谐的角度来研究组织管理，描述和解释组织管理现象，建构组织管理理论，反对将组织与环境、组织与历史分割开的解析式研究方法。经验学派强调个人价值观、组织哲学及社会的基本信仰之间的和谐，反对实证主义管理学把组织及其管理活动看成是一些无个性的社会事实或组织结构的相互作用。

经验学派方法论的上述特点是紧密结合在一起的，从社会历史的维度来看，现实管理问题是不断发展和变化的，在不断地否定着现有管理理论对外部环境的基本假设，产生出对新的理论和实践的预期。与自然科学不同，在管理学的这个发展过程中，研究者不是旁观者。他们的理论对现有管理经验做出诠释，这种诠释由于对未来管理实践的发展方向提供了合理的预期而得到实践者的认同。这个互动的过程就是经验学派方法论的本质特点。

德鲁克确立了经验研究在管理学方法论中的地位，但是也受到诸多批评。常见批评主要集中在两个方面：批评之一，德鲁克理论内容过于庞杂，缺乏严密体系；批评之二，对研究者的要求过于苛刻。

对于大多数管理学的学习和研究者来说，德鲁克的作品确实是数量太多了一些。但是，如果不仔细分析就批评其理论不严密就难免过于轻率了。批评家对理论体系简单形式的追求，使他们希望能够看到一部总结性的著作来代表经验学派的最高成就，以方便学习和研究。德鲁克先生自己似乎也在往这个方向努力，比如《事业理论》一文就对以往分散于各处的战略管理思想做了一个总结，20 世纪 90 年代末期还出版了一套精华集，即《个人的管理》《组织的管理》和《社会的管理》。

然而，这些工作效果并不太好。这与经验研究本身的特点有关。经验研究必须符合可比较性和适用性两大原则的要求。为了满足这两个条件，必然牺牲理论的简单性。从本质上说，各类组织在形态和功能上的多样化，给经验研究者提出了一个难题，那就是经验的可比较性问题，实际上也是管理原则的适用范围问题。可比较性要从横向和纵向两个方面来看。

从横向来看，要考察从某个或某类组织得到的经验是否适用于其他组织，还要考察一地或一国经验在其他地方的适用性。比如，工商企业和非营利组织具有许多共同点，工商企业管理的许多经验可以运用于非营利组织，比如董事会制度、信息披露制度及事业理论等。但是两者毕竟还有根本的区别，工商企业的管理原则建立在利润目标这一根本约束条件之上，但是非营利组织却没有利润约束。如果一定要统一起来，扩大理论的适用条件，必然要舍弃两类组织的特点。另一方面，在将管理经验扩展到更大范围比如不同文化背景的国家和地区的时候，原来的前提条件就必须重新认识。德鲁克十分清楚这一点。他一直努力想将视野扩展到世界范围，将更多的其他国家的成功经验纳入其研究范围，在《管理：任务、责任与实践》中他就尝试着这样做。

从纵向来看，管理的经验原则也会随时代变迁而需要重新审视，这使得经验原则处于不断增减和修订之中，有时甚至要经历几十年时间才能得出一个相对完整的理论。这就使得德鲁克理论前后不一致，关于同一问题的研究结论在不同时期的著作中不完全相同。这就是造成德鲁克理论体系比较复杂的两个根本原因。

经验学派遭受的第二个批评是经验研究所需要的条件太苛刻，这是有道理的。具体地说，经验研究必须具备两个方面的条件：第一，存在可供研究的具有代表性的管理实践；第二，对研究者的要求，经验研究者必须尊重经验研究方法，并具备对复杂研究对象进行深入观察、分析、提炼和表达的高超技巧。第一个条件意味着先有成功的管理实践，再有管理学的研究对象。第二个条件同样难以达到。

当然，经验研究方法仍然在发展之中。经济学在方法论上比管理学要成熟得多，但经济学家们并不满足，“完全坦率地说，在训练现代经济学家方面，经济学方法论没占什么地位。这一切也许在改变，在对经济学的科学地位自我满足了多年以后，越来越多的经济学家开始自问他们究竟在做些什么这样的更深刻的问题。”[①]

随着管理学在我国的发展，方法论问题也已经引起越来越多管理学者的重视。有的管理学家预言21世纪将形成管理学的方法论。还有一些学者指出，管理方法的多样化和管理学的本土化等特征将是管理学的未来发展趋势[②]。可见，方法论研究已经成为管理学的一个重要研究领域。

尽管存在不足之处，经验研究的方法在教学研究和管理实践领域也产生了广泛影响。20世纪80年代以来兴起的组织文化理论就主要采用了经验研究和比较研究的方法。20世纪70年代末，日本企业横扫欧美市场，美国企业在汽车、电子产品等诸多领域节节败退。引发对美日管理经验的比较研究，在全世界掀起企业文化建设浪潮。在教学研究领域，以哈佛商学院为代表的案例教学模式日渐成为管理教学的重要方式。在管理实践中，20世纪90年代以来流行的“标杆瞄准”方法可以说是充分地体现经验主义哲学。

从几种有代表性的管理思想史对经验学派的介绍来看，国内外管理学界对经验学派的认识往往着重于其中的两个方面：一是其独特的研究视角，即以高层经理为研究和服务对

---

① [英]马克·布劳格著（黎明星译）:《经济学方法论》，北京：北京大学出版社1990年版。

② 姜利军:《管理学的发展趋势研究》,《经济管理·新管理》2001年第6期。

象；二是其案例研究方法，强调搜集和比较同类经验总结出管理理论。管理学界甚至根据这两个特点将经验学派也称为案例学派。

经验主义的方法论看似平淡无奇，然而后来的经验研究者却很难取得与之比肩而立的地位。20 世纪 80 年代初期，彼得斯和沃特曼的《追求卓越》；20 世纪 90 年代柯林斯的《基业长青》，采用统计归纳方法对大量成功企业的经验进行研究，并采取了抽样调查和统计分析等比经验学派更为科学的新型研究技术。但是，这些管理学领域的畅销书始终没有达到德鲁克代表的理论高度。彼得斯和沃特曼甚至说自己书中的观点都可以在德鲁克那里找到。这表明，理论达到的高度不在于经验数据的数量和研究手段的科技含量，而在于别的。正如美国科学哲学家费耶拉本德所说的那样，两个高层次的理论在观察上是不可比的，高层次的理论是那些远离直接经验的、发展程度较高的理论①。德鲁克在深入经验的同时又超越了具体经验，构筑了管理学理论的一个巅峰。

受经验学派的影响，管理学研究和管理学教育都越来越重视案例方法。近年来，教学型案例研究和理论型案例研究的方法日渐成熟。其中，在理论型案例研究方面，罗伯特 .K. 殷提出的方法最有影响力。罗伯特 .K. 殷建立了一套

① 费耶拉本德著（周昌忠译）:《反对方法》，上海：上海译文出版社 1992 年版。

案例研究的理论和操作程序，使得案例研究与定量研究一样有了标准规范。殷在书中提到了德鲁克，有意思的是尽管殷所讲的案例研究法与德鲁克的经验主义方法有很多共同之处，但他并没有谈到德鲁克的研究方法，而是推荐德鲁克的理论“譬如，假设你准备研究国际经济的发展，彼得 . 德鲁克 1986 年撰写的《变化的世界经济》一书，提出了很多类型的理论假设，可为你提供许多启迪。”[①]

第四节　21 世纪管理学的新范式

自泰罗提出科学管理思想以来，管理学已有百年发展历程，却仍然被很多人视为经济学的附属物，质疑管理学作为一门独立学科的地位[②]。这与管理学对方法论的忽视有很大关系。

由于研究对象的发展变化以及认识过程的深入，一门学科的范式既不是统一的，也不是一成不变的。技术革命和制度变迁会导致管理学范式的改变[③]，研究的突破也会导致范式的变迁。由于大众传媒的影响力，对一种理论的促销也可能

---

① ［美］罗伯特 .K. 殷祝（周海涛、史少杰译）:《案例研究：设计与方法》，重庆大学出版社 2017 年版，第 48–49 页。

② 黄群慧、刘爱群:《经济学和管理学：研究对象与方法及其相互借鉴》,《经济管理 · 新管理》2001 年第 2 期。

③ 罗珉著:《管理学范式理论研究》，成都：四川人民出版社 2003 年版，参见该书作者自序。

使它流行一时。可以说，范式理论就是管理学的事业理论。

管理学范式背后是研究者对管理环境所持的一套基本看法或假设，研究者在对某些研究做出结论的时候未必清楚地意识到了这些假设。这些假设隐藏在人们的潜意识里，并扎下根来，在时过境迁之后它们已经变得不合时宜，人们往往还沉浸在过时的假设中却浑然不知。“有关事实的基本假设是管理学等社会科学领域确信不疑的范式。他们通常在于学者、作家、教师和实践者的潜意识中。这些假设也在很大程度上决定了他们对于客观事实的认知……然而，尽管基本假设是非常重要的，但是人们却鲜有兴趣对这些假设进行分析、研究和提出质疑——实际上也很少有机会对这些假设予以明确解释。”[①] 当敏感的先行者将之揭示出来之后，管理学就面临着一次范式革命。

基本假设是科学研究开始的地方，因此基本前提和假设对所有学科而言都非常重要。但是，对于管理学这样的社会科学来说，基本假设的重要性还要大得多，自然规律是客观存在，它本身不会受到人类对其认识的影响，而社会科学的实践者往往将该学科的假设奉为行动的准绳。社会科学重要的假设不像自然规律是恒久不变的；它处于不断变化之中，昨天成立的理论，今天可能不能成立，甚至可能在很短的时间就完全错误。德鲁克之所以能提出各个时期管理的核心问

① Peter F. Drucker. Management Challenges for the 21st Century. New York: HarperPress, 1999. p2-35.

题、观察某些经验事实，是因为他首先建立了超越于经验事实之上的某些基本假定，对某种经验事先形成了预期。正如托马斯·S.库恩所说的，“理论先于观察、观察渗透理论”。

德鲁克认为，20世纪30年代以来，管理学一直隐含着两套对于现实世界的基本假设，或称之为管理学的旧范式[①]。第一套假设有三条，构成管理原则的基础，它们是：第一，管理即工商企业的管理；第二，企业应该有或者必须具有一种正确的组织形式；第三，企业应该采取或者必须采取一种管人的正确方式。第二套假设有四条，奠定了管理实践的基础。第四，技术的最终用途为固定的和给定的；第五，管理的范围由法律界定；第六，管理专注于内部事务；第七，由国家疆界所界定的经济体系是企业于管理的“生态环境”。

德鲁克对这七个基本假设逐一进行了批判分析，并提出了管理的新范式：管理存在的目的是帮助组织（而不仅是企业）取得成果。它必须从预期达到的成果出发，并必须协调组织的资源以实现这些成果。管理是帮助组织在外部取得成果的工具，不管这个组织是企业、大学、医院还是其他组织。新的假设与老假设相比，有几个区别：首先，管理对象大大扩展，由企业扩大到所有各种组织，这提高了管理知识的运用范围，也扩大了管理原则的普遍性。其次，管理的范围发生了改变，管理不能仅仅局限于内部管理，而是要关注外部

① Peter F. Drucker. Management Challenges for the 21st Century. New York: HarperPress, 1999. p2- 35.

环境。不仅如此，外部环境的范围与复杂性也大大扩展，不再局限于一国之内，也不再局限于某一国法律限定的范围。环境的性质也更增加了复杂性。再次，成果的定义发生了变化，创新与生产率同样重要。最后，管理工具比以往更为多样化。

管理学的假设不仅包括对环境的假设，还包括了对人性的假设。以目标管理理论为例，马斯洛指出，目标管理是建立在“责任心工人”基础上的，“责任心工人”这个概念实际上隐含了“每个人都是成熟的人”这样一个假设。然而，从心理学的角度来看，这个观点是不符合事实的，现实生活中只有少数人在心智上符合“成熟”的标准。因此，马斯洛认为要求每个工人成为“责任心工人”违背了人的基本特性。可以看出，对假设的批评比对理论本身的批评更有说服力，一旦前提不成立，理论就站不住脚了。在马斯洛的实验结果面前，德鲁克诚恳地接受了批评（参见第 8 章）①。

由此可见，管理学基本假设的核心是一个社会对人的本质和组织的本质的一致看法。然而，这些看法并不总是一致的，也绝非是显而易见的，在社会的转型时期就这些基本价值观达成一致尤其困难。20 世纪上半叶既是工业文明的形成时期，也是在各种价值观的混乱和冲突中做出选择的时期。德鲁克等学者通过不懈的努力将传统价值观与现代企业组织

---

① ［美］杰克·贝蒂著（吴勇等译）:《管理大师德鲁克》，上海：上海交通大学出版社 1999 年版。

联系起来，斯隆等企业家则通过实践证明了其有效性，使人们对现代企业获得了正确的认识，并赋予传统价值观以新的内涵。所以，一种管理学的基本价值观和假设需要理论来揭示，需要实践来验证，才能最终形成人们对这种管理理论体系的信念，这也说明理论的基本假设是需要人们不断验证与维护的。对于作为现代化的后起之秀的国家来说，不仅要传承传统价值观，又要接受西方现成理论体系的竞争，因此形成管理学的基本假设更加困难。

第八章
贡献长短任评说

早在60年前，我就认识到管理不仅是企业管理，管理已经成为组织社会的基本器官和功能；我创建了管理这门学科，我围绕人、权力、价值观、结构与方式来研究这一学科，尤其围绕责任来建立管理学。

——德鲁克《21世纪的管理挑战》

德鲁克每一个时期都有重要著作问世，每个时期都得到了相当中肯的评价。但随着德鲁克作品数量的增加，读者越来越难以了解德鲁克思想的全貌。《管理的实践》出版之后，德鲁克赢得了“目标管理之父”的美誉。直到今天，一提起德鲁克，人们一般会说：哦，发明目标管理的那个人。甚至管理思想史在谈到德鲁克时，也认为他的主要贡献就是提出了目标管理思想。许多书籍把德鲁克的妙论写在扉页上，只是很少人会将它们与目标管理的发明者联系起来。

哈罗德·孔茨对德鲁克的评价影响最大，因为他的两篇文章创下管理学文献引用次数的记录，他编写的《管理学》教材曾经流行一时。除了孔茨之外，还有一些研究者如弗莱厄蒂与波拿巴（Flaherty & Bonapante，1970）、约翰·塔特（JohnTarrant，1976）等等从不同方面做出了评价。其中，传记《大师的轨迹》对于了解德鲁克也提供了许多帮助。作者杰克·贝蒂主要从政治和社会学角度，介绍了《经济人的末日》《工业人的未来》《公司的概念》《未来里程碑》《新社会》《不连续的时代》和《新现实》等著作的主要思想及时代背景，在管理思想方面着重介绍了《管理的实践》[①]。

几十年来，德鲁克对管理实践者和研究者都产生了深远的影响。德鲁克不仅赢得了许多赞誉，同时也有许多人对德鲁克的理论提出了批评。前面已经讨论过斯隆与德鲁克之间的分歧，下面还将着重讨论戴明（Edwards Deming）和马斯洛（Abraham Maslow）等人，对德鲁克思想的批评。

第一节　管理学的鸿沟与桥梁

虽然管理活动的历史几乎和人类活动的历史一样古老，

---

① ［美］贝蒂·杰克著（李田树译）:《大师的轨迹》，北京：机械工业出版社 2006 年版。

然而仅仅在一个世纪以前，才出现了现代意义上的管理学。19 世纪中期至 20 世纪初，一批伟大的企业家在创立现代企业制度的同时开创了早期管理学。最初的管理著作基本上都是出自实践家之手，如麦卡勒姆[①]、泰罗、法约尔和巴纳德等。这些早期实践者不仅对管理理论的发展奠定了基础，而且倡导和促进了现代管理教育的发展。

美国的管理教育起步于 19 世纪末期，在欧洲直到 20 世纪早期管理课程还没有列入高等学校的教学大纲。这些早期的实践家们深切感到当时管理理论和管理教育的缺乏，他们极力倡导通过学校教育来普及管理知识。泰罗和法约尔即是其中代表。

泰罗极大地促进了科学管理思想在美国的传播和普及。虽然泰罗认为在工厂中通过亲身体验是学会科学管理的唯一办法，但他晚年却致力于管理咨询和管理教育。他不但写作了著名的《科学管理原理》和《车间管理》等著作和文章，而且忍受讥讽出席了国会听证会，与激烈反对科学管理的工会领袖就科学管理思想进行了当场辩论。从 1909 年起，泰罗每年冬天到哈佛大学讲课，一直到 1914 年由于健康原因

① 丹尼尔·克雷格·麦卡勒姆（Daniel K. Mcallem 1815—1878），美国人，在 19 世纪 50 年代担任伊利铁路公司总监，他提出了一整套管理原则和组织制度，并绘制第一张组织图，为美国工业革命时期的企业管理革命做出了重要贡献。参见：小艾尔弗雷德·钱得勒著:《看得见的手》，北京：商务印书馆 1977 年版。

而停止[①]。科学管理思想的追随者和发展者甘特也先后在史蒂文斯工学院、哥伦比亚大学、哈佛大学和耶鲁大学任教，并且成为第一批有成就的管理顾问。1881 年，一位费城富商沃顿（Joseph Wharton）慷慨捐赠 10 万美元给宾州大学，成立了以捐助者命名的商学院——沃顿商学院，这是美国历史上第一个商学院[②]。

法约尔则是较早提倡将管理教育纳入高等教育体系的欧洲人。法约尔针对 20 世纪初期法国完全依靠工厂来训练管理人员的情况，主张在学校里开展管理教育。他认为管理能力和技术能力一样应该通过学校教育来推广和普及，既然技术人员可以先在学校接受理论教育然后在车间里得到实践锻炼，那么管理人员的培养应该遵循类似的过程。法约尔明白将管理教育引入高等学校的首要条件是尽快建立一种管理理论。法约尔深信，当管理成为高等教育的一部分时，教授们是完全能够撰写出讲义的[③]。欧洲的工商管理教育迅速发展起来，建立起了完整的学位教育体系，逐渐在高等教育中占据重要的一席之地。

第二次世界大战是一个分水岭，它将管理学的历史分为古典和现代两个时期。20 世纪 50 年代中期以后，管理教育

---

① ［美］丹尼尔·雷恩著:《管理思想的演变》，北京：中国社会科学出版社 2000 年版，参见“泰罗——到处讲学的哲学家”。

② 罗锐韧主编:《哈佛管理全集》，北京：企业管理出版社 1999 年版。

③ ［法］亨利·法约尔著（孙耀君译）:《工业管理与一般管理》，北京：中国社会科学出版社 1998 年版，第 17–19 页。

与研究的中心才逐渐转移到学术界。1961 年，工商管理硕士教育（Master of Business Administration，简称 MBA）正式得到权威机构认可，工商管理职业教育从此飞速发展。此后，出自大学教授的管理著作大量涌现，早期管理学领域缺乏学术人士的状况得到了改变。甚至到了矫枉过正的地步。一些大学开始设立管理学院，管理教育和研究日益向着学院化和学术化的方向发展。职业管理学者逐渐取代了实践家，理论的权威性日益受到研究者和研究机构身份的影响。这一方面促进了管理教育的发展；另一方面却使得管理学与实践日渐疏离，管理学者与管理实践者之间，甚至管理学者相互之间日渐发展难以沟通的地步。

管理教育和研究的学院化倾向招致了激烈的批评。1959 年，福特基金会委托并资助加州大学伯克利分校的戈登和斯坦福大学的豪厄尔对美国工商管理教育发展状况进行了研究。这两个相互独立的研究报告严厉地批评了美国工商管理教育的质量，同时指出：工商管理学院甚至在该教给学生什么内容、怎样教等基本问题上几乎都是一片混乱。同时进行的其他研究也得出同样的结论①。

这两份著名的报告发表之后，各所大学受到极大地震动，纷纷敦促工商学院采取措施。但是，由于 20 世纪 60 年代管理教育迅速扩展，受过管理训练并且具有管理经验的人才十

① ［美］丹尼尔·雷恩著:《管理思想的演变》，北京：中国社会科学出版社 2000 年版，第 454 页。

分缺乏，各个商学院只好用学科的专门人员弥补。结果，各个商学院的院长就去拼命搜罗各个学科领域的专家，如经济学家、数学家、社会学家、心理学家以及人类学家等。这样一来，工商学院专门学科人才特别多而基本理论和方法领域人才反而不多。这些不同学科背景的学者加入到管理学研究领域中来，一方面极大地扩展了管理学的视野，丰富了管理学的研究视角和研究方法；另一方面，也造成管理学的分化，管理学者之间逐渐失去基本的共识，导致管理学进入了丛林时代。

1959 年的这些报告也使哈罗德·孔茨受到了极大震动，他对这个问题进行了深入的研究。1961 年，孔茨将研究结果写成了“论管理理论的丛林”，首次将德鲁克归入经验学派（The Empirical School）[①]。该文对二战后近 20 年来管理学的发展进行了归纳和总结，将当时比较重要的理论划分为六大学派，首次为战后管理学勾画出了一个概貌。在孔茨看来，此时的经验学派面临着矛盾的处境。一方面，管理不是建立在先例基础上的科学，通过分析案例和历史总结出来的规律可能不可靠。另一方面，孔茨也看到，对经验的研究及由此产生的思考确实有助于对管理原理的证实，因而与管理过程学派相比，这一学派更有可能建立管理学的基本理论框架。孔茨指出，当时一些工商学院、管理学院和公共行政管理学

① Koontz, Harold. The Management Theory Jungle, Academy of Management Journal,Vol.4, p174–188, 1961.3.

院许多教员虽然很有才华，受过很高的专门训练，但对管理的实际情况和管理人员面对的实际问题却知之甚少。这些人在大学里闭门造车，使得高等学校及他们所教授的那套管理学失去了实际管理工作者的信任。

1980 年，孔茨发表了“再论管理理论的丛林”，管理学丛林更进一步分化为 11 个流派，这一次他将经验学派排到第一位，因为经验学派现在更加重视对管理学基本原理的总结了[①]。孔茨还发现，这片丛林更加难以穿越了。管理学和管理实践成了两个相互分离的领域，实践家无法理解学者，学者亦无法理解实践家，有些学者是在为另一些学者写作，甚至学者也只能理解少数几个同行，为实践服务不再是管理学研究的首要目的。

德鲁克是继科学管理革命之后少数几个最有影响力的管理思想家之一。他的思想和方法都可以称得上是独具一格。由于德鲁克的贡献，管理理论与实践再度紧密结合起来。在战后以来西方社会发展过程中，德鲁克的思想给其他研究者以深刻的启发，为广大实战领域的经理人员提供了明确的指导，为战后以来世界管理学的发展做出了不可替代的贡献。

一、管理知识的源泉

纵观战后管理学的发展历程，德鲁克先是在 20 世纪 50 年代以目标管理思想弥补了科学管理之不足，而后在 20 世纪

① 孔茨：《再论管理理论的丛林》，《外国经济管理》1981 年第 5—6 期。

60 年代引发了管理学界对于人性问题的思考，20 世纪 70 年代以来，管理学在创新管理、企业文化、战略管理、非营利组织管理及知识管理等领域的发展亦奉德鲁克为先行者。

有关人性问题的各种理论之中，“X—Y 理论”最有代表性。马斯洛（Abraham Maslow）、麦格雷戈（DouglasMcgregor）、赫兹伯格（F. Herzberg）等人都参与了这一理论的探讨，德鲁克对他们的研究成果表达了不同的看法。

1960 年，道格拉斯·麦格雷戈在“企业中的人”一文中提出了“X—Y 理论”[①]。麦格雷戈在文中说明“Y 理论”受到了德鲁克思想，麦格雷戈认为，实践 Y 理论困难重重，因为人们已经习惯于在工业组织中被指挥、被操纵、被控制，也就是 X 理论所描述的状态，管理者和普通工人都是如此。德鲁克所主张的自我负责的工业公民是一个遥不可及的想法，大部分雇员甚至根本没有意识到要成为所谓的工业公民。

麦格雷戈认为科学管理以 X 理论为基本假设，目标管理则以 Y 理论为基本假设。德鲁克并不同意他的看法，德鲁克认为 X—Y 理论是有关人性的理论（Theories about Human Nature），它过分强调了人性对行为的影响。而人的行为主要受环境影响，而不仅取决于人性。如果说人的行为主要是由人性引导的话，那就是说人的行为是由内在原因引起的，是主动采取行动的。德鲁克反驳道，这种解释与事实不符，大

① ［美］道格拉斯·麦格雷戈等著（李国洁等译）:《管理与组织经典文选》，北京：机械工业出版社 2000 年版，第 48—61 页，“企业中的人”。

多数人的行为只是对环境做出的被动反应。因此，德鲁克认为激励和动力主要来自外界，不是人性而是工作结构决定了人们的反应及相应的管理方式。简言之，只有在 X 管理方式，而没有 X 人性。

马斯洛也被德鲁克提出的“责任心工人”概念所吸引，他们之间的争论将在下文介绍。

1966 年，美国心理学家赫兹伯格也对德鲁克的目标管理思想进行了深入探索，提出了双因素理论①。赫兹伯格采用调查分析的方法，找出 1 000 多种可能影响生产率的因素，然后从中归纳总结出 20 多种有代表性的因素，将它们分为满意和不满意因素。不满意因素或保健因素包括金钱、监督、地位、安全、工作环境、人际关系等，这些因素如果缺乏将导致不满和绩效降低，但即使这些因素得到满足也不能激励雇员有效提高工作绩效。满意因素可以使人得到满足，诸如成就、赞赏、工作本身、责任感、上进心等，只有这些因素才是真正的激励因素。

德鲁克对赫兹伯格理论也提出了不同意见。德鲁克认为，满意并不等同于激励，人们可能因为工作成就而满意，也可能因为轻松悠闲而满意；反之，人们可能对工作环境不满意，也可能对没有完成任务而不满。后一种不满恰恰是将工作做得更好的最可贵的激励。尽管在这一点上，二者看法不一，

① [美] F·赫兹伯格等著:《世界管理经典著作精选》，北京：企业管理出版社 1995 年版，第 168—182 页，“再一次强调，你应如何激励雇员”。

但在更有效的管理方法方面，德鲁克与赫兹伯格却又有相同之处。在将激励的矛头直接指向工作这一点上，两位管理学家是一致的。赫兹伯格主张通过改进工作设计和组织，采取工作丰富化技术来激励员工提高生产率，德鲁克则主张通过目标管理来实现这一目标。

总的说来，德鲁克对于管理学中关于人性和行为研究的基本态度是批评多赞许少。他认为就人际关系和行为学派的发展来看，梅奥的研究代表了一个高峰，自梅奥以来这一领域少有突破。如果说，人性问题是对科学管理过分强调机器而将人视为机器延伸的手臂这种态度的反思，那么，20 世纪 80 年代企业文化的兴起，实质上对科学管理过分强调工具理性的批判，是对崇尚科学管理的美国式管理的反思。

20 世纪 80 年代随着日本企业的成功，日本式管理成为一个神话，激起了关于美日管理孰优孰劣的激烈论争。在一片赞扬日本批评美国的声音中，彼得斯和沃特曼挑选 43 家成功的美国企业进行了深入调查研究，他们通过研究发现，所谓日本式管理并不神秘，成功的美国企业也是那么干的。

彼得斯和沃特曼批评道，美国企业的问题是，由于科学管理的成功，管理艺术长期以来明显地被忽视了，被人们对管理工具的迷恋所掩盖。管理工具论者偏爱数字理性，注重测量和分析，喜欢严密的计划并有条不紊地执行计划，不能容忍部门间的职能重叠，不能容忍从错误中学习。工具理性与数量分析的崇尚者试图以科学、客观和定量的方法来解决管理系统中复杂性问题，将系统的各个部分孤立起来，忽视各个部分之间以及部分与整体之间的有机联系，以整齐划一和按计划行事作为设计管理政策的标准，伤害了人的积极性，降低了企业运作效率。这才是大多数美国企业在竞争中失利的根本原因[①]。在重读德鲁克著作以后，他们惊讶地发现，“我们所写的一切都可以在《管理的实践》的这一隅或那一隅找到[②]。”这并非虚美之词，IBM 是美国成功企业的代表，也是彼得斯和沃特曼的重点研究对象之一，IBM 公司是德鲁克的客户。

企业管理经历了从生产管理到经营管理再到战略管理三个发展阶段，战略管理思想自 20 世纪 30 年代巴纳德开始，历经钱得勒、安索夫、安德鲁斯、哈默尔以及波特等人的发展，现在已经成为管理学的前沿和热点领域[③]。战略管理思想发展过程中各个时期的代表人物都曾受到德鲁克的影响，德鲁克也从他们的研究成果得到启发。

德鲁克在不同时期的著作中讨论了战略管理问题。德鲁克在《管理的实践》中提出了事业理论的基本概念框架：重要的决策，即真正要紧的决策，是战略性决策。它们既涉及认识目前的情势并改变这种情势，又涉及认识资源是什么及

---

① [美]托马斯·彼得斯、罗伯特·沃特曼著（龙向东等译）:《追求卓越》，北京：中央编译出版社 2000 年版，第 9 页。

② [美]托马斯·彼得斯、罗伯特·沃特曼著（龙向东等译）:《追求卓越》，北京：中央编译出版社 2000 年版，第 287 页。

③ 倪义芳、吴小波:《论战略管理思想的演变》，《经济管理·新管理》，2001 年第 9 期，第 4—11 页。

应该是什么……任何一位管理人员都必须做出这样的战略决策，他在管理等级中的层次越高，他必须做出的这类决策也就越多……重要而困难的工作绝不是找到正确的答案，而是发现正确的问题[①]。德鲁克后来受到小艾尔弗雷德·钱得勒的“结构服从战略”这一观点的影响，并在1973年《管理：责任、任务和实践》和《成果管理》中引用这一观点讨论了战略和组织问题，而后在《创新和企业家精神》中提出了创新和创业战略。

SWOT战略分析法的发明者安索夫（Ansolf）的主要贡献在于提出了“利益相关者”理论和“公司战略”理论。安索夫认为“利益相关者”这个概念与德鲁克早期提出的公司社会责任概念一脉相承，如果缺乏相关利益集团的必要支持，公司目标不可能实现。其公司战略理论与德鲁克关于责任和目标的看法相一致，安索夫也认为管理决策有可能产生非经济的后果，比如对社区环境的改善等，但这只不过是经济业绩的副产品；经济成果是第一位的，只有在基本目标达到的前提之下，才能追求社会或非经济的目标[②]。

20世纪80年代，哈佛商学院战略管理教授迈克尔·波特（Michael E. Porter）从产业经济学的角度研究公司战略，

---

① ［美］P·F.德鲁克著（齐若兰译）:《管理的实践》，北京：机械工业出版社1999年版，第352—353页。

② ［美］安索夫、H·伊戈尔著:《公司战略》，纽约：麦格牢－希尔出版公司1965年版。

创立了结构学派[①]。德鲁克高度评价了迈克尔·波特的贡献，并在《创新和企业家精神》（1985年）中借鉴了波特的观点。波特由于产业经济学背景的影响，沿袭了经济学的研究方法，其研究主要集中于企业如何利用各类产业结构的不同特点获取竞争优势地位。

20世纪80年代中后期开始，哈默尔（Gary Hamel）和普拉哈拉德（C. K. Prahalad）等人将研究重点由企业外部转向企业内部，提出了核心竞争力与核心能力理论。哈默尔和普拉哈拉德坦言，“另外还有一位其智慧另我们的研究获益匪浅，他既当得起先驱者之称，亦不失为一位当今的权威人士，他就是德鲁克教授。德鲁克教授从未忽略这一事实：一种理论或概念若要变得有用最终必须变成经理人员的语言，融入他们行动的环境。他还是一座永不熄灭的灯塔，照耀着通往未来管理之路。本书若在管理上有些许适用性及创造性预见，那么均得益于德鲁克教授树立的榜样。”[②]

随着战略管理理论各个学派相互融合，将外部环境分析与企业内部资源和能力结合起来，强调竞争的同时也重视合作，并且结合了迅速发展的信息技术，战略管理研究进入了一个新的发展时期。德鲁克后来也将核心竞争力概念引入到其事业理论中，强调了企业的核心竞争力。

---

① 迈克尔·波特的战略管理三部曲：《竞争战略》（1980），《竞争优势》（1985）和《国家竞争优势》0990）。

② ［美］加里·哈默尔、C·K.普拉哈拉德著（王振西译）：《竞争大未来》，北京：昆仑出版社1997年版，第3页。

德鲁克对市场营销学的发展也产生了重要影响，菲利普·科特勒被誉为“市场营销学之父”，然而，他却说，如果我是市场营销学之父的话，那么，德鲁克就是市场营销学的祖父。

二、经理人员的导师

德鲁克管理思想对管理实践产生了深远的影响，通过教学与咨询服务，德鲁克亲身参与了管理实践活动。

《公司的概念》出版之后立即对美国企业、社会机构以及政府部门产生了重大影响，掀起了长达 20 年的“组织热潮”[①]。尽管通用汽车拒绝了《公司概念》，但这并不妨碍别的企业接受它。1946 年初，老福特的孙子——20 多岁的亨利·福特二世接管了濒临破产的福特汽车公司。福特二世聘请通用汽车公司的高级经理布里奇（Ernest Breech）担任首席执行官，两人一致同意以《公司的概念》为蓝本重整福特汽车。1950 年，通用电器公司也按照《公司的概念》重新改组了公司。在这股组织热潮中，几乎所有资本主义国家的大企业都按照分权化概念进行了改组。

到 20 世纪 80 年代，《财富》500 强公司中有 75%—80%进行了大幅度分权改革[②]。甚至政府部门和大学（包括神学院）也纷纷以《公司的概念》为管理教材，并按照它

① 《公司的概念》1983 年版中，德鲁克写的后记全面介绍了这一影响。

② [美]贝蒂·杰克著（李田树译）:《大师的轨迹》，北京：机械工业出版社 2006 年版。

倡导的理念重新审视自己的组织。20 世纪 80 年代，日本汽车在美国获得极大成功，昔日取代福特称霸汽车王国达几十年之久的通用汽车面临着兵临城下的危机。在这种情况下，通用汽车新总裁与德鲁克重拾前缘，再度礼聘他为公司顾问。

IBM、通用电气、西尔斯、沃尔玛、花旗银行等企业都是德鲁克的客户。除了企业之外，还有其他各种类型的组织，如工会、学校、博物馆、医院以及慈善机构都曾经问计于德鲁克。无论是英特尔公司创始人安迪·格鲁夫，微软董事长比尔·盖茨，还是通用电气公司前 CEO 杰克·韦尔奇，他们都受到了德鲁克的启发和影响。不仅对美国，德鲁克在其他国家和地区也有广泛的读者群。他的著作在日本几乎总是同步出版，日本企业经常邀请德鲁克讲学。20 多年来，德鲁克受到我国管理界的欢迎。我们将在后面详细讨论这个话题。

第二节　德鲁克与戴明：目标管理过时了吗？

也许，在德鲁克的批评者中，最有影响力的要数现代质量管理之父——W·爱德华兹·戴明（W. EdwardsDeming，1900—1993），戴明从质量管理的角度对目标管理提出了不同的看法。但是近年来，这些批评不仅被夸大，而且被歪曲了。说起来，德鲁克在纽约大学工作期间，还曾经与戴明是同事。戴明与德鲁克，管理学界的两位大师，他们的思想观点竟然誓不两立吗？难道管理学真的只见丛林不见道路吗？

一、目标管理之“祸害”？

我们不妨先看看几种比较有代表性的评论。

美国学者彼得·斯科尔特斯是戴明管理的传播者，他在《戴明领导手册》中写道：我们多盼望英才来成就一番事业，其实这样是不成的。应该创设系统，使得正常人也能够成就不平凡的业绩。先改善系统，就会改变人们的行为方式，如果只改变人的行为方式，却无法改变系统。有些通常的管理方式——目标管理法、各种考绩制度、薪酬制度及IS09000——其实都算不上领导，而是在领导上的退却[①]。读到这里，估计许多读者会倒吸一口凉气。斯科尔特斯继续说，只有目标而无方法是残忍而不人道的……目标管理法多少只能算“心想事成”的梦想清单，无异于我们儿时圣诞节前或生日蛋糕前的许愿[②]。斯科尔特斯对戴明管理思想的解析非常详细透彻，他的著作可谓图文并茂，为实际工作者了提供戴明管理的指南。可惜，他只是抛出了这样一个否定目标管理的观点，并没有做深入的论证。

《戴明人性管理学》一书的作者说：戴明从一开始就深深地、真切地、感情真挚地讨厌着某些人了……首先就是戴

---

① ［美］W·E. 戴明著（杨一勇编译）:《戴明人性管理学》，长春：北方妇女儿童出版社 2004 年版，第 18 页。

② ［美］彼得·斯科尔特斯著（钟汉清译）:《戴明领导手册》，北京：华夏出版社 2001 年版，第 5 页。

明·杜拉克（作者意指彼得·德鲁克）[①]。虽然这本书可以在大学的图书馆里找到，但是该书既为编译，却未说明编译文章出自何处，这些借戴明之口诋毁德鲁克的段落也没有出处，全书毫无逻辑，错误充斥，不足为信。

还有一些学者干脆说，20 世纪 80 年代危害美国的目标管理现在还在危害中国[②]。作者列举了一些例子来支持这个观点。其中一个例子是：纽约交通警察局有一段时间连续出现错误和非法逮捕事件，无辜的人被指控犯有重罪，其中绝大多数是黑人和墨西哥后裔。事件曝光后发现一个分局的 4 名警察要对这些错误负有主要责任，这 4 名警察全部被停职接受调查。奇怪的是，调查结果显示：这 4 名警察是该分局表现最佳的警察，原来这个分局实行的是目标管理法，警察的工作成绩、表彰、提升都是靠逮捕罪犯的数量，尤其是重罪和性骚扰罪犯逮捕数量来决定的[③]。作者还举出国内企业的案例：2001 年，北京一家房地产企业在修建一幢大楼时，由于工期要求很紧，公司决定实施目标管理，实行了将工期与报酬挂钩的奖惩制度。所有人在强大的压力下，日夜加班加点，项目总算按期完工。但是，半年以后该楼房一侧地基沉降，楼梯出现裂缝，经过技术鉴定问题出在施工单位没有按照要

① ［美］彼得·斯科尔特斯著（钟汉清译）:《戴明领导手册》，北京：华夏出版社 2001 年版，第 203 页。

② 龙东飞著:《戴明管理与企业实践》，北京：机械工业出版社 2004 年版，第 25—35 页。

③ 龙东飞著:《戴明管理与企业实践》，北京：机械工业出版社 2004 年版，第 25—35 页。

求施工。实际上在目标管理规定的期限内，该公司根本不可能按照正常施工规程来完成大楼的基础施工。

作者认为对以这种方式推行“目标管理”的企业来说，他们以质量和公司的长期利益为代价来实施目标管理，这是没有意义的，数字目标往往不能反映公司最主要的东西。如果制定的目标超过了系统的能力，要强制人们实现这个目标，就会出现如戴明所说的那样：人们在设法实现目标时，就会有移山的精神，就会出现亩产万斤的良田[①]。这个例子中房地产公司的决策者将目标管理看作激励手段，促使员工去达成无法完成的目标，当然会招致失败。

在管理学领域，存在着太多的竞争性理论，一些理论之间不但不谋求兼容，反而各说各话。这种种先入为主或门户之见，不仅是对大师的曲解，而且对管理学的发展是极为有害的。从第 6 章中，我们已经谈到美国政府在 20 世纪 90 年代才开始引入目标管理和绩效考核，可见目标管理 20 世纪 80 年代危害美国的说法是站不住脚的。

还有一些人甚至发出这样的诘问：为什么日本选择了戴明，而中国却选择德鲁克？

那么，戴明究竟是如何评价目标管理的呢？

① 龙东飞著:《戴明管理与企业实践》，北京：机械工业出版社 2004 年版，第 25—35 页。

二、戴明哲学及其对目标管理的评价

戴明是与德鲁克同时代的管理大师，将他们的思想进行对比有助于说明目标管理的真正意义。

戴明的管理哲学充满辩证思想。他说由于市场全球化，所以必须要有国际质量标准和描述质量的国际语言，但是却反对IS09000，因为ISO提供的标准化的质量解决方案往往要求企业削足适履；他主张薪酬必须公平，但是却反对考绩也反对激励；戴明最擅长的就是统计分析，他一贯强调数据说话，但是他又说“不能测量就无法管理，这是错误的假设”；他强调系统必须要有一以贯之的目标，并且要让人人都知道都理解，但是他反对目标管理。和法约尔14条一样，戴明也提出了14条管理原则，其中第11条就是针对目标管理而言的：废除工作现场的工作标准量，代之以领导；废除目标管理、数字管理法及数值目标，代之以领导。”[①]也许他是通过这样醒目的方式，警告管理者注意那些已经深入潜意识的错误认识。

没有人能够否认，教科书对于普及教育是有用的，但是教科书会误导人，也是最容易受人诟病的。正如教学效果取决于好的老师和好的学生一样，ISO质量认证体系的效果取决于认证机构的素质和企业自身的能力。事实上，在最新修订中，ISO更为强调了顾客导向。然而，尽管在不断改进当

① ［美］W·E.戴明著（钟汉清、戴永久译）：《戴明论质量管理》，海口：海南出版社2003年版。

中，期望所有组织都能认识到自身的需要并且有能力建成适当的质量体系仍是不现实的，以此否定 ISO 更是极端的思维。

戴明主张废除绩效考评，因为系统才是影响绩效的主要原因，它远比个人工作行为对绩效的影响更大。戴明哲学的基本宗旨是发展一种管理系统，以确保人人能以其工作和工艺为自豪[①]。根据戴明的研究，约 95% 的绩效是由系统原因造成的，只有大约 5% 的绩效是由个人原因造成的。但是，戴明仍然承认公平的薪酬制度的重要性。问题是，如果没有客观公正的绩效考评，如果确立公平合理的薪酬呢？

在对薪酬的看法上，戴明及其追随者深受赫兹伯格的双因素理论的影响，认为只有工作本身才是真正的激励因素，薪酬等等乃是保健因素，薪酬对工作绩效的积极影响微乎其微。因此，他才会特别强调来自工作本身的内在激励，而认为除此之外的激励手段都是一种傲慢的想法，意味着管理者对员工的一种优越感：我不需要激励就会干好工作，而你却需要激励。

这种看法忽视了激励作为人类行为的推动力，它也是多面的。员工受内在动力（即工作）的驱使，亦受外在因素（薪酬和权力）的激励；管理者也如此，既受职责的驱策，亦受高薪的激励，管理者的激励来自老板；老板亦不能逃脱，

① ［美］W · E. 戴明著（钟汉清、戴永久译）:《戴明论质量管理》，海口：海南出版社 2003 年版，第 7 页。

他们也许受到事业的感召，更受到市场体系（也就是顾客）的激励和约束，即需求与价格的波动导致的盈利和亏损。无视市场机制的力量我行我素的老板，那种堂·吉诃德式的人物，他的事业能够基业常青是不可想象的。市场机制对于某个组织而言是一个外在系统，市场机制本身亦需由价值观和信仰来维系，也许只有从这个意义上来讲，第一推动力来自于人们的内心。

戴明在实践中发现，在实行目标管理时，许多公司往往需要进行目标细分，把总目标划分为各组成部分或各部门的具体目标。似乎所有分目标的总和，就是总目标。可惜，部门工作的性质并不一样，部门成果有时也不能简单相加。比如，10 位作者共同撰写一部学术著作，对作者个人而言的管理目标是各自完成 2 万字的写作。大家按期交稿后，个人目标完成。但是，由于每个人的写作风格不一样，观点不尽相同，主编无法协调，结果前功尽弃，写作的总目标没能完成。

这个例子说明，企业的总目标并不是部门分目标的简单相加，因此采取目标管理的方法，对企业总目标的实现，并没有积极的意义。从另一个角度看，每个企业都有组织的奋斗目标，而每个员工也都会有自己从事工作的目的、希望和计划。企业的奋斗目标应当与个人的希望相吻合。一个在大家看来与己无关的目标，只会带来沮丧、挫折和消沉。此时的目标，是不能作为管理手段的。失败的企业往往是由管理者根据自己的判断来确定员工的目标，结果是只有自己疲于奔命而解除了员工的责任。其错误的原因，就在于“只见树木，不见森林”，只追求局部的小目标，而忽略了企业的大目标，犯了本末倒置的错误。

戴明在《新经济观》中批评目标管理缺乏目标的一贯性，强调短期效果，过度偏爱数字化目标。在执行的过程中，公司往往将总体目标分解为部门目标乃至个人目标，希望通过个人目标的达成实现部门目标，部门目标一旦实现，公司目标也就自然达成。戴明对统计数字特别敏感，也具有独到的见解。戴明认为，数字化目标就是定量考核，比如今年要比去年增长 8%。这听起来很科学，其实人们往往忽略了一个重要的核心问题：用什么方法来核定数字呢？为了完成“数字”，人们学会了扭曲真相和弄虚作假。每个人都会想尽办法达到分配到的目标配额，但却并不对由此造成的损失负责。美国银行曾经制定了目标绩效考核制度，以发放贷款的数额考评贷款员的表现，表现最好的员工可以获得超过表现中等者收入 50%的奖励。结果，这个银行的贷款员完成了贷款数额，美国银行也得到了大批的坏账。我们不能责怪这些银行职员，他的生计要靠完成每月配额才能维持。

尽管目标管理在实践中会有很多问题，但是戴明仍然反复强调目标的重要性：目的告诉你世界为何存在，或你做什么生意，由此也隐含着你不做什么生意。从顾客观点，能够最清楚地最有效地界定目的[①]。组织没有方向和目的，元凶为

① ［美］W·E. 戴明著（钟汉清、戴永久译）：《戴明论质量管理》，海口：海南出版社 2003 年版，第 61 页。

最高主管。如果组织成员没有使命感、目的和价值观，那不是因为领导者在这方面贫乏，就是沟通不当[①]。

戴明反对的是这样一种目标——由工程师所设定的目标，不仅会使士气降低，而且效果不佳。这正是造成目标管理失败的思维方式，是一种只见树木不见森林的思维方式，它忽略了各个部门之间及个人之间存在的相互依存的关系，忽视了整体并不简单地等于部分之和。这么做的结果是各个部门之间恶意竞争壁垒森严，阻碍而不是促进整体目标的实现。比如说，采购部门节省10%的支出，但由于原材料质量下降却造成制造成本增加20%，并且损及产品质量。如果不说明这是戴明的观点，熟悉德鲁克著作的读者可能会以为这是德鲁克的语言。

戴明不但批评了目标管理实践中的常见错误，而且提出改进的方法。戴明在《转危为安》中设计了一个问卷，提出了对管理人有帮助的问题，其中第一个问题就是“贵公司是否已经建立一以贯之的目标?”戴明紧接着推荐了一种“较佳做法”：采用并发布一贯性的目标，制定长期计划。以系统的观点来研究各个部门之间的关系，力求达到系统的整体目标。

戴明还特别指出，德鲁克对于这一点解释得很清楚，了解得很深入，并且在《管理：任务、责任与实践》(1973)

① [美]W·E.戴明著(钟汉清、戴永久译):《戴明论质量管理》，海口：海南出版社2003年版，第167页。

中提出了警告。德鲁克说，目标管理重在管理而不是目标。所谓重在管理，与戴明所说的重在方法和过程是一个意思。在实践中，成功的目标管理总是和参与管理等管理方法配合起来使用的。戴明惋惜地说，可惜许多人没有去读过德鲁克的这本书[①]。

实际上，上述这些例子所描述的情景是一种常见但是有害的管理方法：通过制造“危机感”进行管理和通过施加“压力”进行管理。就像通过“发号施令与严厉制裁”进行管理一样，压力管理是反映无秩序的可靠征兆，是对无能的容忍，压力管理也是反映管理层不懂计划的标志。但是最主要的是，这表明这些公司不知道如何要求自己的管理人员，不知道如何领导自己的管理人员，而只是在对他们进行误导[②]。

目标管理意味着更高的目标，毫无疑问，更高的目标会带来压力，称职的管理人员尤其是最高管理层必须对各种目标压力进行平衡，并且引导下级管理人员和员工实现自律管理。针对实际工作中的一些常见问题，从目标制定、绩效考核以及管理过程中信息报告等工具的使用等方面，德鲁克为管理者提供了一些实现真正的目标管理和自律管理的方法。一些组织引入目标管理方法没有取得预期的成功，是由于对

---

① ［美］W·E.戴明著（钟汉清、戴永久译）：《戴明论质量管理》，海口：海南出版社 2003 年版，第 355 页。

② ［美］P·F.德鲁克著（王伯言、沈国华译）：《组织的管理》，上海：上海译文出版社 2003 年版，第 212—224 页。

成果领域的错误定义。目标管理被称为“反向式管理”，即从结果或成果出发的管理，对成果的定义是首要工作，首先确定组织特定的成果领域并且分析这些领域之间的相互关系，明确其优先次序，然后才能为这些领域确定目标。但是在实施目标管理的过程中，由于对成果领域的错误定义，一些领域难以确定准确的目标，以及目标分解落实的困难，导致了许多组织目标管理的失败。

事实上，目标管理今天已经与参与式管理和战略管理等紧密结合在一起。日本企业持之以恒地改进各种管理方法，包括目标管理。日本企业认为“目标管理是颠扑不破的理念”①，从日本不断翻新的各种讨论目标管理的著作就可以看出这一点。

不幸的是，从今天一些人对目标管理的盲目批评来看，只怕戴明的这本书，很多人尤其是那些假借戴明批评德鲁克的人也没有认真读过。对一个戴明曾经提出批评的理论采取鄙视的态度，既是方便的，还可以心安理得。即使万一错了，那也可以推说是戴明的误导。

三、分歧与共识之间

在学习和研究不同的理论时，我们的目的不是在于找出它们的相异之处，夸大甚至执着于其间的差异，然后出于某

---

① ［日］串田武则著（何继革译）:《目标管理实务手册》，广州：广东经济出版社 2005 年版。

种主观的倾向性维护其中一种，而贬斥另外一种。如果这样做，必然使得管理学内部门户林立、壁垒森严，管理学将难以走出丛林状态，也难以形成一门成熟的学科。

事实上，同一个时期的大师之间或者流派之间，在角度差异、方法差异、使用术语差异的背后，思想观点的差异并非总是针锋相对的，而是在更高的层面上存在着互相补充互相印证的关系。或者说，这些理论并不是趋向发散的，在许多情况下是趋于收敛的。否则，管理世界就无规律可言，管理学就没有可靠的学科定位。即使时代变迁，范式转换，应该仍然有迹可循。如果抛开目标管理，从总体上来比较戴明与德鲁克，我们将会发现尽管他们的理论有很多不同之处，但也有共同点。

戴明主要从微观系统的角度研究组织，德鲁克从宏观视角来看待组织。戴明所说的“系统”，德鲁克一般用“组织”。他们考察的“系统”或“组织”范围是不同的。戴明的研究主要集中于企业内部，他所研究的宏观系统层次止于“诸如百事达公司的国际营运，区域性的披萨屋组织，全世界的披萨屋连锁集团”。[①] 尽管戴明强调：我们观看一个组织时，是在观看一个复杂的社会系统，而它同时又是一个技术系统。但是，从戴明的著作来看，他最为了解的乃是生产和质量系统这样的微观系统层面，而德鲁克对社

① ［日］串田武则著（何继革译）：《目标管理实务手册》，广州：广东经济出版社 2005 年版，第 58 页。

会系统这个角度的研究要深入得多。德鲁克不仅研究各种社会组织，而且研究组织之间的关系，研究影响组织行为的社会系统、政治系统和经济系统等更加宏观的层面。两人的研究在时间上也是不同的，戴明着重于统计研究当时的情况，德鲁克研究起点往往追溯到一个概念的最初起源之际。

目标管理只是德鲁克在管理学领域的第一个最有影响力的创见。理解目标管理要和他的思想体系联系起来考察。同样，戴明管理哲学也不仅局限于企业质量管理。在戴明晚年，他的视野已经远远超越了质量体系和生产体系，而将它们放在更为宏观的系统之中。戴明认识到质量体系不能独立存在，质量管理方法也不能独立起作用。因此，他在系统质量理论基础上，进一步提出了“渊博知识体系”，这个体系包括四个组成部分：系统观；对有关变异的知识；知识理论；心理学。德鲁克的研究对象远远超出了渊博知识体系的范畴。

他们的研究方法也不一样。戴明更多地采用了系统论的思想和统计方法，德鲁克主要采用人文主义思想和经验主义方法。他们之间的争论可说是管理的科学性和艺术性之争的延续，斯科尔特斯等人对德鲁克的偏见也源于此。关于德鲁克与戴明，有一个有趣的争论，因为戴明和德鲁克都对日本企业产生了重大影响，那么究竟谁对日本企业的成功所做的贡献更大呢？渥洛诺夫认为，现场管理（主要是生产管理和质量管理）是日本经济奇迹的关键因素，日本式决策方式和人事的管理体制与其说是促进因素不如说是潜在的危机[①]。

但是，如果我们以系统的观点来看，不仅一个企业是一个系统，整个日本都是一个系统，日本的成功是整个系统的成功，而不是系统中的某个要素成功。也许，有人会争辩说，如果不是这些因素的阻碍，也许这个系统会更加成功。然而，这个假设既无法证伪也无法证实，所以毫无意义。无论如何，日本企业以低于美国企业的平均工资水平使员工获得了高于美国人的满意感，而满意感本身就是衡量系统有效性的一个重要指标。这里也回答了上面那个问题，日本不止选择了戴明，也选择了德鲁克。

德鲁克与戴明在管理学的实践性这一点上又是一致的。德鲁克认为，管理是实践，管理理论不必要从逻辑上证明，而是要通过实践来使之有效。戴明说，所有的理论在某一世界都对，因为理论本身不能自证，理论的证明在于成功的应用[②]。

他们的基本价值观也很相似。戴明说：我要建议的目标是，无论任何组织，长期而言，每个人——股东、员工、供应商、顾客、社区、环境——都要获利。注意，此处所说的"获利"是指广义的利益，例如，对员工来说，就是为他们提供良好的管理，提供培训机会，提高工作生活质量，让每个

① ［美］约翰·渥诺洛夫著:《日本式管理的危机》，北京：中信出版社1983年版。

② ［美］彼得·斯科尔特斯著（钟汉清译）:《戴明领导手册》，北京：华夏出版社2001年版，第33页。

员工了解自己的贡献，获得人生的价值[①]。可见，戴明管理的目标不仅是提高产品和服务的质量，他管理哲学旨在改造人，在更加美好的生活。这与德鲁克的价值观是一致的。质量管理的本质是改善是对现有系统的优化是实现战略的过程。但知识社会不仅要质量，而且要创新。创新意味着主动抛弃现有系统，建立新系统。

在《新经济观》中，戴明也关注到创新的重要性，他又提出了管理者应该思考的一些问题：我们从事的到底是哪种行业？什么产品或服务更能帮助我们的顾客？我们 5 年后将做什么？ 10 年后将做什么？不难看出，这些问题与德鲁克在事业理论中提出的问题何其相似！从这里我们清楚地看到，戴明的观点与德鲁克的企业理论不但不冲突，而且几乎是异口同声说出了进步管理的基本原则。

戴明强调系统观，强调内在激励，反对绩效考评和激励，这种基于 Y 理论和双因素理论的管理哲学从本质上讲是属于更高级的管理理念，正如斯科尔特斯所说：戴明哲学可协助人类升华精神境界。它们和德鲁克管理思想一样属于进步管理（Eupsychian Management），实现此类管理哲学，要求人们思维方式的转换，思维能力的提升，以及人性的进化。

总之，如果我们因为看到目标管理或质量管理在实施过程中遇到困难，而对这些理论产生怀疑的话，在很大程度上

---

① ［美］彼得·斯科尔特斯著（钟汉清译）：《戴明领导手册》，北京：华夏出版社 2001 年版，第 367 页。

是因为进步管理的实施是有条件的。如同我们在方法来中讨论过的那样，德鲁克和戴明的理论中都隐含了许多前提假设，他们自己并未明确地指出来。幸好，马斯洛已经帮助我们揭示了一个侧面。

第三节　德鲁克与马斯洛：进步管理与人性问题

我们早已将马斯洛与需要层次论等同起来，如同将德鲁克与目标管理等同了起来。和人们误会了戴明对德鲁克的看法一样，人们也往往只是强调马斯洛对德鲁克的批评。其实，如果仔细研究马斯洛的有关著作，不难看出马斯洛对德鲁克的理论首先是持肯定和欣赏的态度，与其说是批评不如说是补充。

马斯洛是人本主义心理学的代表人物，20 世纪 60 年代初期，在读到德鲁克的《管理的实践》和道格拉斯·麦格雷戈的《企业中的人》(1960) 之后，他猛然意识到心理学在工业领域的广阔前景。马斯洛将自己阅读这些著作引发的一些思考以笔记的形式写下来，并于 1961 年出版了《马斯洛论管理》[①]。马斯洛和德鲁克都同意，管理有两个方面的目的：

① [美]亚伯拉罕·马斯洛著（李斯译）:《马斯洛论管理（Eupsy-chianManagement）》，北京：中国标准出版社 2004 年版。原书标题 Eupsychian Management 是马斯洛自己创造的一个词，Eu 意为和谐、美好，psychian 意为心灵、精神，EupsychianManagement 一般译为“进步管理”。

一是提供产品和服务；二是造就人。这两者之间的关系，以最简单的方式来说，对人类劳动生活的管理和他们谋生方式进行合适的管理，可以改善他们并改善整个世界。工业不仅发展了生产力，而且将会影响生活于其中的人类的发展倾向。马斯洛看来，如果美国人能够变成比俄罗斯人更好的人，美国人会有更多人爱，更受人尊敬，更受人信任，那么这就是最终获得成功的东西。

马斯洛发现“德鲁克得出的关于人类天性直觉的结论，与第三思潮的心理学家们得出的结论非常相似”[①]，因此，马斯洛把德鲁克等人的理论称为进步管理政策。马斯洛认为，从这些文献来看，管理已经处在其最先进的形式，而且踏上了进步和协同的方向。正是这一点，使得马斯洛立即敏锐地意识到，他以前犯了一个错误，犯了每个为自己专业而自豪的科学家都可能犯的错误：他原以为心理学知识在工业领域的应用催生了工业心理学。而没有认识到，工业领域不仅是心理学的应用领域，更为重要的是，工业领域还将是心理学的重要知识来源。德鲁克等人的研究表明，工业领域的经验将改变心理学的面貌。因为，在工业时代，工作对于个人发展的重要性超过了家庭和学校。

在马斯洛大举进入管理学领域时，德鲁克又如何看待心理学呢？很显然，他非常清楚马斯洛的评价，也非常欣赏马

① ［美］亚伯拉罕·马斯洛著（李斯译）:《马斯洛论管理（Eupsychian-Management）》，北京：中国标准出版社 2004 年版，第 19 页。

斯洛的见解，德鲁克在《马斯洛论管理》新版扉页上写的一句话可以证明这一点：这是马斯洛最重要和最永恒的著作，它的思想对我有持久深远的影响。德鲁克在《卓有成效的管理者》中谈到了解自己的时候，明显受到了学习理论的启发。戴明到晚年也发现了心理学的价值，在他的渊博知识体系中将心理学作为一个组成部分，也将学习理论结合到质量管理体系中来。但是德鲁克并没有像戴明那样强调心理学的重要性，只是轻描淡写地说了一句，管理者需要了解一些心理学知识，但是不必成为心理学家，正如医生要懂得正确使用化验报告，却不必成为化验师一样。

马斯洛不无遗憾地猜想，也许德鲁克很快地看了一眼那种被称为科学心理学的东西，发现自己对用猴子、小鸡之类动物做实验的研究方法以及对条件反射之类的理论不太感兴趣，然后很快地放弃了它。马斯洛的意思是说，如果德鲁克更多地了解人本主义心理学的话，也许会更感兴趣一些。

马斯洛运用人本主义心理学的知识来分析德鲁克在《管理的实践》中提出的理论。马斯洛对德鲁克的“责任心工人”很感兴趣，他花费一年时间在南加州的一个小公司里对责任心工人理论进行了实验检验，结果失败了。马斯洛对失败原因进行了总结[①]，他认为目标管理概念中隐含了这样的认识：人类存在着对责任感和成就感的普遍需要，人们愿意承担因

① ［美］杰克·贝蒂著（吴勇等译）：《管理大师德鲁克》，上海：上海交通大学出版社1999年版，第156页。

自己掌握工作进程而负有的责任，渴望因达成目标产生的成就感而受到激励。马斯洛认为德鲁克培养工人对工作的责任心固然没错，但是在现实生活中只有少数较为成熟的、较为健康的人才能算得上是德鲁克所说的“责任心工人”。但是，这种人并不常见，这种人是从特定的一类人中挑选出来的。责任心工人和自治工厂社区制度的建立需要强有力的管理、坚定的目标和标准以及非常高的自我约束力。

马斯洛进一步指出，个性的多样性是客观存在的，不能牺牲个人特性去迁就社会特性，不能将管理制度建立在“每个人都是具有责任心的人”这种假设基础之上，它不能赋予所有的工人不应也不能承担的心理压力。马斯洛还批评说，只有足够强壮的人才有责任心和成就感的需求，那些软弱的不健全的人往往不愿意承担责任，不能做到自律，即使是足够强健的人，他们也需要他的指令和指导带来的安全感。

马斯洛指出：如果我们有一些进化良好的人类，并且很急切地要求成长，那么在这样的地方，德鲁克的管理原理好像很不错，但这只能是在人类发展的最高层次才有效。不同的管理原则适用于不同动机水平的人，在动机层次中的低水平，并没有对这些管理原则的很大需求。

马斯洛认为，德鲁克、麦格雷戈、阿吉里斯、甚至也包括戴明等人所倡导的进步管理政策，包含了他们自己始料未及的复杂前提和假设，马斯洛条分缕析一共列举了足足36条。这些理论假定：每个人都值得信任；每个人都热爱工作，认为是有意义的，工作的意义超过报酬和升迁奖惩；每个人在心理和智力上足够健全的、完善的；每个人都追求自我实现，并且指向积极的目标，等等。这些假设都与Y理论对人性的看法相符合。马斯洛批评德鲁克对邪恶、对软弱、对恶劣动机的无知和忽视。德鲁克自己受过良好教育，脱离了低级趣味，超越了生理和安全需求，喜欢努力工作使这个社会变得更加美好。但是德鲁克以己度人，用心理学术语来说就是将自己投射到他人身上，他以为所有其他人都和自己一样。这种想法是不现实的，建立在这种想法基础上的管理理论是有局限的。马斯洛的结论是，世界上有许多人，特别是在美国之外，许多人生存处境恶劣，处于较低的需求层次上，根本不适用德鲁克的管理原则。

马斯洛的理论传达了这样一个信息：在德鲁克等人主张的进步管理不适用的地方，人们的行为动机处于低水平。在马斯洛看来，发达国家尤其是美国人更具备形成高层次动机的条件，因此，是实施进步管理的时候了。尽管马斯洛反复举出印第安黑脚族的例子，证明在弱势文明中也存在实践进步管理的可能性。但总的来说，马斯洛认为美国黑人、墨西哥人等等处于较低层次动机水平上，因而尚未具备实施进步管理的条件。这无异于是说，在管理不善的社会，其成员在动机水平上也居于劣等。

这是一个会让很多人感到不安的结论，这个结论将管理的进步程度提升到了不同文明之间优劣竞争的高度。从历史来看，尽管更为文明的种族可能被蛮族消灭，但更好的文明却会留传。希腊和罗马都被在进化意义上不如它的蛮族所灭亡了，但希腊文明和罗马文明的影响绵延至今。马斯洛经常用来举例的印第安黑脚族，尽管欧洲人几乎将其消灭殆尽，马斯洛还想从他们与美国式民主截然不同的文明中汲取灵感。他认为，在发达社会，自我实现的时代已经来临，这就是数字化的时代，知识社会时代，在这样一个世界里，人类的潜力将会成为几乎各个行业，每个组织竞争优势的首要来源。

马斯洛晚年致力于倡导Y理论，虽然他早期对Y理论的实验并没有成功，但他仍然认为Y理论大大超越了X理论而不仅是X理论的一个替代品，人们必须用不同的安全和肯定感替代X理论的依赖性的安全感。马斯洛证明Y理论不像许多人理解的那样是放任和无限制的自由，如果是这样的话，人们除了成就感和迷惑之外将没有方向没有目标也没有控制。在马斯洛看来，Y理论不是放纵也不是悉心照料，它是一个严厉的任务管理者，Y理论必须实现X理论已经实现的并且做得更好，否则将是难以承受的负担①。

德鲁克对Y理论提出了不同看法。德鲁克认为马斯洛等支持Y理论的心理学家实际上是以说服代替命令，通过心理操纵来控制，是心理学的X理论。这种新X理论抛弃了人是懒惰的假设，取而代之以这样的假定：除了管理者是健康的正确的之外其他人都是脆弱的愚蠢的。对于这种难以掌握的心理学工具，德鲁克的看法十分明确：管理者不需要成为心理学家，因为管理者必须关注行动和成果，而不是注重情

① ［美］P·F. 德鲁克著（王永贵译）:《管理：使命、责任、实务》，北京：机械工业出版社2006年版，第231—241页。

绪和内省。管理者必须看到确实有一些人是渴望成就的，但同时必须给另一些人以 X 理论的安全感，给他们以指导和照顾。

德鲁克和马斯洛还有许多相似之处，他们都倡导进步管理，他们的文风也有相似之处，都有敏捷细密的文思，优美的语言，精妙的比喻，而且两人都反对貌似科学的八股文风。

第四节　德鲁克与泰罗：超越科学管理

今天的人们所享受到的富裕的物质生活在很大程度上要归功于泰罗，由于泰罗的开创性贡献，使发达国家的生产率在 20 世纪提高了 50 倍。德鲁克很愿意将自己与泰罗相比较，他们也确有相似之处：泰罗 17 岁中学毕业放弃了上哈佛的机会去一家钢铁厂做了工人，德鲁克 17 岁中学毕业放弃上大学到一家进出口公司做了职员。泰罗将知识运用于工作，破除了手艺的神秘感，倡导了生产率革命。德鲁克将知识运用于管理，通过改善对人和组织的管理，极大地提高了管理的有效性。德鲁克十分乐于称自己为管理领域的泰罗。

正如泰罗将工作分解为基本活动，并通过短期培训就能够让工人胜任复杂的工作一样，德鲁克将对人和组织的管理解析为基本技能，并且将这些技能分解为“招式”传授给管理者。如果说泰罗是一个分水岭，自泰罗起，管理学进入了科学时代；那么，德鲁克是一座桥梁，他将管理学与人文传统连接起来。

一般认为，泰罗及其弟子在20世纪初期开创的科学管理思想催生了流水线生产方式，引发了一场生产率革命。德鲁克对此却有自己的看法，他认为，科学管理的根本意义在于打破了技术和手艺的神秘感。泰罗通过把各种代代相传的特殊技艺分解为标准化的动作和操作，将其组合成只需简单技能的工作，使得以前难以掌握的神秘技艺变成了简单的操作技能，任何一个普通人只要经过短期的培训就可以掌握。尽管泰罗认识到，必须要有一场全面的心理革命，才能使人们真正懂得科学管理的意义不仅在于改变工作方法，还在于通过生产率的快速提高来改善工人的收入水平而消除劳资矛盾[①]。但是，仅仅呼吁人们来一场心理革命是远远不够的。对人的管理仍然是一个神秘领域，人们认为这是只有少数人能够掌握的艺术，是一种需要天赋的工作。《管理的实践》改变了这种局面。

德鲁克认为和人际关系理论一样，科学管理已经很长时间停滞不前了，1890—1920年是科学管理的黄金时代，在泰罗及其追随者甘特、吉尔布雷斯等人之后，这一领域再难以见到闪光的思想。原因就在于科学管理未能成功地解决管理工人和工作的问题。

德鲁克认为科学管理有两个盲点，这两个盲点和他们已

① [美]泰罗·弗里德里克·W. 著:《科学管理原理》，北京：中国社会科学出版社1983年版。

经看到的东西一样重要。第一个盲点是科学管理混淆了分析的原则和行动的原则。动作研究（Motion Study）是科学管理最重要的贡献之一，这项研究把所有工作分解为最基本的动作要素，然后把各项工作分解成由基本动作要素组成的动作，尽可能让每个工人执行一个单独的动作。将工作分解为一个个单独的动作是完全正确的，这使人们可以通过改进个人的操作方法而最有效地改进工作。但是，在流水线生产上，工作有越分越细的倾向，因为这些企业认为一个工作所包含的动作越少越简单工人的工作效率就会越高，德鲁克认为这是完全错误的。这种方式违背了人的特性，即使不考虑动机、兴趣和感受等因素，人的优势或特性也在于综合、平衡、控制、衡量和判断，这是完成一项完整的工作所必需的，过度细分使工作失去意义。

德鲁克认为科学管理的第二个盲点在于将计划和操作相分离。科学管理思想主张一部分精英人才专司计划工作，由计划人员决定操作的动作、速度和节奏，而工人仅仅只需要按要求操作。德鲁克批评说，计划和操作是同一件工作的两个方面，而不是两种不同的工作。一个人如果专职计划而不做一点实际工作，他就是在幻想而不是在工作；一个人如果完全不能参与自己的工作计划过程，那么他对最机械性的日常事务也无法控制。

这两个盲点威胁着工人的心理安全感，导致了工人对科学管理的抵制。汽车工业是最适合科学管理的行业．但汽车工业本身的实践却证明了单项动作最优化并不能使企业整体绩效达到最佳。

德鲁克意识到，必须在管理上采取更加有效的措施在工作场所建立良好人际关系来提高工作绩效。德鲁克提出的新办法是重新设计工作，将人们组织起来完成工作。德鲁克认为小组工作比单独工作更符合人的本性，并建议任何一项工作只要太复杂或太繁重，一个人难以独立完成，这项工作就应该由小组来完成，而不是以机械的方式将个人一个接一个连在一起工作。共同工作将使人们形成一个社会群体，他们在工作之外还建立起人际关系。

第五节　谜一样的写作风格

德鲁克最令人印象深刻的是他的写作风格。德鲁克管理著作在逻辑结构和语言表达方面具有鲜明的特点，与流行的符合严谨学术规范的论文很不一样，读者一眼就可以将德鲁克的作品与他人的文章区别开来。

由于德鲁克在文学艺术方面具有很高的修养和品位，使得德鲁克的著作不仅在内容上处处体现了人文精神，在语言方面也达到很高的造诣。德鲁克的语言生动、优美而典雅，每一个初次阅读德鲁克作品的人往往都会感到强烈的震撼，既为作者直入事物本质的想象力和分析力所震撼，又为作者的语言能力所折服。

德鲁克采用了大量的案例和令人意想不到的比喻。德鲁克的著作中多处出现与医学有关的比喻。在《管理的实践》中，德鲁克在谈到以“工作设计”取代“动作研究”所面临的困难时写道：我们的处境像细菌学家们过去50年里所处的境地。细菌学家们在寻找有效的灭菌药物时，把全部精力集中在生产绝对纯净的培养物上，数十年来他们将真菌看作讨厌的东西，扔掉被真菌感染的培养物。只有天才才会懂得，是受感染的培养物而不是纯净的培养物提供了抑制细菌的线索。德鲁克在谈到企业增长的时候总是会谈到一个比方：导致一个企业资源总生产率提高的增长是健康增长，增加肌肉和力量；不能导致生产率提高的增长是就是脂肪，过多的脂肪导致肥胖；导致生产率下降的增长简直就是癌症。

德鲁克的语言不仅生动有力，而且追求平实简洁，尽量避免使用普通人难以理解的专业术语。德鲁克提出了许多新概念，但他的概念从不追求新奇，比如“目标管理”“知识工作者”“企业家精神”这些概念朴素得接近于每个人的常识。他知道企业家和管理者并非都是学究，要想让他们理解和接受，首先语言就不能面目可憎，如果满篇都是术语，管理者就不会阅读它。

由于考虑到大多数人的阅读习惯和理解能力，德鲁克的著作和文章中几乎没有采用其他的表达工具。在德鲁克的所有著作中，除了《成果管理》一书中加入了少数几个图表和数据之外，再没有一个公式或图表。这么做只有一个目的，那就是尽量照顾最大多数读者的阅读习惯。著名物理学家斯蒂芬·霍金（Stephen Harkin）在《时间简史》中说，一个朋友给我一个极好的忠告，如果在这本书中引用一个公式，它的读者就会减少50%。德鲁克显然是同意这个观点的。

德鲁克著作有一种从容悠闲、乐观自信的风格。这种风格被杰克·贝蒂形象地称为“ABA 文风”[①]：A——提出自己的观点；B——对反对意见加以反驳；A——再一次强调自己的观点。德鲁克喜欢以充满自信的肯定语气结束全文，而不喜欢文章在怀疑的气氛中结束，因为他觉得这样会使整个论述显得软弱无力。这种自信的风格到德鲁克老年逐渐凝聚成一种斩钉截铁的气派，这种特点从一些文章的标题可以看出，如“成功兼并的五大原则”“商业中的五大致命罪过”“未来市场营销的四个教训”等。杰克·贝蒂幽默道，这种修辞手法令人联想起以往的政治宣传口号。

德鲁克风格也有令人不太满意的一面，主要表现在他的作品逻辑结构不够严谨。德鲁克的著作往往缺乏单一的主题，章节之间常常没有必然的联系，即使那些不是论文集的著作，读起来也像是论文集。这与德鲁克研究问题的实践导向有关。从本质上说，经验研究以各类管理人员为服务对象，其主要出发点并不是为了纯粹的学术目的，这是德鲁克的著作缺乏严密体系的根本原因。因此，虽然德鲁克形成了自己的管理思想体系，这一体系仍然是一个相当松散的体系。一方面，德鲁克并不用学术的标准发展他的管理思想，他有自

① [美]杰克·贝蒂著（吴勇等译）:《管理大师德鲁克》，上海：上海交通大学出版社 1999 年版。

己的成功标准，那就是是否能够有效解决管理实践中存在的问题。德鲁克确定其著作的内容与结构的首先参考管理实践者的意见，而并不十分在意学术界的看法。另一方面，管理实践中问题本身都是复杂性问题，仅仅运用某种逻辑严谨的管理学知识并不能解决这些问题，德鲁克管理思想的有效性正是在于他擅长的宏观思维能力。甚至可以说，追求纯粹形式上的科学性的管理学理论对于解决实际管理问题可能不见得会更好。

德鲁克主要借助文字来表达纯粹是一种个人偏好，因为德鲁克对文字功夫可以与文学家媲美，他本人就创作了两本小说。当然，这种表达方式不符合今天管理学理论研究提倡采用数学工具向经济学看齐的潮流。因此，一些管理学家批评德鲁克文风过于文学化欠缺专业风范，也就不奇怪了。此外，德鲁克经常在文章中引用极其准确的数据和极其逼真的细节，却极少说明出处。德鲁克虚心地接受了对这个缺点的批评，在 1992 年出版的《后资本主义社会》一书中对引用做了细致的注释。

德鲁克的著作中最受欢迎的不是那些在形式上更为严谨的著作，而是那些更接近实践的著作。可以说，德鲁克的管理思想中具有技术特点的那部分得到广泛传播，而着重于理解和分析的真正重要的科学思想却被人们忽略了。综观德鲁克的几十部著作，《管理实践》《卓有成效的管理者》《管理：使命、责任、实务》《创新与企业家精神》等书流传最为广泛，这些著作总结出了可以直接指导管理实践的理论原则，很好地体现了德鲁克管理思想科学性的一面。

与这些著作的命运不同，《工业人的未来》《公司概念》和《新社会》也是德鲁克的倾力之作，这些著作主要阐述了其社会理想和管理哲学，而较少讨论管理方法，因而这些著作就比上述著作要“经典”得多，也就是说读者少得多。《管理的实践》可以说是一个例证，这部书被人们反复强调的主要是其目标管理的贡献，而很少有人注意到这部著作提出了德鲁克管理思想的基本框架。

这也从另一方面展示了学院派的困境。为了显示研究者的学术水准和创新能力，许多管理学论文术语堆砌，对于读者来说简直是三步一岗五步一哨，满头雾水不知所云。管理学过于追求学术化的结果最终是孤芳自赏，日益少人问津甚至无人问津。在社会科学的古典时期，学者的思想可以与大众分享，不管哪个学科的知识分子都能够读懂亚当·斯密的《国富论》。但今天有多少知识分子能够完全顺利地阅读一本经济学或管理学的专业杂志呢？

尽管很少人有兴趣阅读德鲁克那些讨论管理哲学的作品，这没有什么关系，因为在德鲁克其他更容易阅读的作品中，读者同样可以领悟到德鲁克管理哲学的要点。德鲁克能够将深奥的理论转化到管理方法中，这是他的最大优势，是德鲁克著作的核心竞争力。

德鲁克的这种文风看似平易实高难。如今的管理学已经走入了这种高度分工的学术研究之中，当前大多数的管理学学术论文虽然符合严格的学术规范，但是却没有读者。不用说今天普通初学者，这种能力就是居于同等地位的管理学家也少有达到的。社会系统学派的代表人物巴纳德在组织理论上提出了许多独创性的观点，但是“他的书最明显的缺点是表述抽象、举例稀少、语言平淡无味、文字晦涩难懂。尽管他把人的问题重新引入组织理论，但他似乎对抽象的个人而不是活生生的人更感兴趣。”[①]巴纳德的这种风格多少影响到了他的读者面。

在学术八股文充斥管理学市场的今天，德鲁克或许是我们这个时代最后一位百科全书式的管理学家。至少对于管理学院的教授们来说，德鲁克发表的那些看法并不那么特别与众不同，似乎与他在管理学界享有的崇高声誉不成比例。但是，我知道，那是何等的与众不同。德鲁克有这样一种能力，把人们反复阐述而不能解释清楚的复杂感受用极其平实清晰极为深切的文字写出来。他有谜一般的表达能力，足以把我们对日常生活最本质的感受呈现给我们，让我们蓦然回首，看到那些原本就在我们眼前的真理。”[②]

德鲁克近似散文的行文风格得到大多数读者的欢迎，也受到了学院派学者的批评。一方面，德鲁克致力于为管理实践服务而并不谋求在学术界的地位。在确定研究选题、决定著作内容剪裁取舍和行文风格方面都站在管理人员的视角，

① 切斯特·巴纳德著（孙耀君译）:《经理人员的职能》，北京：中国社会科学出版社 1997 年版，安德鲁斯所做的序。

② 汪丁丁:《德鲁克——因他而有德鲁克主义》,《IT 经理世界》2005 年第 12 期。

充分考虑实际工作者的需求，而将理论在形式上是否严格符合学术界的规范放在次要的地位。德鲁克管理著作都是针对实际管理问题而作，文笔优美、风格近似散文，到处是格言警句和精妙的比喻。这些特点使德鲁克获得了其他管理学家难以望其项背的最为广泛的读者群，不仅其著作被许多大学列入教学参考书目，而且许多大名鼎鼎的企业及非营利组织甚至工会和政府部门的领导人都成为德鲁克的客户。另一方面，任何学习研究者要想一窥德鲁克管理思想的全貌却绝非易事。批评者认为德鲁克管理思想缺乏严密的结构和完整的体系，不仅没有通过某一部代表作将其思想集大成，而且简直连著作都像论文集。有些商学院教授甚至从来不布置学生读德鲁克的书。《追求卓越》一书的作者汤姆·彼德斯（Tom Peters）就谈到自己曾在商学院获得两个硕士学位，但从来没有教授安排他读过德鲁克的著作。不过，彼德斯本人却对德鲁克推崇备至，认为他们所发现的一切卓越企业的管理原则都可以在《管理实践》中找到原型。由于这一缘故，无怪乎汤姆·彼德斯声称，在德鲁克之前并无管理学的存在。正是这本书建立了当时尚未为人所知且还没有人教授的“管理”学科，也开启了近30年的管理热潮[①]。

总而言之，对于解决纷繁复杂的管理问题来说，德鲁克提供了一把利刃，在管理理论的丛林中为管理人员开辟了一条道

---

① Tom J. Peters. Liberation Management: Necessary Disorganization for the Nanosecond Nineties. New York: Alfred P. Knopf, 1992.

路，然而这把刀的规格和形状不太符合学术界的标准。尽管德鲁克管理思想的特点给学习和研究带来一定的困难，却极大地促进了德鲁克管理思想的传播，给管理者的实践提供了前所未有的明确指导，也对管理理论的发展做出了重要的贡献。

第九章
最佳弟子数日本

日本的经理人员并非以某一利润目标为出发点，他们是以企业目标尤其是市场目标为出发点。他们开始总要问："要想取得领导地位，我们需要占领多大的市场？为了达到目的，我们需要什么样的产品？我们需要花费多少钱来培训、发展人力资源，建立销售体系，提供所需服务？"只有到了这个时候，他们才会问："为了达到这些企业目标，我们需要有多少利润？"这种最后才提出的利润要求通常比西方企业的利润目标高出一大截。

——德鲁克

日本在战后学习西方管理的过程中特别推崇三位大师，他们是戴明（W. Edwards Deming）、朱兰（Robert Julan）以及德鲁克。戴明与朱兰几乎是与麦克阿瑟同时来到日本的。戴明在日本进行了一系列"质量控制"的讲座，他和朱兰在日本传播质量"福音"，日本人在此基础上形成了精益生产理论（Lean Production）。丰田公司是精益生产理论的最佳实践者，大野耐一等人对此做出了卓越贡献。精益生产方式对美国企业产生了巨大的影响，在通用电气公司等企业的努力下形成了比精益生产更加追求完美的“六西格玛管理”。

如果说戴明和朱兰为日本企业带来了现场管理革命，那么，德鲁克则给日本企业带来了管理思想的革命。日本企业界将德鲁克尊为宗师，堪称是德鲁克最忠实的学生。20世纪40年代至90年代的半个世纪中，德鲁克充当了东西方两种管理模式的沟通者。他一方面积极地为日本企业培训经理人员，同时，又将日本管理与日本文化介绍到美国。20世纪80年代末，日本进入一个转型调整时期，德鲁克对日本企业和日本社会遇到的困难给予了高度关注，并为日本的经济重振和社会改革出谋献策。

第一节　最好的学生——日本

德鲁克与日本很早就结下了深厚的缘分。1934年，德鲁克在伦敦工作时，通过一个偶然的机会接触到了日本艺术。他惊讶地发现，日本艺术与西方艺术大异其趣。从此以后，日本艺术成为德鲁克的一项业余爱好，他花费相当大的精力来研究日本的文化和艺术，在这一领域达到了很高造诣。德鲁克还给学生开日本艺术讲座，并为日本艺术博物馆提供管理方面的免费咨询。以此为契机，德鲁克对日本的传统文化和管理模式产生了浓厚的兴趣[①]。在研究日本的过程中，德鲁克对文化传统对管理的影响有了更为深刻的认识。日本企业界给了他机会，使他获得了一个与欧美企业迥然不同的研究对象，并得以将研究推进到一个新的更为广阔的层次，所以德鲁克特别强调日本经验，并乐此不疲地将日本经验介绍给美国企业[②]。

在 IBM 等少数美国企业开始实践德鲁克在《公司的概念》(1946)中提出的工厂社区理论时，日本企业已经决定将他的思想推而广之。从 1950—1980 年的 30 年间，德鲁克每隔两三年就会去一趟日本，给日本企业的经理们举办研讨会。他曾经不无遗憾地谈到，在美国企业对他的思想仅仅停留在纸上谈兵的时候，日本企业已经开始付诸实施了。

《公司的概念》一书在 1946 年出版之后不久就被翻译成日文，日本企业很快对《公司的概念》的所表达的思想表现了极大的兴趣。他们将德鲁克关于工厂社区的理念与自身文化传统相结合，创造出以终身雇佣和年功序列制度为特色的“企业社会”。这种企业制度极大缓解了其他发达国家曾经感到最为棘手的劳资关系问题，为日本经济起飞创造了较为有利的和谐社会环境。

1954 年《管理的实践》在美国出版，1956 年就被翻译为

① [美]P·F. 德鲁克、[日]中内切著(邓嘉铃译):《杜拉克看亚洲》，乌鲁木齐：新疆人民出版社 2002 年版，第 192 页。

② 参见：[美]P·F. 德鲁克著:《变动中的管理界》之“学习外国管理经验”(1980)；[美]P·F. 德鲁克著:《九十年代的管理》之“战后日本的主要武器”(1990)及“误解了日本和日本人”(1990)；[美]P·F. 德鲁克著:《巨变时代的管理》之“日本企业走向终结了吗?”(1991)，等等。

日文。《管理的实践》对日本企业产生了多方面的影响，其中最重要的就是使日本企业的决策者认识到必须要明确“事业的目标”[①]。德鲁克指出，以追求利润为企业目标的理论必须抛弃，他明确指出新的目标应该是：市场地位、创新、生产率、实物和金融资源、利润、管理人员的表现及培养、工人的表现和态度、对社会的责任。

这八大目标中，“对社会的责任”这个美国企业界颇有争议的理念却获得日本企业的共鸣。日本人接纳了德鲁克这个超前的理念，在这一原则基础上结合日本文化的特点，确立了独具特色的人事管理政策。依靠以终身雇佣、年资序列和企业内工会为基本特征的人事管理体系，日本人缓和了早期劳资对立的局面，在企业和员工之间建立起相互信任的长期关系。威廉·大内后来称这种关系为“微妙的默契”。日本企业由于这种良好的劳资关系而保持了较低的工资水平，使企业维持了较高的利润率和投资水平，增强了日本企业在国际市场上的竞争力。

日本企业还接受了德鲁克的营销思想，并在实践中创造性地采取了逆向成本核算法。日本企业根据市场价格和维持一定投资水平所必须的利润率倒算出成本上限，通过严格的内部管理消化了成本压力。这一做法在20世纪70年代石油危机时期帮助日本企业消化掉了油价上涨带来的成本压力，

---

① ［日］猿谷雅治、千田光著（文蔚之译）：《目标管理体制》，北京：中国农业机械出版社1983年版，第24页。

维护了日本企业在国际市场上的竞争地位。

德鲁克的管理理念中，“知识即企业”这一论断也得到日本人的赞赏。《管理的实践》对日本企业产生了种种影响，其中最重要的就是使日本企业认识到“顾客即企业，知识即企业”，以及企业的成功取决于是否有明确的“事业目标”。

德鲁克对日本管理的成功并不感到惊奇，他为人类在工业时代找到另一条成功之路而感到由衷的欣慰。日本经验使德鲁克更加坚信，管理不可能是一门与价值无关的科学（Value Free Science），而是一种具有社会功能的人文艺术。它深深地植根于文化、社会和传统，植根于价值观、风俗和信仰，植根于政治体制之中。

德鲁克在《公司的概念》中曾经试图要证明，自由企业制度是美国企业唯一的出路。但他始终强调，这并不意味着强迫别的社会也接受这一制度。日本的经验使他确信，由于文化的多元化，管理一定是多元化的（Polycentric），而不只是美国式的。任何组织的管理必须尽可能利用一个社会的传统价值观和信仰，用得越多越容易成功。

第二节　日本式管理的危机："忠诚的和谐"与"自由的和谐"

日本人在西方学习的过程中坚持了所谓的“和魂洋艺”

原则。其中，“和”乃是日本管理哲学的灵魂[①]。

“和”的意思是指和谐、协调与合作。这种哲学在企业里表现为雇主与雇员之间结合得犹如家庭成员之间那样紧密。“和魂洋艺”原则体现了日本对待外来文明的基本态度，那就是，日本希望只吸收那些可以加强日本价值观的东西，在保持日本风格的前提下，学习西方管理工具和技术，并发展出自己的概念、工具和技术。因此，尽管日本企业的人事秩序吸收了德鲁克的“工厂社区”思想，但与 IBM 这样的美国企业所坚持的“自由的和谐”不同，日本企业的工厂社区体现了“忠诚的和谐”这种东方文化所特有的思想[②]。

日本的工厂社区与德鲁克所说的工厂社区有很大差异。德鲁克的管理思想主要源于美国企业的经验，自然体现了美国社会的基本价值观，这种价值观与日本人的信仰有很大不同。《公司的概念》倡导的工厂社区与日本企业的人事制度之间存在着一个根本价值观的矛盾，那就是忠诚与自由的矛盾。

德鲁克与松下幸之助和盛田昭夫等人都主张和谐，但是德鲁克的信仰是“自由的和谐”，体现的是美国式的个人主义价值观；日本企业家的理想却是“忠诚的和谐”，与日本的集体主义文化传统相一致。德鲁克强调企业对社会信仰和社会

---

① ［美］卡尔·佩格尔斯著（张广仁、张杨译）:《日本与西方管理比较》，北京：机械工业出版社 1987 年版，第 20、72—85 页。

② 张远凤:《德鲁克管理思想对日本的影响》,《外国经济与管理》2004 年第 3 期。

凝聚力负有不可推卸的责任，但是却警告企业不能以此为借口要求人们对企业绝对忠诚。德鲁克批评许多企业特别是大企业如果要求管理人员对企业特别忠诚的倾向是危险的。在自由社会里，公民可能会是许多机构的成员，但是没有一个机构有权声称公民必须完全效忠于它，只有保持多元化和自由选择的权力，一个社会才会充满生机和活力。从社会的角度来看，要求管理人员对企业的绝对忠诚是滥用权力的表现。企业绝对不能自称是职工的家庭、归宿、信仰或命运，也不可以干涉员工个人的私生活或公民权。将员工与企业联系在一起的只是一份可以随时取消的聘约，并不是什么不可更改的纽带。这种崇尚自由的价值观，一方面给了个人以选择权，给人才流动创造了宽松的氛围；另一方面，也卸下了企业对员工提供“铁饭碗”的包袱，企业合法地拥有了根据战略规划调整员工结构以至解聘员工的权力。

日本企业尽管同意德鲁克关于工厂社区的构想，但是他们只能在日本社会传统价值观的基础上建设自己的“企业社会”。实际上，企业组织只是企业的外壳，支撑日本企业运转的却是“企业共同体”。企业共同体是不定型的精神形态，往往通过它的核心人物来体现。因此，个人与企业共同体的关系就成为他与该企业核心权威人物之间的关系。个人对企业共同体的遵从往往表现为对本企业最高经营者的敬仰，因为在他身上凝聚了该企业的目标和使命。尽管各项规章制度订得非常充分和完善，但那些东西是摆在桌面上的，是组织的结构性需要，是形式化的要求。在日常工作中起作用的是非正式规则和惯例[①]。战后日本在企业组织中普遍采用集体主义的终身雇佣制度，强调个人对企业的绝对忠诚。日本的封建武士宣誓效忠于他的主人，现在日本企业要求员工忠诚于他的公司，而公司则许诺以终身雇佣作为员工忠诚的回报。在日本大公司中，祖孙三代就职于同一家公司的现象并不罕见。

在战后经济起飞时期，日本企业保持了高速成长，员工的就业保障不成问题，因而对德鲁克有关忠诚的潜在危害的提醒并不是特别在意。不过，从某种意义上来讲，除此之外日本人并没有其他更好的选择。每个社会在发展变革过程中都不能切断与自身历史的联系，这就是所谓“路径依赖”的力量。尽管日本人的基本价值观不同于美国人，但日本企业却仍然成功地实践了德鲁克所主张的工厂社区理想。终身雇佣制完好地运行了近 30 年，以比美国企业低得多的工资成本创造了震惊世界的经济奇迹。可以说，日本的工厂社区取得了极大的成功。

但是潜在的危机终于在 20 世纪 80 年代末爆发出来。危机的根本原因在于，日本式的人事制度使日本企业失去一个非常重要的管理手段——管理人员不能根据企业的需要来裁剪和解雇员工。一般美国企业在遇到困难时往往会选择企业重整，在重整过程中会解雇一些普通员工，同时雇佣少量的专业人员，以知识来提高整体的生产力。美国人对这种方式

---

① 李萍:《日本企业社会的形成及伦理空场》,《日本学刊》2003 年第 3 期。

习以为常，整个社会中劳动力的流动性使企业可以采取灵活的雇佣政策，被裁减的员工享有完善的社会保障，也能够比较容易地找到新工作。

然而，日本企业要做裁员决策却相当困难，只有经营极差面临破产的企业才会采取此下下之策。由于雇员全部生活过度依赖于企业社会，不要说被辞退是一种难以承受的打击，就是在退休之后也难以融入社区生活，一旦离开企业，个人往往便会感受到难以排遣的失落。一旦某个日本企业决定以大量裁员来解决问题，做出裁员决策的主管最后通常要以辞职来表示对此事负责。

日本企业这种解决问题的方式是如何产生的呢？这个问题从丰田公司历史上的一段经历可以得到很好的说明。1948年，日本陷入了战后经济最萧条的时期，负债累累的丰田汽车公司由于无法继续获得银行支持，被迫削减生产计划并大量裁员。社长丰田喜一郎请求1600名员工主动辞职，结果引发了一系列的罢工和游行风潮，这场风波持续达两个多月之久，公司上下度日如年。在走投无路的绝境中，丰田喜一郎决定辞去社长职务，表示由他一人承担对这次风潮应负的责任，尽管这实际上已经超出他本人的控制能力，事情也并非由于他的过错而引起。丰田喜一郎是丰田汽车的创始人之一，在公司拥有崇高威望，在某种程度上丰田喜一郎即丰田汽车。他的辞职向员工表明公司确实到了生死存亡之际，在他宣布“引咎辞职”之后，公司自愿要求离职的工人总数超过了公司原定的裁员人数。公司方面努力地为这些失业员工在其他企业找到工作。这样，丰田汽车终于得以恢复正常的生产秩序[①]。

由于丰田公司在日本企业界拥有很高的地位，他们的行为对其他企业具有很好的示范效应，这样逐渐形成了日本企业特有的调节劳资纠纷或者至少是化解矛盾的方式。从这个例子中也可以看出，日本企业劳资双方对于对方负有的义务，这种义务并无明文规定，而是一种内生于日本文化的心理契约，这种契约对劳资双方行为都是强有力的约束。

这样一来，劳动力的流动被日本社会视为不正常现象，一旦失业就意味着被社会抛弃。然而，不仅经济的周期性波动、繁荣与衰退的交替是市场经济的本性，而且企业自身也存在着生命周期运动。即便是在战后世界经济发展的黄金时期，这种基本规律仍然起着作用。在战后日本经济最繁荣的20世纪50—60年代，也只有大企业的员工享有终生就业，这些人大约占到劳动力队伍的30%，其中绝大部分是毕业于名牌大学的男性[②]。日本的中小企业员工（其中相当部分是女性员工），承担了经济波动的影响，充当了劳动力的蓄水池。在经济繁荣时期他们充实到劳动力队伍当中来，在经济衰退时期首先受影响的也是他们。可以说，中小企业员工为日本经济的发展和维持大企业人事制度的稳定充当了调节器。

---

① ［美］埃德温·莱茵戈尔德著：《驰骋天下——丰田人的经营理念》，北京：华夏出版社2000年版，第189—192页。

② ［日］津田真徵著（张昇余、杨晓钟译）：《人事革命——企业生存经营之战略》，西安：陕西人民出版社1989年版。

日美企业不同的人事政策反映了不同文化对个人与社会关系的两种截然不同的假设。美国企业的人事政策基于一种“社会人”假设，企业不对员工做终生就业的承诺，也不要求员工对企业的全部忠诚。这样，美国人的生存空间是整个社会，工作变动是很正常的现象。这也是所谓“自由的和谐”的本质内涵。日本企业的人事政策背后隐含着“企业人”的假设，个人依赖某个特定的企业或组织而生存，企业之间少有人力资源的沟通，各个企业仿佛社会汪洋之中的座座孤岛。在经济持续繁荣、企业持续稳定增长的时期，“企业人”生存方式给员工带来了很好的安全感，但是在一个产业结构调整、企业寿命短于个人职业寿命的变革时代，企业人的孤岛就可能面临灭顶之灾[①]。今天日本的年轻人已经不再满足于就业稳定，日本式工厂社区最终被动摇了。

第三节　日本人的创造性

日本人在二战的废墟上创造了经济奇迹，成为唯一在地理上非西方的发达国家。对此日本人既感到骄傲，又感到缺乏自信。当日本企业在国际市场纵横驰骋之时，日本人倍感骄傲，而在 20 世纪 80 年代末日本经济开始经历挫折之时，

① ［日］津田真徵著（张昇余、杨晓钟译）:《人事革命——企业生存经营之战略》，西安：陕西人民出版社 1989 年版，第 210—212 页。

日本人又因此陷入自卑。他们将经济成功归因于自己的模仿天才。日本企业在战后初期经历了一个学习模仿高潮，“一号机组引进、二号机组国产”是这种模仿战略的形象化描述。日本人自己也认同这个说法，认为是所谓创造性模仿造就了战后日本，而对自己的原创力并没有十足的自信。

德鲁克劝慰日本人这种看法是错误的，虽然日本的成功之路的确与美国不同，但日本的成功除了在技术上的引进模仿之外，主要取决于日本人在社会创新方面的天赋。德鲁克指出，如果仅仅因为日本的工业化发生在西方国家之后，就认为日本的工业化不过是模仿的结果，并因此给日本人贴上模仿者的标签，那就犯了所谓的后此谬误。虽然日本是工业化国家中的后起之秀，但模仿并非日本实现现代化的根本原因。理由很简单，日本之外的其他国家并没有都实现工业化。如果仅仅靠模仿就可以实现工业化，那么今日之世界已经没有发展中国家了。

德鲁克认为，日本的成功得益于它在社会创新方面的杰出成就。在日本的实践中，社会创新要比技术创新起着更为关键的作用。人们长期以来对社会创新视而不见，大大低估了它的重要作用。1868 年明治维新开始之时，日本很不情愿地打开了门户，开始建立学校和大学、设立公共服务系统、设立银行和工会。日本人在这些领域显示了超人的社会创新能力。德鲁克认为，社会创新是比技术创新更加困难的工作，一辆列车从伦敦开往利物浦与从东京开到大阪并无不同，但要建立新的社会组织机构就要复杂得多，它必须既是现代化的又是日本的。技术可以用低成本输入，不需付出多大的文化风险，而组织机构则需要植根于本民族文化的土壤中才能成长繁荣起来。

德鲁克指出，日本人的创造性还体现在他们的战略思维上。日本人在电子技术领域的成功就是一例。1947 年，贝尔实验室发明了晶体管，人们立刻意识到这个发明将取代收音机和电视机上的电子管。然而，尽管美国企业都知道这个趋势，最先采取行动的却是当时名不见经传的一家日本小企业——索尼公司。索尼的创始人——时任公司总裁的盛田昭夫闻讯立即前往美国，以低廉得近乎荒谬的 2.5 万美元的价格从贝尔实验室买下了晶体管的生产许可证。两年之后，索尼推出第一台便携式晶体管收音机，重量是电子管收音机的 1/5，价格是其 1/3。三年后，索尼公司的产品占领美国低价收音机市场；五年后，索尼公司占领了全球收音机市场。索尼公司的成功在电视机、电子手表、袖珍计算器和复印机等等领域被日本公司广泛复制，日本企业在各个领域成功地击败了美国对手，获得了产业控制权。

泡沫经济破灭以后，日本人对自己的金融体制、企业与银行的关系、环状持股的企业制度、终身雇佣制度乃至教育体制进行了全面的反省。许多日本人将日本在 20 世纪 90 年代再度落后于美国归因于日本人缺乏原创性，并认为教育系统要为压制和扼杀日本人的原创性承担不可推卸之责任。美国学者沃洛诺夫甚至在 20 世纪 80 年代初期就指出了这一点。

德鲁克劝告日本人大可不必如此悲观。既然日本人在社会创新领域成就卓著，那么也就没有理由将现在面临的问题归因于缺乏创造性。他说认为日本教育系统本身并没有错，日本人有自己独特的解决问题的方式。以日本艺术为例，日本人在绘画方面就表现了丰沛的创造力。在西方艺术中，往往一个时期只有一种流行的风格或审美观，而日本艺术在每个时期总是有六七种不同的审美观和作品风格。日本学校也并非一无是处，问题只是战后大学教育的普及并未反映到就业系统中来。大企业仍然只是从极少数顶尖大学录用新人，因此造成教育制度的扭曲。解决这个问题并不困难，只要企业向所有大学毕业生敞开大门，就可以改变这种状况。

日本人是有着特殊个性的民族。模仿与创造之间也许存在着矛盾，但在日本人的性格中却能够并行无碍。人类文化学者本尼迪克特女士对日本人矛盾的性格做了描述，“大和民族实在是一个有着奇特的矛盾个性的民族，他们既好斗又和善，既尚武又爱美，既蛮横又文雅，既刻板又变通，既顺从又不甘被人摆布，既忠诚又善于接受新事物”①。日本企业既善于模仿又善于创新的独特能力，从上述描述中也许可以找到一种解释。

① ［美］本尼迪克特著：《菊花与刀——日本文化的诸模式》，北京：中国社会科学出版社 1990 年版，第 11 页。

第四节　日本式管理的前途

德鲁克对日本这个好学生的前途一直给予了极大的关注。20 世纪 70 年代后期，日本企业颓势已现。1977 年，德鲁克访问日本已经感受到日本商界和政界对日本经济的悲观态度。德鲁克对日本当时的形势进行了分析，指出人口结构的变化对日本社会的行为方式和就业方式构成了严峻的挑战[①]。如同当初告诫通用汽车公司昨日之日不可留那样，德鲁克告诫日本人终身雇佣制度已经超过 20 年，是改革的时候了。到 20 世纪 90 年代初期，日本一些主要公司开始悄然转向新的企业战略，德鲁克为这些日本企业的行动所鼓舞，立即撰文予以鼓励[②]。然而，希望之光转瞬即逝，这些对西方企业来说近乎疯狂的尝试并未取得期望的成果[③]。

1994 年秋天，德鲁克再度访问日本，与日本企业家讨论了日本经济和日本社会的前途问题。德鲁克指出，日本社会目前面临的根本问题实际上是知识工人的管理问题。日本

---

① ［美］P · F. 德鲁克著:《变动中的管理界》，上海：上海译文出版社 1999 年版，第 186—193 页，“日本经济政策的转变”（1977）；第 196 ~ 201 页，“日本主宰世界经济受挫”（1978）。

② ［美］P · F. 德鲁克著:《九十年代的管理》，上海：上海译文出版社 1999 年版，第 147—153 页，“日本的新企业战略”（1991）。

③ 日本大荣公司的创始人中内切 1995 年就教于德鲁克，并将他们的谈话写成了《德鲁克看亚洲》。

现在已经是世界经济的领导者之一，如果要维持这种领导地位，绝不能仅靠创造性模仿，而是必须逐步实现由工业社会向知识社会的转变[①]。德鲁克提出实现这一转变的办法是全面再造，即个人、企业、社会乃至政府再造。

第一，个人再造。个人再造是全面再造的基础。个人再造需要企业和员工双方的共同努力：一方面，日本企业要在企业中创造一种环境，激励所有员工加入创新行列，使每个人都能享受组织再造的成果；另一方面，日本社会的知识工作者要自觉适应从企业人到社会人的转变，知识工作者应该为自己的发展和职位的转换负起责任。这就是说人人都需要再造，个人再造是重整日本经济的第一步。

第二，企业再造。日本面临着大规模的产业转移，整个产业结构的重心需要转移到与过去大不相同的工业和服务业。企业再造的任务是设计新的组织结构，将知识转化为行动贡献于社会。

第三，社会再造。社会人取代企业人之后，人们原来的精神家园——企业社区将不复存在，但这一社会功能必须得到补偿才能维持社会的健康成长。德鲁克借鉴美国经验为日本开了一副药方，主张通过发展非营利组织重建社区，将企业卸下的社会责任承担起来。

第四，政府再造。在这个问题上，德鲁克再一次明确显

---

① ［美］P·F. 德鲁克著、［日］笃男植田选编（沈国华译）:《个人的管理、组织的管理、社会的管理》，上海：上海财经大学出版社 2003 年 8 月版，笃男植田长期担任德鲁克著作的日文翻译。

示他是一个自由主义者，德鲁克主张日本政府再造应以建立小而强的政府为目标。在工业社会以前，西方国家并没有今天这样庞大的政府机构，政府机构的膨胀是由企业组织的发展引起的。在企业——政府这样的两部门的社会里，政府由于承担了复杂的社会职能而部门林立，如果民间的非营利组织能够分担知识社会的部分职责，那么政府就没有必要继续保持庞大臃肿的机构。德鲁克不仅提出以非营利组织再造日本社会，还建议日本将“资本主义下的计划经济”改造成为自由市场经济，日本政府改造成为小而强的政府。

德鲁克对日本的成功转型充满信心，他鼓励说，日本企业在困境中仍然保持了很高的投资水平，日本科技界在科学和技术领域也取得了突破，2002 年有两位日本人荣获科学最高奖诺贝尔奖就是一个有力证明。事实上，非营利组织的崛起成为日本社会转型的一个重要支撑。非营利组织的概念是在 20 世纪 90 年代以后，特别是阪神大地震以后才广为流传并深入人心的。[①] 直到 20 世纪 90 年代，日本都是发达国家中非营利部门最不发达的国家之一，私人捐赠和志愿服务的比例都很低。[②] 但 1995 年阪神大地震之后，尤其是 1998 年非营利组织立法改革之后，日本非营利部门进入快速发展阶段。

① 王名、李勇、廖鸿、黄浩明：《日本非营利组织》，北京：北京大学出版社 2007 年版，p35，46。

② 莱斯特．萨拉蒙著（贾西津 魏玉等译）：《全球公民社会：非营利部门视界》（Global Civil Society: Dimensions of Nonprofit Sector），社会科学文献出版社 2007 年版，p205。

到21世纪初期，日本非营利部门就业占总就业的比例已经从1995年的3.5%上升到8.0%，侪身于非营利部门最为发达的国家之列。①

总的来说，由于德鲁克世界性的影响力，德鲁克对日本的评价影响了世人对日本管理和日本文化的看法。

① Lester M. Salamon, S. Wojciech Sokolowski, and associates, Global Civil Society: Dimension of the Nonprofit Sector, Volume II, Kumarian Press, 2011.

第十章
思想传播在中国

管理者不能依赖进口，即便是引进也只是权宜之计，而且也不能大批引进。中国的管理者应该是中国自己培养的，他们深深扎根于中国的文化，熟悉并了解自己的国家和人民。只有中国的人才能建设中国，因此快速培养并使卓有成效的管理者迅速成长起来，是中国面临的最大需求，也是中国的最大的机遇。

——德鲁克

人们对社会变革的认识总是由表及里，从器物创新开始经由制度改变而达至观念革命。魏源[①]在 19 世纪 40 年代提出了“师夷长技以制夷”，孙中山先生其后领导的民主革命则

① 魏源（1794—1857）受林则徐嘱托编撰《海国图志》，1842 年完成。《海国图志》是一部划时代的著作，提出了“师夷之长技以治夷”，打破了传统的夷夏之辨的文化价值观，开辟了近代中国向西方学习的时代新风。

志在改革封建政治制度建立共和政体，及至1919年终于演化成倡导“科学与民主”的五四新文化运动。20世纪70年代末改革开放以来中国人对管理的认识也大致如此。20世纪80年代初期，国家经贸委推荐引进了18种管理技术，这可以视为中国管理改革的发端。1992年，现代企业制度的确立紧随其后。而对企业文化与管理思想的重视则是距今最近的事情。

改革开放以来，德鲁克逐渐被中国管理学界和企业界所认识和接受。最初，我国管理界从引进目标管理技术开始认识德鲁克，到今天逐步认识到德鲁克作为一代管理宗师的价值，开始系统介绍和学习德鲁克思想。

第一节　德鲁克谈中国

德鲁克在他的第一本有关管理的著作——《公司的概念》的序言中，写了一个关于中国的寓言：一个西方的年轻人雄心勃勃要写一本关于中国的书，他阅读了所有能找到的有关这个话题的文献，然后决定不远万里亲赴中国。他到中国的第一天，就受到了中国人的热情款待。到了晚上，他兴奋不已辗转难眠。于是，这个年轻人干脆揽衣推枕，秉烛夜书。到第二天东方发白之际，年轻人已经拟就了提纲，所有的细微之处皆已成竹在胸，唯一欠缺的只是几个无关紧要的数据。年轻人觉得大功将成，便上床睡觉了。谁料转眼之间，青青杨柳已然变成霏霏白雪，当初风华正茂的青年如今已是耄耋老者。然而，那本关于中国的书还没有最后完成，那个昔日的年轻人还在继续寻找那几个无关紧要的数据。

德鲁克在他的著作中多次谈到中国，尽管德鲁克对中国文化的研究深度远比不上他对日本文化的造诣，尽管德鲁克对有关中国问题的论述有不确之处，但这些论述中不乏发人深省的智慧和切中肯綮的见解。

德鲁克对中国管理思想最早的认识可能来自报阀鲁斯（Henry Luce）。德鲁克在20世纪30年代初到美国时，曾为美国报业巨子鲁斯的《时代》周刊工作过。鲁斯在年轻时曾在北京生活过相当长一段时间，因此鲁斯对中国很有好感，对日本侵华持鄙视的态度。德鲁克谈到，鲁斯领导其报业王国时，对下属采取了分而治之的策略，在下属之间挑拨离间，以使自己的地位固若金汤。鲁斯的领导方式与一般美国人很不相同，德鲁克猜测他的手段一定是向中国人学来的[①]。由于鲁斯的影响，再加上日本文化与中国文化的渊源，德鲁克对中国文化产生了浓厚兴趣，他还曾经专门抽出一段时间来研究儒学，以及道教、佛教和禅宗，了解它们对于中国文化的影响。

20世纪50年代管理热潮席卷全球，可惜这股热潮未能影响到中国。在改革开放之初，德鲁克预言：毛泽东之后的

① ［美］P·F. 德鲁克著（廖月娟译）：《旁观者：管理大师德鲁克回忆录》，北京：机械工业出版社2006年版。

中国遇到的最大问题将是管理和管理人员的问题[①]。的确，如德鲁克所预言的那样，改革开放以来中国掀起了迟到的管理热潮。

20世纪90年代以来，中国经济持续发展。德鲁克讨论了中国崛起对世界的挑战，建议美国对中国采取积极的贸易政策，对华贸易应该以服务贸易而不是以商品贸易为中心。因为中国面临的巨大就业压力将迫使它发展制造业，所有能够在中国生产的商品都会在中国生产而不会进口。而在服务领域，如高等教育、医疗卫生、通信信息、金融保险以及港口运输等美国有优势的产业，中国存在着巨大的需求。因此，美国对中国出口战略的重点应该放在这些产业领域[②]。诚如德鲁克所言，今天中国正在成为世界的工厂，服务贸易领域也正越来越开放。

德鲁克只是在20世纪80年代初来过一次中国，尽管中国改革开放以来的快速发展还是引起了他的极大兴趣，可惜此时他年事已高，不可能如当年研究日本一样仔细了解中国的情况了。

德鲁克看到中国人正在发展出一套完全不同的管理风格和结构，尽管他不能预言中国式管理将是什么模样，但他相

---

① ［美］P·F. 德鲁克著《齐若兰译》:《管理：使命、责任、实务》，北京：机械工业出版社2006年版。

② ［美］P·F. 德鲁克著:《大变革时代的管理》，上海：上海译文出版社1999年版，第134—137页:“太平洋沿岸地区与世界经济”；第138—142页:“中国的增长市场”；第155—162页:“新的超级大国：海外华人”。

信东方式管理一定有近似的内涵。德鲁克认为，如果日本人的秘诀在于将现代企业经营得像家族企业，那么中国人的秘诀可以说是将家族企业经营得像现代企业。2001年，北京光华德鲁克研究会成立，德鲁克为研究会撰写了开幕词，“管理者不能依赖进口，即便是引进也只是权宜之计，而且也不能大批引进。中国的管理者应该是中国自己培养的，他们深深扎根于中国的文化，熟悉并了解自己的国家和人民。只有中国的人才能建设中国，因此，快速培养并使卓有成效的管理者迅速成长起来是中国面临的最大需求，也是中国的最大的机遇。”

第二节 国人初识德鲁克

德鲁克管理思想在全球范围的管理热潮时期（1950—1970年初）就传播到了中国香港地区、中国台湾地区。20世纪70年代，中国香港地区、中国台湾地区翻译出版了多种德鲁克著作。但直到20世纪80年代中期，中国大陆管理学界才开始认识德鲁克，大有相见恨晚之感。德鲁克的各种著作很快被译成中文，并且一版再版。到目前为止，德鲁克的几乎所有著作都已经有中文译本。

德鲁克管理思想为中国人所认识、欣赏、译介和学习的过程与中国改革开放的进程息息相关。20世纪80年代初期，国内管理学界初识经验学派。1981年，中国社会科学出版社率先引进翻译了一套《国外经济管理名著丛书》，马洪先生为这套书撰写了前言，这篇洋洋洒洒近万言的前言对 20 世纪以来西方管理理论的发展做了全面的论述。这篇前言介绍了经验学派，认为经验学派与古典管理理论和行为科学不同，这个学派从企业发展的实际需要和企业管理的实践出发，以大企业的管理经验为对象，将实际管理经验加以概括形成理论，目的在于向企业管理人员提供实际建议。

我国管理学界对德鲁克的关注是从引进目标管理开始的。目标管理是改革开放初期国家经贸委向全国企业推广的十八种现代管理方法之一。自 1980 年开始，一些大企业开始实行目标管理[①]。德鲁克的名字和有关目标管理的著作与文章一起传播开来。然而，尽管每一本目标管理的著作都会将目标管理发明者的荣誉归于德鲁克，但并没有对德鲁克的管理思想做全面的介绍。这一时期中国管理学的特点很明确，管理主要是被当作技术和工具来认识的，西方管理思想影响还比较有限。

随着改革开放的进一步深入，管理不再仅仅被看作是技术，管理理论研究之风日盛。1987 年，德鲁克应邀到北京参加了为期一周的经济与企业改革研讨会。这次研讨会是中国政府提议，由世界银行组织的。从现有文献来看，这是德鲁

① 张文焕、苏连义、刘光霞编著:《目标管理问答》，北京：北京日报出版社 1988 年版，第 10 页。

克初次也是唯一一次来中国。此后不久，胡耀邦同志向高、中级党员干部推荐德鲁克的《有效的管理者》一书，引发了大陆管理学界翻译介绍德鲁克的热潮[①]。

20世纪80年代最后几年里，德鲁克主要管理著作都被翻译成中文，其中一些作品还出现了好几个版本。其中值得一提的是柯政翻译的《创新和企业家精神》[②]，该译本明白流畅，并且对可能引起读者疑问的词条做了详尽的注解，沈国华后来翻译的《新社会》也是如此。这一时期的翻译者可以算作国内最早的德鲁克研究者，他们从德鲁克思想的特点、德鲁克采用的方法论及其在管理思想史上的地位等方面，对德鲁克管理思想做了简要的介绍和评论。柯政评价道，德鲁克自1939年出版他的第一部著作《经济人的末日》之后，即树立了一个对政治、经济和社会有着犀利的、反正统的以及独立见解的分析家形象。他还指出德鲁克作为一个在管理领域最有影响、读者最广泛的思想家和作家，是现代管理学科的奠基人之一。孙耀君先生也是德鲁克作品国内最早的翻译者之一。他对经验学派作了与马洪类似的介绍之后，还谈到了经验学派的研究方法问题。孙先生认为，经验学派一般主张用比较方法而不是从一般

---

① 张瑜:《彼得·德鲁克和他的名著“有效的管理者”》,《管理世界》2002年第5期，第147—149页。

② ［美］P·F.德鲁克著（柯政译）:《创新和企业家精神》，北京：工人出版社1989年版。

原则出发研究企业管理[1]。另一位译者屠端华则在其译作《动荡年代的管理》之序言中毫不掩饰自己的震动。他将德鲁克思想与科学管理相提并论，认为德鲁克改变了科学管理以来的传统管理学。因为传统的科学管理总是把管理看成企业内部的管理，至多只是一个组织内部的管理。而德鲁克突破了这一教条的约束，他的管理理论不仅涉及企业机构和非企业机构（也被称为营利性机构和非营利性机构——作者注）的组织管理，还涉及政府部门、工会、福利机构等社会部门的管理。屠先生将德鲁克的管理理论定义为一个包括经济、社会、政治在内的宏大体系[2]。这些介绍和评价多是以序或跋的形式出现，而且都是针对德鲁克的某一部著作而言，但将它们综合起来，还是帮助我们看到了德鲁克管理思想的基本风貌。

自 20 世纪 90 年代中期开始，中国管理学界已经开始认识到，德鲁克不仅仅是目标管理的发明者，而是现代管理学的开创者，是现代管理学的一代宗师。研究者开始注意到德鲁克管理思想注重管理实践和管理教育的特点。上海市经济学会会长袁恩祯认为，德鲁克以管理经验为研究对象，对经理人员在企业管理上的地位与重要性给予了充分注意，致力于通过管理教育帮助管理人员成为卓有成效的管理者。这一

① ［美］欧那斯特·戴尔（孙耀君译）:《伟大的组织者》，北京：中国社会科学出版社 1981 年版。

② ［美］P·F. 德鲁克著（屠端华译）:《动荡年代的管理》，北京：工人出版社 1989 年版，参见该书序言。

时期另一位管理思想史研究者郭咸纲在其主编的《西方管理思想史》（1999）中，对德鲁克的介绍则基本援引了孙耀君对经验学派的评价。

如果说早期研究者主要关注德鲁克管理思想的内容，那么20世纪90年代的研究者则开始从方法论的高度进行探索。南京大学商学院的赵曙明教授认为德鲁克是推动管理学发展成为一门严肃科学的先驱。他还总结出了德鲁克思维方式的两个明显特征：其一是从社会、历史的高度去俯瞰和分析组织及其管理的变迁。这一点独特视角使其不仅能够把握管理的全貌，而且还使德鲁克的著作不同于研究具体的可操作性问题的管理著作，表现出明显的思想性特征；其二就是经验主义的分析方法。他对管理问题的研究总是从企业的实际出发，以大企业的管理经验为主要研究对象，通过分析概括和理论升华后，向企业管理人员提供实际建议[①]。

20世纪90年代末，随着德鲁克文选（英文版）的出版以及哈佛商业评论等期刊的引入，我国读者开始接触和了解德鲁克原著。

进入21世纪，德鲁克管理思想在我国得到进一步传播。这一时期出版了一些德鲁克管理思想汇编类型的书籍，如《杜拉克管理思想全书》《杜拉克管理应用词典》等。这些著

① 参见《现代管理宗师德鲁克文选（英文版）》序言，该书中的文章选自德鲁克的4本论文集《管理的前沿》《变动中的管理界》《九十年代的管理》《大变革时代的管理》。

作大多按问题分类，将德鲁克各个不同时期对于同类问题的有关论述汇集在一起。这样做虽然可以满足读者快速全面了解德鲁克的需要，但同时难免也会使人曲解德鲁克。因为，德鲁克作为一个经验主义者，特别强调经验原则的适用条件，如果忽略其理论产生的时代背景和经验条件，就很可能会导读者。

德鲁克管理思想推广应用是新世纪德鲁克管理学研究的另一个新特点。报纸杂志上各种介绍及评价德鲁克的文章逐渐增多，中外德鲁克研究方面的交流日益广泛。1999—2000年，《南方周末》以“认识德鲁克”为主题连续25期刊载了50篇文章。1999年12月，北京光华管理研修中心推出了以德鲁克思想为核心的管理课程，该研修中心的那国毅教授从2001年2月起，为《IT经理世界》的“解读德鲁克”专栏撰写了一系列文章介绍德鲁克管理思想。2005年3月19日，中国人民大学商学院和北京光华管理研修中心联合推出了以传播德鲁克管理思想为宗旨的“中国人民大学德鲁克高级管理人员工商管理硕士（EMBA）”学位项目。此外，南京大学商学院设立了德鲁克论坛，北京大学也设有德鲁克研究会。深圳、北京等地一些机构与德鲁克基金会合作开办了培训班，为管理人员开设德鲁克管理培训课程。越来越多的学者也加入到德鲁克研究行列中来，将德鲁克的思想介绍到国内，进一步研究德鲁克的管理哲学与方法论，并讨论了研究与借鉴德鲁克管理思想对我国经济改革的意义。

20 多年来国内管理学界和工商界对德鲁克的认识不断深入。早期仅仅将其视为目标管理技术的发明者，随后从西方管理思想史的角度发现了德鲁克作为管理思想家的价值，最后认识到了德鲁克不仅是一个管理思想家同时也是管理实践的导师。但总的来看，现有研究还没有来得及对德鲁克管理思想体系及研究方法做系统深入的研究。德鲁克的理论并不像看起来那么庞杂，他的理论在本质上是简洁的，他的研究方法也是强有力的。不过，只有对德鲁克的作品进行深入研究之后，才能理解这一点。

第三节　德鲁克在中国的影响

推崇德鲁克的企业家中，张瑞敏可算一个很好的代表，他不但自己仔细研读并且热心地向读者推介德鲁克的著作，还将德鲁克思想和中国传统价值观相结合推行了一系列创新战略。

1984 年，张瑞敏由青岛市原家电公司副经理出任青岛电冰箱总厂（海尔公司的前身）厂长。张瑞敏兼收并蓄、自成一家，创造了富有中国特色、充满竞争力的海尔管理模式。从“日事日毕、日清日高”的 OEC 管理模式到每个人都面向市场的 SST 市场链管理，海尔公司在张瑞敏领导下不断地创新，由一个亏空 147 万元的集体小厂，发展成为实现了国际化经营的中国第一品牌，并在全世界获得越来越高的美誉度[①]。

为今天海尔公司的成功奠定基础的 OEC 管理法（Overall，Everything，Everyday，Everyone，Control and Clear，简称 OEC），是在学习、吸收和发展国内外先进管理理论和优秀做法的基础上创造出来的，它最核心的理论渊源就是德鲁克的目标管理思想[②]。

张瑞敏谈到第一次读德鲁克的书时，感到冲击最大的一句话就是“管理得好的工厂，总是单调乏味，没有任何激动人心的事件发生。”这句话在 20 世纪 80 年代确实很令人费解，因为那时好工厂的标志就是要轰轰烈烈，要激动人心。张瑞敏细细琢磨才体会出道理所在：那些在突发事件中表现英勇的人和事的确激动人心，但企业需要的不是停留在对这些英雄人物大张旗鼓地表彰上，而是要扎扎实实建立避免发生这类突发事件的机制。有效管理就是要防患于未然，将例外管理变成例行管理。从 1984—1992 年，张瑞敏 8 年磨一剑，专心只做冰箱，创立并完善了 OEC 管理法，为日后海尔起飞打下了坚实基础。

OEC 管理法在目标管理的基础上更进了一步，借鉴了日本企业的做法，通过永不停止的改善和提高以实现更高的目标，做到“日事日毕，日清日高”。它不仅仅将企业的总体目标层层分解到最末端的执行单位，而且根据企业的实际情

① 颜建军、胡泳著:《海尔·中国造》，海口：海南出版社 2001 年版。

② 任作敏:《从德鲁克的 MBO 到张瑞敏的 OEC》，《北京工商大学学报（社会科学版）》2002 年第 11 期。

况，将每项工作的任务目标落实到每人、每天，形成“事事有人管，人人都管事”的氛围。每天下班前根据目标对工作完成的情况“日清”，将日清的结果与其本人的奖罚激励挂钩，形成了目标、日清、激励三者间的良性循环。通过推行OEC管理法，使一个濒临倒闭、开不出工资的集体小厂不仅迅速扭亏为盈，而且提高了整体管理素质，解决了当时在管理上普遍存在的无效、无序的问题。

海尔起飞之前锻造了一对强健的羽翼，一只翅膀是OEC管理法，它的推行使得企业实现了内部管理精细化；另一只翅膀是服务，在产品供不应求的卖方市场条件下，海尔就坚定不移地推行了五星级服务，实践了“顾客即企业”的理念。海尔公司在20世纪90年代末以来实施的流程再造超越了OEC管理法注重内部管理的局限，更为彻底地体现了服务顾客的理念。海尔在1998年开始了以信息技术平台为支持的流程再造。在组织再造上，就是变直线职能金字塔式的组织结构为扁平化的结构，减少管理层次，以努力实现企业与市场之间的零距离。而在人员的再造上，则是将管理人员变成SBU（策略事业单位），即每个管理者都是一个独立作战的经营体，每个人都有自己的目标市场和市场目标，自主制定自己的市场策略，以最快的速度去创造新的市场、新的需求。

那么，为什么在近年来中国管理学界对德鲁克产生了如此浓厚的兴趣呢？一千个人可能有一千种喜爱《红楼梦》的理由，也许每个人聆听德鲁克的原因和方式不尽相同，但就管理学发展来讲起码有两个深层次的原因，一方面是德鲁克激起了中国管理学界对于管理学学科性质的反思；另一方面是德鲁克的治学风范对当前学术风气的触动。

德鲁克确立了管理学作为一门人文艺术的学科定位，引发了我们对管理学学科性质的反思。德鲁克一方面将管理学与传统人文学科相联结，从哲学、史学、社会学、政治学与经济学等多种学科汲取营养，赋予管理学以深厚的人文精神。另一方面德鲁克又从组织的角度展开对社会秩序的研究，使管理学从其他学科中独立出来，成为一门独立的新学科，并为管理领域的其他工具性学科的发展提供了一个生长的环境。长期以来，我们将管理学视为一门工具性学科，视为提高生产率的手段，视为组织建设的技术，而忽视了管理学作为一门学科的基本范式的构建，从而使之处于一种尴尬的地位，在一些重要的研究基金的学科分类体系中都没有将管理学作为一个独立的类别。

德鲁克提供了一个以组织管理为核心的自由而和谐的社会秩序的参照系，即通过良好的管理建立起和谐的企业制度并以此为基础建立公民社会。在德鲁克看来，现代社会是一个组织化的社会，无论是即将过去的工业社会还是正在到来的知识社会，都有其代表性的组织和代表性的群体。在工业社会里，大型工商企业是其代表性组织，企业雇员是这个社会的代表性群体。在知识社会里，除了大型企业之外，一些有影响力的非营利组织日益成为社会的代表性机构，知识工作者群体成为这个时代的代表性群体。也许这些组织和这些群体在数量上并非占大多数，但是它们不仅代表了生产力发展的方向，更重要的是它们因此而必须充任社会主流价值观的代表者，树立伦理标准，负起社会责任。

尽管在改革开放近 30 年来，中国取得了举世瞩目的经济成就，已经成为世界第二大经济体。但是，我们依旧处于历史性的困惑之中：中国的企业甚至是一些居于行业领导地位的企业并没有成为社会的代表性和领导性机构，反而肆无忌惮地侵害个人和社会利益，掠夺自然资源，破坏商业伦理，而无法承担倡导时代主流价值的责任，无法赢得社会的尊重与信任。对这个问题的求解可能是德鲁克思想近年来在中国升温的一个重要原因。

然而，德鲁克提供的这个以美国价值观为基准的参照系并不是标准答案，它所描述的是一个与我们习惯的思维方式和我们传统的价值体系不同的体系。这个体系也许并不是我们将要到达的彼岸，也不是我们能够到达的彼岸。因此，对中国而言，德鲁克的思想体系与其说是一个参照系，不如说是一个对照系。近年来以企业文化为代表的管理思想的传播，使人们逐渐认识到管理的多元化是与文化的多元化紧密联系在一起的。管理学的多元化是说管理理论中的基本原则在运用于不同国家的企业时必须严格考查其适用条件，日本企业学习德鲁克管理思想的经验证明了这一点。我国企业在借鉴德鲁克管理思想时，结合本国实际越多，本国文化和价值观运用的越多，学习的效果就越好，就越有希望发展出中国的管理学。

在体制改革的过程中，我们逐渐认识到，一个组织所能采取的管理制度与管理方法植根于组织所处的外部环境，植根于一个社会的文化传统和价值观的。制度是冰尖，文化是冰山。通过制度创新来促进经济增长的关键不是求取制度的形式，而是催生其内在的制度精神。所谓“好的市场经济”与“坏的市场经济”，并不在于有无市场，有无交易，甚至不在于有无完善的市场法律，而在于有无健全的市场伦理和财富伦理[①]。

然而，将“冰尖”与“冰山”融为一体的工作并不容易，“在中国社会转型过程中，制度建设与传统文化之间的高度紧张始终困扰着中国理论工作者。其间的重要原因之一，就是忽略了这样一些问题：第一，西方现代化的各种制度与支撑它们的知识和信念之间的紧密关系；第二，中国还在逐渐构建的制度与中国传统文化之间的紧张关系；第三，如何通过制度性安排来为正在建设的各种制度提供它们所必须的价值基础，化解二者之间的紧张关系。”[②]各行各业的人们对于这种价值基础的寻求一直存在着。即使在投机最猖獗的领域，对于制度良心的存在主义式追问也从未泯灭，一位证券机构的操盘手在自曝证券市场的黑幕之后，居然说：钱亏了，可以再赚回来。但我们的青春失去了，就永远回不来了。我们在这么美好的青春时光里都干了些什么？在一个赌场里赌

① 赵晓:《制度是冰尖，文化才是冰山》,《南方周末》2003 年 7 月 31 日。

② 邓正来:《规则 · 秩序 · 无知——关于哈耶克自由主义的研究》，北京：三联书店 2004 年版，第 510 页。

博？我们的孩子会不会拿着中科创业、银广夏的报道对我们说，爸爸，你的工作是不是和他们一样？为了我们的孩子不再遭受我们这样的痛苦，为了他们能够在一个真正的市场中展现他们的才华，即使需要我们做出牺牲，我们也义不容辞。

管理伦理的重建过程是一个系统工程。在这个过程中，理论工作者将扮演理论研究者和思想供给者的角色。这个角色必不可少，但从某种意义上来说，这只是辅助性角色。真正的主角是实践者，最终是实践者在现实环境中阐释这些观念，并身体力行之。在一个政府主导的改革进程中，政府无疑扮演重要的角色，不仅是实践者，还是倡导者、审查者和监督者。但是，改革发展到今天，政府已经不再是全能政府。如果由政府一力承担这个责任，不仅政府将不堪重负，更为严重的是，其他部门将会以此为由推脱责任，不能树立起承担社会责任的意识，也缺乏动力构建自我控制自我负责的机制。这实际上也正是今天企业和其他组织缺乏社会责任感的重要原因。因此，各类组织应是传达和代表这个价值体系的主要载体，而管理者是承担这个使命的核心群体，以管理实践为导向的管理学应将伦理原则与管理工具结合起来，才能帮助管理实践者做到这一点。也就是说，尽管基本价值观的内容可能与德鲁克的主张有所不同，但管理学在其中的任务是相同的。

德鲁克的研究方法尤其值得管理学理论工作者学习。在我国理论研究和实践领域，长期以来存在“科研与生产两张皮”的现象，不仅在自然科学领域如此，在社会科学领域也不例外。在管理学领域，在研究的问题、理论内容以及研究方法等方面，脱离实际的情况十分严重。德鲁克注重实践的思想和方法对我国管理学界是一个极大的触动，随着德鲁克管理思想在我国的传播和研究的进一步深入，将对中国管理学的发展吹进一股清新的风气，使得中国管理理论研究兴起一种真正从实践出发为实践服务的新风尚。

首先是学习问题导向型的研究方式。中国是管理学领域的后来者，在引进西方理论的同时，也可能会引入一些“伪问题”，也就是说别人研究什么问题我们就跟着研究什么问题，而不是去研究实践中真正需要解决的问题。在社会科学领域，许多问题在不同国家即便是以同样的概念来表述，其内涵也大不相同，这样的例子很多。以知识经济为例，这个概念近年来在中国陡然升温，但知识经济是发达国家进入后工业社会或信息社会之后的事情，对于中国这个尚未完成工业化的国家来说，与知识经济有关的问题的性质与发达国家相比是有很大差异的。还比如，“新公共管理”也是一个近年来流行的概念，然而“新公共管理的各个要素是矛盾的，而且在各国是不断变化的。在任何情况下，这一术语更多地被运用于学术上而非实践中。”[①] 各国根据自己的需要对这些概念进行了有针对性的阐释。

近年来，我国出现了一大批经验研究者，在经验研究领

---

① Hood, C. Contemporary Public Management: A New Global Paradigm？，Public Policy and Administration, 1995, 10（2）.

域取得了很大进展。这些研究的对象既包括成功经验也包括失败教训，但是，并没有形成系统的理论。许多研究对实践经验的事实描述多，理性分析少，注重管理技术，忽视管理理论。经验研究需要在理论框架和分析工具方面达成共识，研究成果才能借鉴和继承，否则我们将无法穿越经验的丛林。过多未经提炼的经验只会加重研究者的工作负担，妨碍研究者相互之间的交流与继承。德鲁克在开始研究之前在相关学科领域的研究已经使他确立了自己的管理哲学，在开始管理学研究时他不仅阅尽当时管理著作，而且在管理分析技术方面用足了工夫，因此，他才能创立起自己的理论体系。所以经验研究者必须要有深厚的理论素养，掌握有效的研究方法，才能在实践和理论之间建立起桥梁。经济学在方法论上比管理学成熟得多，然而经济学家仍不满足，“完全坦率地说，在训练现代经济学家方面，经济学方法论没占什么地位。这一切也许在改变，在经济学的科学地位自我满足了多年以后，越来越多的经济学家开始自问他们究竟在做些什么这样的更深刻的问题。”[①] 现在，是所有管理学研究者自问这个问题的时候了。

德鲁克最令人钦佩的是他乐于做一个旁观者的精神与气质。近年来，学术研究领域反腐败之声不绝于耳，但抄袭侵权之风却愈演愈烈，学术“泡沫”越来越多，不合理的科研

---

① ［英］冯·马克·布劳格著:《经济学方法论》，北京：商务印书馆1992年版，第9页。

管理体制固然要承担应负的责任[①]，但学者的职业操守也是一个重要原因。社会科学的研究者不能回避价值问题，价值倾向会影响他选择研究什么问题，甚至会影响他的研究结论，旁观者也不例外。区别在于，旁观者所坚持的价值观遵从理性和良知的指引，而不是受个人或者群体利益的驱动。在后一种情况下，研究者变成了利益相关者，成为其自身或所属某个群体利益的代言人。在中国现代化的进程中，应和着进步发展政策的意识形态化，中国社会科学也得到了相当程度的发展。但是值得注意的是，这种发展所具有的最为重要的特征便是社会科学知识为某种社会秩序及其制度类型添赋“正当性”的进程日益加速[②]。倘若学者放弃职业荣誉感和社会责任感，无节制地追求学术“高产”，而学界又按照产量来给研究者分配资源，从而形成一种封闭性的循环，那么研究成果就失去了作为“社会科学”的意义，成为毫无意义的学术泡沫。

在这样的背景下，德鲁克坚持以管理实践为导向，为实践者服务，以管理的有效性为宗旨，不为学界的评价而挂怀，这种旁观者的独立和自信使他显得如此与众不同，也为我辈学者树立了榜样。

---

① 上官子木：《学术管理的有效性——适用于工厂的量化管理方式并不适用于学术管理》，《南方周末》2002 年 9 月 19 日。

② 邓正来：《规则 · 秩序 · 无知——关于哈耶克自由主义的研究》，北京：三联书店 2004 年版，参见书中邓正来自序。

德鲁克主要著作一览表

1. Die Rechtfertigung des Volkerrechts aus dem Staatswillen. Berlin: F. Vahlen, 1932.

2. Friedrich Julius Stahl , konservative Staatslehre undgeschichtliche Entwicklung. Tubingen: Mhr, 1933.

3. Die Judenfrange in Deutschland. Wien, 1936.

4. The End of Economic Man: The Origins of Totalitarianism. New Brunswick. U.S. A: Transaction Publishers, 1995. New York: John Day, 1939.

5. The Future of Industrial Man. New Brunswick. U.S. A: Transaction Publishers, 1995. New York: John Day, 1942.

6. Concept of the Corporation. New York: New American Library, 1983; New York: John Day, 1946.

7. The New Society: the Anatomy of Industrial Order.

NewBrunswick. U.S. A: Transaction Publishers, 1993. NewYork: Harper & Row, 1952, 1950.

8. The Practice of Management. New York: Harper, 1957.

9. Marketing and Economic Development. Philadelphia: American Marketing Association, 1957.

10. The America's Next Twenty years. New York: Harper, 1957.

11. Landmarks of Tomorrow: A Report on the New 'Post–Modern' World. New Brunswick. U.S. A: TransactionPublishers, 1992. New York: Harper & Row, 1959.

12. Power and Democracy in America. Notre Dame: University of Notre Dame Press, 1961.

13. Our Emerging Industrial Society. Detriot: Detriot Industrial Mission, 1962.

14. Managing for Results: Economic Tasks and Risk - Taking Decisions. New York: Harper & Row, 1964.

15. The Effective Business, the Effective Executive. London: British Institute of Management, 1964.

16. The Effective Executive. New York: Harper & Row, 1985, 1967.

17. The Age of Discontinuity: Guidelines to Our Changing Society. New Brunswick. U.S. A: Transaction Publishers,1992. New York: Harper & Row, 1969.

18. Some General Implications of the Research of the Harvard

University Program on Technology and Society. Cambridge: Harvard University, 1969.

19. Preparing Tomorrow's Business Leaders Today. Englwood Cliffs: Prentice – Hall, 1969.

20. Men, Ideas and Politics. New York: Harper & Row, 1971.

21. Drucker Talks to Britain's Managers. London: British Institute of Management, 1972.

22. Management: Tasks Responsibilities Practices. New York: Harper & Row, 1974.

23. The Unseen Revolution: How Pension Fund Socialism Came to America. New York: Harper & Row, 1976.

24. Management cases. New York: Harper's College Press, 1977.

25. People and Performance: the Best of P · F. Drucker on Management. New York: Harper's College Press, 1977.

26. An Introductory View of Management. New York: Harper's College Press, 1977.

27. Adventures of a Bystander. New Brunswick. U.S. A: Transaction Publishers, 1994. New York: Harper & Row, 1979.

28. Managing in Turbulent Times. New York: Harper & Row, 1980.

29. Technology, Management and Society. New York: Harper& Row, 1980.

30. Toward the Next Economics, and other essays. New York:

Harper & Row, 1981.

31. The Changing World of the Executive. New York: Times Books, 1982.

32. Innovation and Entrepreneurship: Practice and Principles. New York: Harper & Row, 1985.

33. The Frontiers of Management: Where Tomorrow's Decisions Are Being Shaped Today. New York: Truman Talley Books, 1986.

34. The New Realities: in Government and Politics, in Economics and Business, in society and World View. New York: Harper & Row, 1989.

35. Managing the Non – Profit Organization: Principles and Practices. New York: Harper Business, 1992; Harper Collins, 1990.

36. Drucker in the Harvard Business Review. Boston: Harvard Business School Press, 1991.

37. Managing for the Future: The 1990s and Beyond. NewYork: Dutton, 1992.

38. Post– Capitalist Society. New York: Harper Business, 1993. Boston: Butterworth – Heinemann, 1993.

39. The Ecological Vision: Reflections on the American Condition. New Brunswick. U. S. A: Transaction Publishers, 1993.

40. Crossover Between the Nonprofit and Business Sectors: symposium report. Tokyo: The Sasakawa peace foundation, 1994.

41. Max Shachtman and his Left: a socialist's Odyssey through

the "American Century" Atlantic Highlands, N.J.: Humanities Press, 1994.

42. Managing in a Time of Great Change. New York: Truman Talley Books/Dutton, 1995.

43. P · F. Drucker on the Profession of Management (Harvard Business Review Book Series). President and Fellows of Harvard College, 1998.

44. Drucker on Asia: A Dialogue Between P · F. Drucker and Isao Nakauchi New York: Harper & Row, 1998.

45. Bonaparte, Tony H. & Flaherty, John E. P · F. Drucker–Contributions to Business Enterprise New York: New York University Press, 1970.

46. Tarrant, John J., Drucker, the Man who Invented Corporate Society, Boston: Cahners Books, 1976.

47. Beatty, Jack The World According to P · F. Drucker NewYork: Free Press, 1998.

（根据网站 www. Peterdrucke. at 资料整理）

后记

从最初接触德鲁克的著作到完成这本书，前后十五年。从写下第一个字到本书定稿，历时八年。此时此刻，德鲁克故去已经一年零六个月，距离他百年诞辰还有两年。

一本书就是一个缘，串起了那些趣味相投的人。我和他们原本素不相识，甚至很难有一面之缘。但是，得益于现代通信手段的便捷，我可以和这些师长、朋友深入交流思想，一起分享学习研究德鲁克的快乐。由于这么多人共同欣赏着德鲁克，我得到许多鼓励和支持，埋首故纸堆中，心中也不觉得孤独。

这本书能够出版，要感谢所有支持和帮助我的人。首先要感谢我的导师谭力文教授，他肯定了我的选题，一次又一次仔细阅读我的论文，给我许多启发和建议，支持我最终完成论文。没有博士论文这个基础，我恐怕没有勇气从头写作这本书。南京大学陈传明教授、南开大学张玉利教授在阅读了我的博士论文之后，撰写了少见的热情洋溢的评语。由于他们的鼓励，我才确信有必要将论文改写为一本书。感谢沈国华先生，沈先生是德鲁克著作的资深译者，又是《外国经济与管理》杂志的编辑。在他的热心支持之下，我有两篇研究德鲁克的文章在这个杂志发表。文章的发表使我感到此行不孤，给了我继续研究德鲁克的巨大信心。文章发表之后，西南财经大学罗珉教授和我多次探讨德鲁克思想，给了我很多启发。感谢中国财政经济出版社的张立宪老师，没有他的帮助，这本书的出版不会如此顺利。机械工业出版社的李欣玮和王磊两位老师也曾经帮助我邀请专家评阅了书稿，提出了许多宝贵的修改意见，在此对她们的帮助一并表示感谢。在本书出版之前的苦恼时刻，感谢吴匕老师给我的安慰和鼓励。

最后要感谢我的家人。感谢我的先生，他总是乐意做我的第一个读者，数次阅读书稿，尽管他并不是管理学专家，但我很愿意听他的感受。感谢我的女儿，只要看到我在写字，她就会问："妈妈，你又在写德鲁克吗？"

再一次感谢所有帮助与支持我的人！《管理者的德鲁克》终于出版了，希望和你们一起分享这份快乐！

张远凤

2007 年 6 月于北京

推荐作者得新书!

博瑞森征稿启事

亲爱的读者朋友:

感谢您选择了博瑞森图书!希望您手中的这本书能给您带来实实在在的帮助!

博瑞森一直致力于发掘好作者、好内容,希望能把您最需要的思想、方法,一字一句地交到您手中,成为专业知识与管理实践的纽带和桥梁。

但是我们也知道,有很多深入企业一线、经验丰富、乐于分享的优秀专家,或者往来奔波没时间,或者缺少专业的写作指导和便捷的出版途径,只能茫然以待……

还有很多在竞争大潮中坚守的企业,有着异常宝贵的实践经验和独特的闪光点,但缺少专业的记录和整理者,无法让企业的经验和故事被更多的人了解、学习、参考……

这些都太遗憾了!

博瑞森非常希望能将这些埋藏的"宝藏"发掘出来,贡献给广大读者,让更多的人得到帮助。

所以,我们真心地邀请您,我们的老读者,帮助我们一起搜寻:

推荐作者。

可以是您自己或您的朋友,只要对本土管理有实践、有思考;可以是您通过网络、杂志、书籍或其他途径了解的某位专家,不管名气大小,只要他的思想和方法曾让您深受启发。

推荐企业。

可以是您自己所在的企业,或者是您熟悉的某家企业,其创业过程、运营经历、产品研发、机制创新,等等。无论企业大小,只要乐于分享、有值得借鉴书写之处。

总之,好内容就是一切!

博瑞森绝非"自费出书",出版项目费用完全由我们承担。您推荐的作者或企业案例一经采用,我们会立刻向您赠送书币 100 元,可直接换取任何博瑞森图书的纸质版或电子版。

感谢您对本土管理的支持!感谢您对博瑞森图书的帮助!

推荐邮箱:bookgood@126.com　　推荐手机:13611149991

1120 本土管理实践与创新论坛

这是由100多位本土管理专家联合创立的企业管理实践学术交流组织，旨在孵化本土管理思想、促进企业管理实践、加强专家间交流与协作。

论坛每年集中力量办好两件大事：第一，"**出一本书**"，汇聚一年的思考和实践，把最原创、最前沿、最实战的内容集结成册，贡献给读者；第二，"**办一次会**"，每年11月20日本土管理专家们汇聚一堂，碰撞思想、研讨案例、交流切磋、回馈社会。

初勇钢	陈　锐	高继中	聂志新	黄　屹	沈　拓	徐伟泽
谭洪华	崔自三	王玉荣	蒋　军	侯军伟	黄润霖	金国华
吴　之	葛新红	周　剑	崔海鹏	柏　龑	唐道明	朱志明
曲宗恺	杜　忠	远　鸣	范月明	刘文新	赵晓萌	张　伟
韩　旭	韩友诚	熊亚柱	孙彩军	刘　雷	王庆云	李少星
俞士耀	丁　昀	黄　磊	罗晓慧	伏泓霖	梁小平	鄢圣安

企业案例·老板传记			
	书名. 作者	内容/特色	读者价值
企业案例·老板传记	**你不知道的加多宝:原市场部高管讲述** 曲宗恺　牛玮娜　著	前加多宝高管解读加多宝	全景式解读,原汁原味
	收购后怎样有效整合:一个重工业收购整合实录 李少星　著	讲述企业并购后的事	语言轻松活泼,对并购后的企业有借鉴作用
	娃哈哈区域标杆:豫北市场营销实录 罗宏文　赵晓萌　等著	本书从区域的角度来写娃哈哈河南分公司豫北市场是怎么进行区域市场营销,成为娃哈哈全国第一大市场、全国增量第一高市场的一些操作方法	参考性、指导性,一线真实资料
	像六个核桃一样:打造畅销品的36个简明法则 王　超　范　萍　著	本书分上下两篇:包括“六个核桃”的营销战略历程和36条畅销法则	知名企业的战略历程极具参考价值,36条法则提供操作方法
	六个核桃凭什么:从0过100亿 张学军　著	首部全面揭秘养元六个核桃裂变式成长的巨著	学习优秀企业的成长路径,了解其背后的理论体系
	借力咨询:德邦成长背后的秘密 官同良　王祥伍　著	讲述德邦是如何借助咨询公司的力量进行自身与发展的	来自德邦内部的第一线资料,真实、珍贵,令人受益匪浅
	解决方案营销实战案例 刘祖轲　著	用10个真案例讲明白什么是工业品的解决方案式营销,实战、实用	有干货、真正操作过的才能写得出来
	招招见销量的营销常识 刘文新　著	如何让每一个营销动作都直指销量	适合中小企业,看了就能用
	我们的营销真案例 联纵智达研究院　著	五芳斋粽子从区域到全国/诺贝尔瓷砖门店销量提升/利豪家具出口转内销/汤臣倍健的营销模式	选择的案例都很有代表性,实在、实操!
	中国营销战实录:令人拍案叫绝的营销真案例 联纵智达　著	51个案例,42家企业,38万字,18年,累计2000余人次参与……	最真实的营销案例,全是一线记录,开阔眼界
	双剑破局:沈坤营销策划案例集 沈　坤　著	双剑公司多年来的精选案例解析集,阐述了项目策划中每一个营销策略的诞生过程,策划角度和方法	一线真实案例,与众不同的策划角度令人拍案叫绝、受益匪浅
	宗:一位制造业企业家的思考 杨　涛　著	1993年创业,引领企业平稳发展20多年,分享独到的心得体会	难得的一本老板分享经验的书
	简单思考:AMT咨询创始人自述 孔祥云　著	著名咨询公司(AMT)的CEO创业历程中点点滴滴的经验与思考	每一位咨询人,每一位创业者和管理经营者,都值得一读
	边干边学做老板 黄中强　著	创业20多年的老板,有经验、能写、又愿意分享,这样的书很少	处处共鸣,帮助中小企业老板少走弯路
	三四线城市超市如何快速成长:解密甘雨亭 IBMG国际商业管理集团　著	国内外标杆企业的经验+本土实践量化数据+操作步骤、方法	通俗易懂,行业经验丰富,宝贵的行业量化数据,关键思路和步骤
	中国首家未来超市:解密安徽乐城 IBMG国际商业管理集团　著	本书深入挖掘了安徽乐城超市的试验案例,为零售企业未来的发展提供了一条可借鉴之路	通俗易懂,行业经验丰富,宝贵的行业量化数据,关键思路和步骤

续表

互联网 +			
	书名．作者	内容/特色	读者价值
互联网+	**互联网时代的银行转型** 韩友诚　著	以大量案例形式为读者全面展示和分析了银行的互联网金融转型应对之道	结合本土银行转型发展案例的书籍
	正在发生的转型升级·实践 本土管理实践与创新论坛　著	企业在快速变革期所展现出的管理变革新成果、新方法、新案例	重点突出对于未来企业管理相关领域的趋势研判
	触发需求：互联网新营销样本·水产 何足奇　著	传统产业都在苦闷中挣扎前行，本书通过鲜活的案例告诉你如何以需求链整合供应链，从而把大家熟知的传统行业打碎了重构、重做一遍	全是干货，值得细读学习，并且作者的理论已经经过了他亲自操刀的实践检验，效果惊人，就在书中全景展示
	移动互联新玩法：未来商业的格局和趋势 史贤龙　著	传统商业、电商、移动互联，三个世界并存，这种新格局的玩法一定要懂	看清热点的本质，把握行业先机，一本书搞定移动互联网
	微商生意经：真实再现33个成功案例操作全程 伏泓霖　罗晓慧　著	本书为33个真实案例，分享案例主人公在做微商过程中的经验教训	案例真实，有借鉴意义
	阿里巴巴实战运营——14招玩转诚信通 聂志新　著	本书主要介绍阿里巴巴诚信通的十四个基本推广操作，从而帮助使用诚信通的用户及企业更好地提升业绩	基本操作，很多可以边学边用，简单易学
	今后这样做品牌：移动互联时代的品牌营销策略 蒋　军　著	与移动互联紧密结合，告诉你老方法还能不能用，新方法怎么用	今后这样做品牌就对了
	互联网+"变"与"不变"：本土管理实践与创新论坛集萃．2016 本土管理实践与创新论坛　著	本土管理领域正在产生自己独特的理论和模式，尤其在移动互联时代，有很多新课题需要本土专家们一起研究	帮助读者拓宽眼界、突破思维
	创造增量市场：传统企业互联网转型之道 刘红明　著	传统企业需要用互联网思维去创造增量，而不是用电子商务去转移传统业务的存量	教你怎么在"互联网+"的海洋中创造实实在在的增量
	重生战略：移动互联网和大数据时代的转型法则 沈　拓　著	在移动互联网和大数据时代，传统企业转型如同生命体打算与再造，称之为"重生战略"	帮助企业认清移动互联网环境下的变化和应对之道
	画出公司的互联网进化路线图：用互联网思维重塑产品、客户和价值 李　蓓　著	18个问题帮助企业一步步梳理出互联网转型思路	思路清晰、案例丰富，非常有启发性
	7个转变，让公司3年胜出 李　蓓　著	消费者主权时代，企业该怎么办	这就是互联网思维，老板有能这样想，肯定倒不了
	跳出同质思维，从跟随到领先 郭　剑　著	66个精彩案例剖析，帮助老板突破行业长期思维惯性	做企业竟然有这么多玩法，开眼界

续表

行业类：零售、白酒、食品/快消品、农业、医药、建材家居等			
	书名．作者	内容/特色	读者价值
零售·超市·餐饮·服装·汽车	**1. 总部有多强大，门店就能走多远** **2. 超市卖场定价策略与品类管理** **3. 连锁零售企业招聘与培训破解之道** **4. 中国首家未来超市：解密安徽乐城** **5. 三四线城市超市如何快速成长：解密甘雨亭** IBMG 国际商业管理集团　著	国内外标杆企业的经验 + 本土实践量化数据 + 操作步骤、方法	通俗易懂，行业经验丰富，宝贵的行业量化数据，关键思路和步骤
	涨价也能卖到翻 村松达夫　【日】	提升客单价的 15 种实用、有效的方法	日本企业在这方面非常值得学习和借鉴
	移动互联下的超市升级 联商网专栏频道　著	深度解析超市转型升级重点	帮助零售企业把握全局、看清方向
	手把手教你做专业督导：专卖店、连锁店 熊亚柱　著	从督导的职能、作用，在工作中需要的专业技能、方法，都提供了详细的解读和训练办法，同时附有大量的表单工具	无论是店铺需要统一培训，还是个人想成为优秀的督导，有这一本就够了
	百货零售全渠道营销策略 陈继展　著	没有照本宣科、说教式的絮叨，只有笔者对行业的认知与理解，庖丁解牛式的逐项解析、展开	通俗易懂，花极少的时间快速掌握该领域的知识及趋势
	零售：把客流变成购买力 丁　昀　著	如何通过不断升级产品和体验式服务来经营客流	如何进行体验营销，国外的好经营，这方面有启发
	餐饮企业经营策略第一书 吴　坚　著	分别从产品、顾客、市场、盈利模式等几个方面，对现阶段餐饮企业的发展提出策略和思路	第一本专业的、高端的餐饮企业经营指导书
	赚不赚钱靠店长：从懂管理到会经营 孙彩军　著	通过生动的案例来进行剖析，注重门店管理细节方面的能力提升	帮助终端门店店长在管理门店的过程中实现经营思路的拓展与突破
	汽车配件这样卖：汽车后市场销售秘诀 100 条 俞士耀　著	汽配销售业务员必读，手把手教授最实用的方法，轻松得来好业绩	快速上岗，专业实效，业绩无忧
耐消品	**跟行业老手学经销商开发与管理：家电、耐消品、建材家居** 黄润霖　著	全部来源于经销商管理的一线问题，作者用丰富的经验将每一个问题落实到最便捷快速的操作方法上去	书中每一个问题都是普通营销人亲口提出的，这些问题你也会遇到，作者进行的解答则精彩实用
白酒	**白酒到底如何卖** 赵海永　著	以市场实战为主，多层次、全方位、多角度地阐释了白酒一线市场操作的最新模式和方法，接地气	实操性强，37 个方法、6 大案例帮你成功卖酒
	变局下的白酒企业重构 杨永华　著	帮助白酒企业从产业视角看清趋势，找准位置，实现弯道超车的书	行业内企业要减少 90%，自己在什么位置，怎么做，都清楚了

续表

白酒	**1. 白酒营销的第一本书（升级版）** **2. 白酒经销商的第一本书** 唐江华　著	华泽集团湖南开口笑公司品牌部长，擅长酒类新品推广、新市场拓展	扎根一线，实战
	区域型白酒企业营销必胜法则 朱志明　著	为区域型白酒企业提供35条必胜法则，在竞争中赢销的葵花宝典	丰富的一线经验和深厚积累，实操实用
	10步成功运作白酒区域市场 朱志明　著	白酒区域操盘者必备，掌握区域市场运作的战略、战术、兵法	在区域市场的攻伐防守中运筹帷幄，立于不败之地
	酒业转型大时代：微酒精选2014－2015 微酒　主编	本书分为五个部分：当年大事件、那些酒业营销工具、微酒独立策划、业内大调查和十大经典案例	了解行业新动态、新观点，学习营销方法
快消品·食品	**中国快消标杆品牌观察：和内行一起看透营销套路** 陈海超　著	多年营销经验的一线老手把案例掰开了、揉碎了，从中得出的各种手段和方法给读者以帮助和启发	营销那些事儿的个中秘辛，求人还不一定告诉你，这本书里就有
	乳业营销第一书 侯军伟　著	对区域乳品企业生存发展关键性问题的梳理	唯一的区域乳业营销书，区域乳品企业一定要看
	食用油营销第一书 余　盛　著	10多年油脂企业工作经验，从行业到具体实操	食用油行业第一书，当之无愧
	中国茶叶营销第一书 柏　龑　著	如何跳出茶行业"大文化小产业"的困境，作者给出了自己的观察和思考	不是传统做茶的思路，而是现在商业做茶的思路
	调味品营销第一书 陈小龙　著	国内唯一一本调味品营销的书	唯一的调味品营销的书，调味品的从业者一定要看
	快消品营销人的第一本书：从入门到精通 刘　雷　伯建新　著	快消行业必读书，从入门到专业	深入细致，易学易懂
	变局下的快消品营销实战策略 杨永华　著	通胀了，成本增加，如何从被动应战变成主动的"系统战"	作者对快消品行业非常熟悉、非常实战
	快消品经销商如何快速做大 杨永华　著	本书完全从实战的角度，评述现象，解析误区，揭示原理，传授方法	为转型期的经销商提供了解决思路，指出了发展方向
	一位销售经理的工作心得 蒋　军　著	一线营销管理人员想提升业绩却无从下手时，可以看看这本书	一线的真实感悟
	快消品营销：一位销售经理的工作心得2 蒋　军　著	快消品、食品饮料营销的经验之谈，重点图书	来源与实战的精华总结
	快消品营销与渠道管理 谭长春　著	将快消品标杆企业渠道管理的经验和方法分享出来	可口可乐、华润的一些具体的渠道管理经验，实战
	成为优秀的快消品区域经理（升级版） 伯建新　著	用"怎么办"分析区域经理的工作关键点，增加30%全新内容，更贴近环境变化	可以作为区域经理的"速成催化器"
	销售轨迹：一位快消品营销总监的拼搏之路 秦国伟　著	本书讲述了一个普通销售员打拼成为跨国企业营销总监的真实奋斗历程	激励人心，给广大销售员以力量和鼓舞

续表

快消品·食品	**快消老手都在这样做：区域经理操盘锦囊** 方刚　著	非常接地气，全是多年沉淀下来的干货，丰富的一线经验和实操方法不可多得	在市场摸爬滚打的"老油条"，那些独家绝招妙招一般你问都是问不来的
	动销四维：全程辅导与新品上市 高继中　著	从产品、渠道、促销和新品上市详细讲解提高动销的具体方法，总结作者18年的快消品行业经验，方法实操	内容全面系统，方法实操
农业	**新农资如何换道超车** 刘祖轲　等著	从农业产业化、互联网转型、行业营销与经营突破四个方面阐述如何让农资企业占领先机、提前布局	南方略专家告诉你如何应对资源浪费、生产效率低下、产能严重过剩、价格与价值严重扭曲等
	中国牧场管理实战：畜牧业、乳业必读 黄剑黎　著	本书不仅提供了来自一线的实际经验，还收入了丰富的工具文档与表单	填补空白的行业必读作品
	中小农业企业品牌战法 韩　旭　著	将中小农业企业品牌建设的方法，从理论讲到实践，具有指导性	全面把握品牌规划，传播推广，落地执行的具体措施
	农资营销实战全指导 张　博　著	农资如何向"深度营销"转型，从理论到实践进行系统剖析，经验资深	朴实、使用！不可多得的农资营销实战指导
	农产品营销第一书 胡浪球　著	从农业企业战略到市场开拓、营销、品牌、模式等	来源于实践中的思考，有启发
	变局下的农牧企业9大成长策略 彭志雄　著	食品安全、纵向延伸、横向联合、品牌建设……	唯一的农牧企业经营实操的书，农牧企业一定要看
医药	**医药新营销：制药企业、医药商业企业营销模式转型** 史立臣　著	医药生产企业和商业企业在新环境下如何做营销？老方法还有没有用？如何寻找新方法？新方法怎么用？本书给你答案	内容非常现实接地气，踏实谈问题说方法
	新医改下的医药营销与团队管理 史立臣　著	探讨新医改对医药行业的系列影响和医药团队管理	帮助理清思路，有一个框架
	医药营销与处方药学术推广 马宝琳　著	如何用医学策划把"平民产品"变成"明星产品"	有真货、讲真话的作者，堪称处方药营销的经典！
	新医改了，药店就要这样开 尚　锋　著	药店经营、管理、营销全攻略	有很强的实战性和可操作性
	电商来了，实体药店如何突围 尚　锋　著	电商崛起，药店该如何突围？本书从促销、会员服务、专业性、客单价等多重角度给出了指导方向	实战攻略，拿来就能用
	在中国，医药营销这样做：时代方略精选文集 段继东　主编	专注于医药营销咨询15年，将医药营销方法的精华文章合编，深入全面	可谓医药营销领域的顶尖著作，医药界读者的必读书
	OTC医药代表药店销售36计 鄢圣安　著	以《三十六计》为线，写OTC医药代表向药店销售的一些技巧与策略	案例丰富，生动真实，实操性强
	OTC医药代表药店开发与维护 鄢圣安　著	要做到一名专业的医药代表，需要做什么、准备什么、知识储备、操作技巧等	医药代表药店拜访的指导手册，手把手教你快速上手

续表

医药	**引爆药店成交率 1:店员导购实战** 范月明　著	一本书解决药店导购所有难题	情景化、真实化、实战化
医药	**引爆药店成交率 2:经营落地实战** 范月明　著	最接地气的经营方法全指导	揭示了药店经营的几类关键问题
医药	**医药企业转型升级战略** 史立臣　著	药企转型升级有 5 大途径,并给出落地步骤及风险控制方法	实操性强,有作者个人经验总结及分析
建材家居	**建材家居行业老手的营销革命:除了促销还能做什么?** 孙嘉晖　著	一线老手的深度思考,告诉你在建材家居营销模式基本停滞的今天,除了促销,营销还能怎么做	给你的想法一场革命
建材家居	**建材家居营销实务** 程绍珊　杨鸿贵　主编	价值营销运用到建材家居,每一步都让客户增值	有自己的系统、实战
建材家居	**建材家居门店销量提升** 贾同领　著	店面选址、广告投放、推广助销、空间布局、生动展示、店面运营等	门店销量提升是一个系统工程,非常系统、实战
建材家居	**10 步成为最棒的建材家居门店店长** 徐伟泽　著	实际方法易学易用,让员工能够迅速成长,成为独当一面的好店长	只要坚持这样干,一定能成为好店长
建材家居	**手把手帮建材家居导购业绩倍增:成为顶尖的门店店员** 熊亚柱　著	生动的表现形式,让普通人也能成为优秀的导购员,让门店业绩长红	读着有趣,用着简单,一本在手、业绩无忧
建材家居	**建材家居经销商实战 42 章经** 王庆云　著	告诉经销商:老板怎么当、团队怎么带、生意怎么做	忠言逆耳,看着不舒服就对了,实战总结,用一招半式就值了
工业品	**销售是门专业活:B2B、工业品** 陆和平　著	销售流程就应该跟着客户的采购流程和关注点的变化向前推进,将一个完整的销售过程分成十个阶段,提供具体方法	销售不是请客吃饭拉关系,是个专业的活计!方法在手,走遍天下不愁
工业品	**解决方案营销实战案例** 刘祖轲　著	用 10 个真案例讲明白什么是工业品的解决方案式营销,实战、实用	有干货、真正操作过的才能写得出来
工业品	**变局下的工业品企业 7 大机遇** 叶敦明　著	产业链条的整合机会、盈利模式的复制机会、营销红利的机会、工业服务商转型机会……	工业品企业还可以这样做,思维大突破
工业品	**工业品市场部实战全指导** 杜　忠　著	工业品市场部经理工作内容全指导	系统、全面、有理论、有方法,帮助工业品市场部经理更快提升专业能力
工业品	**工业品营销管理实务** 李洪道　著	中国特色工业品营销体系的全面深化、工业品营销管理体系优化升级	工具更实战,案例更鲜活,内容更深化
工业品	**工业品企业如何做品牌** 张东利　著	为工业品企业提供最全面的品牌建设思路	有策略、有方法、有思路、有工具
工业品	**丁兴良讲工业 4.0** 丁兴良　著	没有枯燥的理论和说教,用朴实直白的语言告诉你工业 4.0 的全貌	工业 4.0 是什么?本书告诉你答案

续表

工业品	**资深大客户经理：策略准，执行狠** 叶敦明　著	从业务开发、发起攻势、关系培育、职业成长四个方面，详述了大客户营销的精髓	满满的全是干货
	一切为了订单：订单驱动下的工业品营销实战 唐道明　著	其实，所有的企业都在围绕着两个字在开展全部的经营和管理工作，那就是“订单”	开发订单、满足订单、扩大订单。本书全是实操方法，字字珠玑、句句干货，教你获得营销的胜利
金融	**交易心理分析** (美)马克·道格拉斯　著 刘真如　译	作者一语道破赢家的思考方式，并提供了具体的训练方法	不愧是投资心理的第一书，绝对经典
	精品银行管理之道 崔海鹏　何　屹　主编	中小银行转型的实战经验总结	中小银行的教材很多，实战类的书很少，可以看看
	支付战争 Eric M. Jackson　著 徐　彬　王　晓　译	PayPal 创业期营销官，亲身讲述 PayPal 从诞生到壮大到成功出售的整个历史	激烈、有趣的内幕商战故事！了解美国支付市场的风云巨变
房地产	**产业园区/产业地产规划、招商、运营实战** 阎立忠　著	目前中国第一本系统解读产业园区和产业地产建设运营的实战宝典	从认知、策划、招商到运营全面了解地产策划
	人文商业地产策划 戴欣明　著	城市与商业地产战略定位的关键是不可复制性，要发现独一无二的“味道”	突破千城一面的策划困局
	电影院的下一个黄金十年：开发·差异化·案例 李保煜　著	对目前电影院市场存大的问题及如何解决进行了探讨与解读	多角度了解电影院运营方式及代表性案例

经营类：企业如何赚钱，如何抓机会，如何突破，如何“开源”

	书名．作者	内容/特色	读者价值
抓方向	**让经营回归简单．升级版** 宋新宇　著	化繁为简抓住经营本质：战略、客户、产品、员工、成长	经典，做企业就这几个关键点！
	活系统：跟任正非学当老板 孙行健　尹　贤　著	以任正非的独到视角，教企业老板如何经营公司	看透公司经营本质，激活企业活力
	公司由小到大要过哪些坎 卢　强　著	老板手里的一张“企业成长路线图”	现在我在哪儿，未来还要走哪些路，都清楚了
	企业二次创业成功路线图 夏惊鸣　著	企业曾经抓住机会成功了，但下一步该怎么办？	企业怎样获得第二次成功，心里有个大框架了
	老板经理人双赢之道 陈　明　著	经理人怎养选平台、怎么开局，老板怎样选/育/用/留	老板生闷气，经理人牢骚大，这次知道该怎么办了
	简单思考：AMT 咨询创始人自述 孔祥云　著	著名咨询公司（AMT）的 CEO 创业历程中点点滴滴的经验与思考	每一位咨询人，每一位创业者和管理经营者，都值得一读
	企业文化的逻辑 王祥伍　黄健江　著	为什么企业绩效如此不同，解开绩效背后的文化密码	少有的深刻，有品质，读起来很流畅
	使命驱动企业成长 高可为　著	钱能让一个人今天努力，使命能让一群人长期努力	对于想做事业的人，‘使命’是绕不过去的

续表

思维突破	移动互联新玩法:未来商业的格局和趋势 史贤龙　著	传统商业、电商、移动互联,三个世界并存,这种新格局的玩法一定要懂	看清热点的本质,把握行业先机,一本书搞定移动互联网
	画出公司的互联网进化路线图:用互联网思维重塑产品、客户和价值 李　蓓　著	18 个问题帮助企业一步步梳理出互联网转型思路	思路清晰、案例丰富,非常有启发性
	重生战略:移动互联网和大数据时代的转型法则 沈　拓　著	在移动互联网和大数据时代,传统企业转型如同生命体打算与再造,称之为“重生战略”	帮助企业认清移动互联网环境下的变化和应对之道
	创造增量市场:传统企业互联网转型之道 刘红明　著	传统企业需要用互联网思维去创造增量,而不是用电子商务去转移传统业务的存量	教你怎么在“互联网 +”的海洋中创造实实在在的增量
	7 个转变,让公司 3 年胜出 李　蓓　著	消费者主权时代,企业该怎么办	这就是互联网思维,老板有能这样想,肯定倒不了
	跳出同质思维,从跟随到领先 郭　剑　著	66 个精彩案例剖析,帮助老板突破行业长期思维惯性	做企业竟然有这么多玩法,开眼界
	麻烦就是需求　难题就是商机 卢根鑫　著	如何借助客户的眼睛发现商机	什么是真商机,怎么判断、怎么抓,有借鉴
	互联网 +“变”与“不变”:本土管理实践与创新论坛集萃 · 2016 本土管理实践与创新论坛　著	加速本土管理思想的孕育诞生,促进本土管理创新成果更好地服务企业、贡献社会	各个作者本年度最新思想,帮助读者拓宽眼界、突破思维
财务	写给企业家的公司与家庭财务规划——从创业成功到富足退休 周荣辉　著	本书以企业的发展周期为主线,写各阶段企业与企业主家庭的财务规划	为读者处理人生各阶段企业与家庭的财务问题提供建议及方法,让家庭成员真正享受财富带来的益处
	互联网时代的成本观 程　翔　著	本书结合互联网时代提出了成本的多维观,揭示了多维组合成本的互联网精神和大数据特征,论述了其产生背景、实现思路和应用价值	在传统成本观下为盈利的业务,在新环境下也许就成为亏损业务。帮助管理者从新的角度来看待成本,进一步做好精益管理

管理类:效率如何提升,如何实现经营目标,如何“节流”

	书名. 作者	内容/特色	读者价值
通用管理	1. 让管理回归简单. 升级版 2. 让经营回归简单. 升级版 3. 让用人回归简单 宋新宇　著	宋博士的“简单”三部曲,影响 20 万读者,非常经典	被读者热情地称作“中小企业的管理圣经”
	管理:以规则驾驭人性 王春强　著	详细解读企业规则的制定方法	从人与人博弈角度提升管理的有效性
	员工心理学超级漫画版 邢　雷　著	以漫画的形式深度剖析员工心理	帮助管理者更了解员工,从而更轻松地管理员工

续表

通用管理	**分股合心:股权激励这样做** 段　磊　周　剑　著	通过丰富的案例,详细介绍了股权激励的知识和实行方法	内容丰富全面、易读易懂,了解股权激励,有这一本就够了
	边干边学做老板 黄中强　著	创业20多年的老板,有经验、能写、又愿意分享,这样的书很少	处处共鸣,帮助中小企业老板少走弯路
	中国式阿米巴落地实践之从交付到交易 胡八一　著	本书主要讲述阿米巴经营会计,"从交付到交易",这是成功实施了阿米巴的标志	阿米巴经营会计的工作是有逻辑关联的,一本书就能搞定
	集团化企业阿米巴实战案例 初勇钢　著	一家集团化企业阿米巴实施案例	指导集团化企业系统实施阿米巴
	阿米巴经营的中国模式 李志华　著	让员工从"要我干"到"我要干",价值量化出来	阿米巴在企业如何落地,明白思路了
	中国式阿米巴落地实践之激活组织 胡八一　著	重点讲解如何科学划分阿米巴单元,阐述划分的实操要领、思路、方法、技术与工具	最大限度减少"推行风险"和"摸索成本",利于公司成功搭建适合自身的个性化阿米巴经营体系
	欧博心法:好管理靠修行 曾　伟　著	用佛家的智慧,深刻剖析管理问题,见解独到	如果真的有'中国式管理',曾老师是其中标志性人物
流程管理	**1. 用流程解放管理者** **2. 用流程解放管理者2** 张国祥　著	中小企业阅读的流程管理、企业规范化的书	通俗易懂,理论和实践的结合恰到好处
	跟我们学建流程体系 陈立云　著	畅销书《跟我们学做流程管理》系列,更实操,更细致,更深入	更多地分享实践,分享感悟,从实践总结出来的方法论
质量管理	IATF16949**质量管理体系详解与案例文件汇编:** TS16949 **转版** IATF16949:2016 谭洪华　著	针对IATF的新标准做了详细的解说,同时指出了一些推行中容易犯的错误,提供了大量的表单、案例	案例、表单丰富,拿来就用
	五大质量工具详解及运用案例:APQP/FMEA/PPAP/MSA/SPC 谭洪华　著	对制造业必备的五大质量工具中每个文件的制作要求、注意事项、制作流程、成功案例等进行了解读	通俗易懂、简便易行,能真正实现学以致用
	1. ISO9001:2015新版质量管理体系详解与案例文件汇编 **2. ISO14001:2015新版环境管理体系详解与案例文件汇编** 谭洪华　著	紧密围绕2015新版,逐条详细解读,工具也可以直接套用,易学易上手	企业认证、内审必备
战略落地	**重生——中国企业的战略转型** 施　炜　著	从前瞻和适用的角度,对中国企业战略转型的方向、路径及策略性举措提出了一些概要性的建议和意见	对企业有战略指导意义
	公司大了怎么管:从靠英雄到靠组织 AMT 金国华　著	第一次详尽阐释中国快速成长型企业的特点、问题及解决之道	帮助快速成长型企业领导及管理团队理清思路,突破瓶颈
	低效会议怎么改:每年节省一半会议成本的秘密 AMT 王玉荣　著	教你如何系统规划公司的各级会议,一本工具书	教会你科学管理会议的办法
	年初订计划,年尾有结果:战略落地七步成诗 AMT 郭晓　著	7个步骤教会你怎么让公司制定的战略转变为行动	系统规划,有效指导计划实现

续表

人力资源	**HRBP是这样炼成的之“菜鸟起飞”** 新　海　著	以小说的形式，具体解析HRBP的职责，应该如何操作，如何为业务服务	实践者的经验分享，内容实务具体，形式有趣
	HRBP是这样炼成的之中级修炼 新　海　著	本书以案例故事的方式，介绍了HRBP在实际工作中碰到的问题和挑战	书中的HR解决方案讲究因时因地制宜、简单有效的原则，重在启发读者思路，可供各类企业HRBP借鉴
	回归本源看绩效 孙　波　著	让绩效回顾“改进工具”的本源，真正为企业所用	确实是来源于实践的思考，有共鸣
	世界500强资深培训经理人教你做培训管理 陈　锐　著	从7大角度具体细致地讲解了培训管理的核心内容	专业、实用、接地气
	曹子祥教你做激励性薪酬设计 曹子祥　著	以激励性为指导，系统性地介绍了薪酬体系及关键岗位的薪酬设计模式	深入浅出，一本书学会薪酬设计
	曹子祥教你做绩效管理 曹子祥　著	复杂的理论通俗化，专业的知识简单化，企业绩效管理共性问题的解决方案	轻松掌握绩效管理
	把招聘做到极致 远　鸣　著	作为世界500强高级招聘经理，作者数十年招聘经验的总结分享	带来职场思考境界的提升和具体招聘方法的学习
	人才评价中心．超级漫画版 邢　雷　著	专业的主题，漫画的形式，只此一本	没想到一本专业的书，能写成这效果
	走出薪酬管理误区 全怀周　著	剖析薪酬管理的8大误区，真正发挥好枢纽作用	值得企业深读的实用教案
	集团化人力资源管理实践 李小勇　著	对搭建集团化的企业很有帮助，务实，实用	最大的亮点不是理论，而是结合实际的深入剖析
	我的人力资源咨询笔记 张　伟　著	管理咨询师的视角，思考企业的HR管理	通过咨询师的眼睛对比很多企业，有启发
	本土化人力资源管理8大思维 周　剑　著	成熟HR理论，在本土中小企业实践中的探索和思考	对企业的现实困境有真切体会，有启发
企业文化	**拿来就用的企业文化工具箱** 海融心胜　主编	数十个工具，为了方便拿来就用，每一个工具都严格按照工具属性、操作方法、案例解读划分，实用、好用	企业文化工作者的案头必备书，方法都在里面，简单易操作
	华夏基石方法：企业文化落地本土实践 王祥伍　谭俊峰　著	十年积累、原创方法、一线资料，和盘托出	在文化落地方面真正有洞察，有实操价值的书
	企业文化的逻辑 王祥伍　著	为什么企业之间如此不同，解开绩效背后的文化密码	少有的深刻，有品质，读起来很流畅
	企业文化激活沟通 宋杼宸　安　琪　著	透过新任HR总经理的眼睛，揭示出沟通与企业文化的关系	有实际指导作用的文化落地读本
	在组织中绽放自我：从专业化到职业化 朱仁健　王祥伍　著	个人如何融入组织，组织如何助力个人成长	帮助企业员工快速认同并投入到组织中去，为企业发展贡献力量
	企业文化定位·落地一本通 王明胤　著	把高深枯燥的专业理论创建成一套系统化、实操化、简单化的企业文化缔造方法	对企业文化不了解，不会做？有这一本从概念到实操，就够了

续表

生产管理	精益思维：中国精益如何落地 刘承元　著	笔者二十余年企业经营和咨询管理的经验总结	中国企业需要灵活运用精益思维，推动经营要素与管理机制的有机结合，推动企业管理向前发展
	300张现场图看懂精益5S管理 乐　涛　编著	5S现场实操详解	案例图解，易懂易学
	高员工流失率下的精益生产 余伟辉　著	中国的精益生产必须面对和解决高员工流失率问题	确实来源于本土的工厂车间，很务实
	车间人员管理那些事儿 岑立聪　著	车间人员管理中处理各种"疑难杂症"的经验和方法	基层车间管理者最闹心、头疼的事，'打包'解决
	1. 欧博心法：好管理靠修行 2. 欧博心法：好工厂这样管 曾　伟　著	他是本土最大的制造业管理咨询机构创始人，他从400多个项目、上万家企业实践中锤炼出的欧博心法	中小制造型企业，一定会有很强的共鸣
	欧博工厂案例1：生产计划管控对话录 欧博工厂案例2：品质技术改善对话录 欧博工厂案例3：员工执行力提升对话录 曾　伟　著	最典型的问题、最详尽的解析，工厂管理9大问题27个经典案例	没想到说得这么细，超出想象，案例很典型，照搬都可以了
	苦中得乐：管理者的第一堂必修课 曾　伟　编著	曾伟与师傅大愿法师的对话，佛学与管理实践的碰撞，管理禅的修行之道	用佛学最高智慧看透管理
	比日本工厂更高效1：管理提升无极限 刘承元　著	指出制造型企业管理的六大积弊；颠覆流行的错误认知；掌握精益管理的精髓	每一个企业都有自己不同的问题，管理没有一剑封喉的秘笈，要从现场、现物、现实出发
	比日本工厂更高效2：超强经营力 刘承元　著	企业要获得持续盈利，就要开源和节流，即实现销售最大化，费用最小化	掌握提升工厂效率的全新方法
	比日本工厂更高效3：精益改善力的成功实践 刘承元　著	工厂全面改善系统有其独特的目的取向特征，着眼于企业经营体质（持续竞争力）的建设与提升	用持续改善力来飞速提升工厂的效率，高效率能够带来意想不到的高效益
	3A顾问精益实践1：IE与效率提升 党新民　苏迎斌　蓝旭日　著	系统的阐述了IE技术的来龙去脉以及操作方法	使员工与企业持续获利
	3A顾问精益实践2：JIT与精益改善 肖志军　党新民　著	只在需要的时候，按需要的量，生产所需的产品	提升工厂效率
员工素质提升	TTT培训师精进三部曲（上）：深度改善现场培训效果 TTT培训师精进三部曲（中）：构建最有价值的课程内容 TTT培训师精进三部曲（下）：职业功力沉淀与修为提升 廖信琳　著	从内到外全方位指导企业内训师从专业到卓越	成为优秀企业内训师/培训师的案头必备书籍

续表

员工素质提升	**手把手教你做专业督导：专卖店、连锁店** 熊亚柱　著	从督导的职能、作用，在工作中需要的专业技能、方法，都提供了详细的解读和训练办法，同时附有大量的表单工具	无论是店铺需要统一培训，还是个人想成为优秀的督导，有这一本就够了
	跟老板"偷师"学创业 吴江萍　余晓雷　著	边学边干，边观察边成长，你也可以当老板	不同于其他类型的创业书，让你在工作中积累创业经验，一举成功
	销售轨迹：一位快消品营销总监的拼搏之路 秦国伟　著	本书讲述了一个普通销售员打拼成为跨国企业营销总监的真实奋斗历程	激励人心，给广大销售员以力量和鼓舞
	在组织中绽放自我：从专业化到职业化 朱仁健　王祥伍　著	个人如何融入组织，组织如何助力个人成长	帮助企业员工快速认同并投入到组织中去，为企业发展贡献力量
	企业员工弟子规：用心做小事，成就大事业 贾同领　著	从传统文化《弟子规》中学习企业中为人处事的办法，从自身做起	点滴小事，修养自身，从自身的改善得到事业的提升
	手把手教你做顶尖企业内训师：TTT 培训师宝典 熊亚柱　著	从课程研发到现场把控、个人提升都有涉及，易读易懂，内容丰富全面	想要做企业内训师的员工有福了，本书教你如何抓住关键，从入门到精通

营销类：把客户需求融入企业各环节，提供"客户认为"有价值的东西

	书名．作者	内容/特色	读者价值
营销模式	**洞察人性的营销战术：沈坤教你 28 式** 沈　坤　著	28 个匪夷所思的营销怪招令人拍案叫绝，涉及商业竞争的方方面面，大部分战术可以直接应用到企业营销中	各种谋略得益于作者的横向思维方式，将其操作过的案例结合其中，提供的战术对读者有参考价值
	动销操盘：节奏掌控与社群时代新战法 朱志明　著	在社群时代把握好产品生产销售的节奏，解析动销的症结，寻找动销的规律与方法	都是易读易懂的干货！对动销方法的全面解析和操盘
	变局下的营销模式升级 程绍珊　叶　宁　著	客户驱动模式、技术驱动模式、资源驱动模式	很多行业的营销模式被颠覆，调整的思路有了！
	卖轮子 科克斯【美】	小说版的营销学！营销理念巧妙贯穿其中，贵在既有趣，又有深度	经典、有趣！一个故事读懂营销精髓
	弱势品牌如何做营销 李政权　著	中小企业虽有品牌但没名气，营销照样能做的有声有色	没有丰富的实操经验，写不出这么具体、详实的案例和步骤，很有启发
	老板如何管营销 史贤龙　著	高段位营销 16 招，好学好用	老板能看，营销人也能看
	动销：产品是如何畅销起来的 吴江萍　余晓雷　著	真真切切告诉你，产品究竟怎么才能卖出去	击中痛点，提供方法，你值得拥有
销售	**资深大客户经理：策略准，执行狠** 叶敦明　著	从业务开发、发起攻势、关系培育、职业成长四个方面，详述了大客户营销的精髓	满满的全是干货

续表

销售	**成为资深的销售经理：B2B、工业品** 陆和平　著	围绕“销售管理的六个关键控制点”一一展开，提供销售管理的专业、高效方法	方法和技术接地气，拿来就用，从销售员成长为经理不再犯难
	销售是门专业活：B2B、工业品 陆和平　著	销售流程就应该跟着客户的采购流程和关注点的变化向前推进，将一个完整的销售过程分成十个阶段，提供具体方法	销售不是请客吃饭拉关系，是个专业的活计！方法在手，走遍天下不愁
	向高层销售：与决策者有效打交道 贺兵一　著	一套完整有效的销售策略	有工具，有方法，有案例，通俗易懂
	卖轮子 科克斯　【美】	小说版的营销学！营销理念巧妙贯穿其中，贵在既有趣，又有深度	经典、有趣！一个故事读懂营销精髓
	学话术　卖产品 张小虎　著	分析常见的顾客异议，将优秀的话术模块化	让普通导购员也能成为销售精英
组织和团队	**升级你的营销组织** 程绍珊　吴越舟　著	用“有机性”的营销组织替代“营销能人”，营销团队变成“铁营盘”	营销队伍最难管，程老师不愧是营销第1操盘手，步骤方法都很成熟
	用数字解放营销人 黄润霖　著	通过量化帮助营销人员提高工作效率	作者很用心，很好的常备工具书
	成为优秀的快消品区域经理（升级版） 伯建新　著	用“怎么办”分析区域经理的工作关键点，增加30%全新内容，更贴近环境变化	可以作为区域经理的“速成催化器”
	一位销售经理的工作心得 蒋　军　著	一线营销管理人员想提升业绩却无从下手时，可以看看这本书	一线的真实感悟
	快消品营销：一位销售经理的工作心得2 蒋　军　著	快消品、食品饮料营销的经验之谈，重点突出	来源于实战的精华总结
	销售轨迹：一位快消品营销总监的拼搏之路 秦国伟　著	本书讲述了一个普通销售员打拼成为跨国企业营销总监的真实奋斗历程	激励人心，给广大销售员以力量和鼓舞
	用营销计划锁定胜局：用数字解放营销人2 黄润霖　著	全方位教你怎么做好营销计划，好学好用真简单	照搬套用就行，做营销计划再也不头痛
	快消品营销人的第一本书：从入门到精通 刘　雷　伯建新　著	快消行业必读书，从入门到专业	深入细致，易学易懂
产品	**产品炼金术Ⅰ：如何打造畅销产品** 史贤龙　著	满足不同阶段、不同体量、不同行业企业对产品的完整需求	必须具备的思维和方法，避免在产品问题上走弯路
	产品炼金术Ⅱ：如何用产品驱动企业成长 史贤龙　著	做好产品、关注产品的品质，就是企业成功的第一步	必须具备的思维和方法，避免在产品问题上走弯路
	新产品开发管理，就用IPD 郭富才　著	10年IPD研发管理咨询总结，国内首部IPD专业著作	一本书掌握IPD管理精髓

续表

品牌	**中小企业如何建品牌** 梁小平　著	中小企业建品牌的入门读本，通俗、易懂	对建品牌有了一个整体框架
	采纳方法：破解本土营销8大难题 朱玉童　编著	全面、系统、案例丰富、图文并茂	希望在品牌营销方面有所突破的人，应该看看
	中国品牌营销十三战法 朱玉童　编著	采纳20年来的品牌策划方法，同时配有大量的案例	众包方式写作，丰富案例给人启发，极具价值
	今后这样做品牌：移动互联时代的品牌营销策略 蒋军　著	与移动互联紧密结合，告诉你老方法还能不能用，新方法怎么用	今后这样做品牌就对了
	中小企业如何打造区域强势品牌 吴之　著	帮助区域的中小企业打造自身品牌，如何在强壮自身的基础上往外拓展	梳理误区，系统思考品牌问题，切实符合中小区域品牌的自身特点进行阐述
渠道通路	**快消品营销与渠道管理** 谭长春　著	将快消品标杆企业渠道管理的经验和方法分享出来	可口可乐、华润的一些具体的渠道管理经验，实战
	传统行业如何用网络拿订单 张　进　著	给老板看的第一本网络营销书	适合不懂网络技术的经营决策者看
	采纳方法：化解渠道冲突 朱玉童　编著	系统剖析渠道冲突，21个渠道冲突案例、情景式讲解，37篇讲义	系统、全面
	学话术　卖产品 张小虎　著	分析常见的顾客异议，将优秀的话术模块化	让普通导购员也能成为销售精英
	向高层销售：与决策者有效打交道 贺兵一　著	一套完整有效的销售策略	有工具，有方法，有案例，通俗易懂
	通路精耕操作全解：快消品20年实战精华 周　俊　陈小龙　著	通路精耕的详细全解，每一步的具体操作方法和表单全部无保留提供	康师傅二十年的经验和精华，实践证明的最有效方法，教你如何主宰通路

管理者读的文史哲·生活

	书名．作者	内容/特色	读者价值
思想·文化	**德鲁克管理思想解读** 罗　珉　著	用独特视角和研究方法，对德鲁克的管理理论进行了深度解读与剖析	不仅是摘引和粗浅分析，还是作者多年深入研究的成果，非常可贵
	中西哲学的歧异与会通 张再林　著	本书以一种现代解释学的方法，对中国传统哲学内在本质尝试一种全新的和全方位的解读	发掘出掩埋在古老传统形式下的现代特质和活的生命，在此基础上揭示中西哲学“你中有我，我中有你”之旨
	治论：中国古代管理思想 张再林　著	本书主要从儒、法墨三家阐述中国古代管理思想	看人本主义的管理理论如何不留斧痕地克服似乎无法调解的存在于人类社会行为与社会组织中的种种两难和对立
	中国古代政治制度（修订版）上：皇帝制度与中央政府 刘文瑞　著	全面论证了古代皇帝制度的形成和演变的历程	有助于读者从政治制度角度了解中国国情的历史渊源

续表

思想·文化	**中国古代政治制度(修订版)下:地方体制与官僚制度** 刘文瑞　著	全面论证了古代地方政府的发展演变过程	有助于读者从政治制度角度了解中国国情的历史渊源
	通天彻地,九大法则:《尚书·洪范》讲记 史幼波　著	精析"洪范九畴"这一中华传统政治哲学的理论基础	寓渊深义理于通俗口语之中,使现代人也能一睹中华文化原典之精湛奥义
	中国思想文化十八讲(修订版)待出版 张茂泽　著	中国古代的宗教思想文化,如对祖先崇拜、儒家天命观、中国古代关于"神"的讨论等	宗教文化和人生信仰或信念紧密相联,在文化转型时期学习和研究中国宗教文化就有特别的现实意义
	每个中国人身上的春秋基因 史贤龙　著	春秋368年(公元前770–公元前403年),每一个中国人都可以在这段时期的历史中找到自己的祖先,看到真实发生的事件,同时也看到自己	长情商、识人心
	内功太极拳训练教程 王铁仁　编著	杨式(内功)太极拳(俗称老六路)的详细介绍及具体修炼方法,身心的一次升华	书中含有大量图解并有相关视频供读者同步学习
	中医治心脏病 马宝琳　著	引用众多真实案例,客观真实地讲述了中西医对于心脏病的认识及治疗方法	看完这本书,能为您节约10万元医药费
	史幼波大学讲记 史幼波　著	用儒释道的观点阐释大学的深刻思想	一本书读懂传统文化经典
	史幼波《周子通书》《太极图说》讲记 史幼波　著	把形而上的宇宙、天地,与形而下的社会、人生、经济、文化等融合在一起	将儒家的一整套学修系统融合起来